人人伽利略系列 4

一本就夠！
日本牛頓精美圖解重點全收錄

認識生活中的化學奧妙

國中‧高中化學 二版

人 人 出 版

人人伽利略系列04

認識生活中的化學奧妙

國中・高中化學

二版

3 萬物的基礎 ── 元素

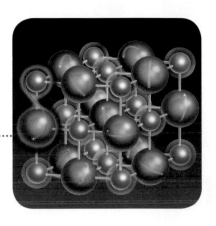

4 物質的結合

1 化學是什麼？

國小與國中所學習的「自然」科目，到了高中就根據內容個別分成了「物理」、「生物」跟「化學」。那麼，本書的主題「化學」，又涵蓋了哪些內容呢？在第1章中，首先來了解什麼是化學。

協助　櫻井 弘／今井 泉

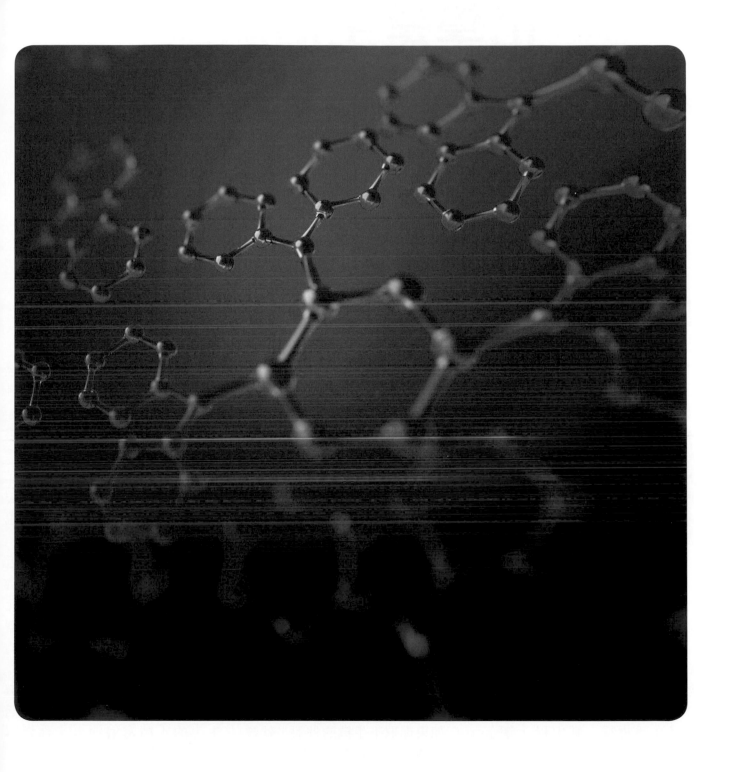

化學是生活周遭的科學

無論是手機、紙張還是鉛筆，各種物品都是化學的結晶！

有人可能以為「化學」，是在某個遙遠的研究室中所進行的複雜學問，但這樣的認知並不太正確。別說是智慧型手機了，就連紙張和鉛筆，還有現在活著的你，其實都是化學的結晶。化學就是如此與生活密切相關的科學。請回顧每天的生活，一起探索那些平時常不經意忽略的日常化學吧！

協助　**櫻井 弘**
日本京都藥科大學榮譽教授

無論你是生活在21世紀的學生，還是想要重新學習化學的人，今天都請趁機思考一下生活周遭的化學吧！

你一定每天都會使用智慧型手機（行動電話）。而最常看的部分，想必就是顯示文字和圖像的螢幕了吧？手機螢幕由名為「液晶」（liquid crystal）的物質製成。液晶是一種由碳（C）、氫（H）、氧（O）、氮（N）等構成的大分子有機化合物。而為了讓螢幕的畫面看起來更加鮮明，液晶裡面還添加了好幾種物質，其中以「銦」（In）這種元素最為常用。

而若在電車上將手機設為靜音模式時接到朋友的電話或訊息，手機會透過震動提醒你，是因為裡面有一個非常小的馬達在震動。為了讓馬達能夠震動得更強烈，馬達內的釹磁鐵中加入了「釹」（Nd）與「硼」（B）等元素。

智慧型手機還需要鎵（Ga）和鋰（Li）

只不過稍微談論了一下智慧型手機，就出現了日常生活中不熟悉的銦（In）和釹（Nd）等名詞，但可不能因為這樣就嚇到。

如果你取下手機的外殼，就會看到裡面複雜且微小的零件和電路。這些零件與電路除了作為骨架的塑膠、鐵（Fe）、鈦（Ti）之外，還使用了鎢（W）、鎳（Ni）、鈀（Pd）、鉭（Ta）、鋯（Zr）、鎵（Ga）、鋰（Li）等，光聽名字就讓人頭昏眼花的元素。如果沒有這些元素就無法製造手機，當然也就不會有這些出色的功能了。

除了智慧型手機之外，最近的薄型電視※、電腦、油電混合車等，也需要各式各樣的元素。換句話說，這些精密儀器與交通工具，都需要這麼多的元素才能製造出來。

雖然剛才提到了精密機器這個詞，但其實你自己就是個活生生的「精密儀器」。你覺得自己身上含有哪些元素呢？

人體中含有大量的氧（O）、碳（C）、氫（H）、氮（N）、鈣（Ca）和磷（P）等元素，其次

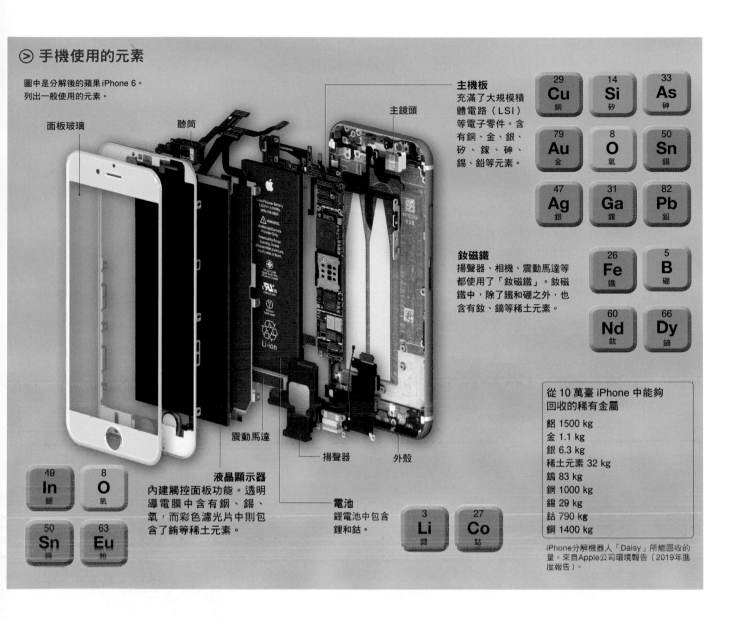

手機使用的元素

圖中是分解後的蘋果 iPhone 6。
列出一般使用的元素。

面板玻璃　聽筒　主鏡頭

主機板
充滿了大規模積體電路（LSI）等電子零件。含有銅、金、銀、矽、鎵、砷、錫、鉛等元素。

29 Cu 銅	14 Si 矽	33 As 砷
79 Au 金	8 O 氧	50 Sn 錫
47 Ag 銀	31 Ga 鎵	82 Pb 鉛

釹磁鐵
揚聲器、相機、震動馬達等都使用了「釹磁鐵」。釹磁鐵中，除了鐵和硼之外，也含有釹、鏑等稀土元素。

| 26 Fe 鐵 | 5 B 硼 |
| 60 Nd 釹 | 66 Dy 鏑 |

震動馬達

揚聲器　外殼

液晶顯示器
內建觸控面板功能。透明導電膜中含有銦、錫、氧，而彩色濾光片中則包含了銪等稀土元素。

| 49 In 銦 | 8 O 氧 |
| 50 Sn 錫 | 63 Eu 銪 |

電池
鋰電池中包含鋰和鈷。

| 3 Li 鋰 | 27 Co 鈷 |

從 10 萬臺 iPhone 中能夠回收的稀有金屬

鋁 1500 kg
金 1.1 kg
銀 6.3 kg
稀土元素 32 kg
鎢 83 kg
銅 1000 kg
錫 29 kg
鈷 790 kg
鋼 1400 kg

iPhone分解機器人「Daisy」所能回收的量。來自Apple公司環境報告（2019年進度報告）。

是硫（S）、鉀（K）、鈉（Na）、氯（Cl）、鎂（Mg）等，但只有這些元素是無法生存的。人體還需要鐵（Fe）、鋅（Zn）、錳（Mn）、銅（Cu）、硒（Se）、鉬（Mo）、鉻（Cr）、鈷（Co）、矽（Si）、碘（I）、硼（B）等元素，這些元素的含量雖然少，但只要缺乏，人體就無法製造賴以為生的能量，也無法使用空氣中的氧氣呼吸。

　　就如同智慧型手機需要許多稀有元素才能發揮其高效能，你為了生存也需要許多不同種類的元素。

※：薄型電視是採用液晶面板、OLED面板等平面顯示器（flat-panel display）的電視，螢幕尺寸大且厚度薄，非常易於觀看。

冰的水分子整齊排列，形成空洞

　　在此想要再跟你確認一件事情，除了你自己本身之外，就連周遭日常使用的事物，全部都是由元素構成。構成我們周遭事物與自然界物質的元素大約有90種，而各個元素都是由同名的原子所形成。

　　這些構成智慧型手機以及身體的元素（原子），並非各自獨立存在，而是由幾種元素（原子）彼此鍵結，以分子的形式存在。水、酒精、胺基酸等，全部都是分子。

　　你能想像地球上到底有多少

種分子嗎？截至2022年為止，過去發現、存在於自然界的分子，以及人類在漫長的歷史中所製造出來的分子通通相加起來，總數已經超過2億個，而且這個數字仍每天持續增加。我們每天都生活在無數個元素與分子組合中。換句話說，周遭的事物與現象，全部都是化學研究的對象。接著就來看看幾個例子。

當你早上起床之後，會先去刷牙、用水漱口，然後吃早餐。牙膏的主要成分是碳酸鈣、磷酸氫鈣和氫氧化鋁等分子，並且還添加了清新的香味、預防蛀牙的氟化鈉，還有某種殺菌劑。

接著是漱口水。你想必已經知道，水是由一個氧原子（O）和兩個氫原子（H）所形成的水分子（H_2O）集團。水分子依照「H─O─H」的順序鍵結。這個「H─O─H」不是一直線，而是以104.5度的角度連結。

目前已知水分子之間會透過水分子中的氫原子相親，形成長鏈或是巨團（稱為「團簇」（cluster））。但是目前還不清楚水分子團簇能夠長到多大，因此水也被認為是一種奇妙的物質。

附帶一提，各位知道冰和石油都會浮在水面上嗎？這兩種物質的密度都比水小，所以能夠浮起來。但冰和石油是完全不同的物質。

水在常溫時是流動的，水分子能夠自由移動。然而一旦溫度降到0℃以下，水分子就會排列整齊，轉變成為結晶（冰）。冰和水明明都是相同的水分子，只不過因為分子的排列方式不同，就變成性質完全不同的物質。

冰的水分子與水分子間有許多空洞，因此密度比水小。比較體積相同的冰與水時，假設水的質量是1，冰的質量就是0.92。這就是冰能浮在水面上的原因。

至於石油則是由10～15個碳

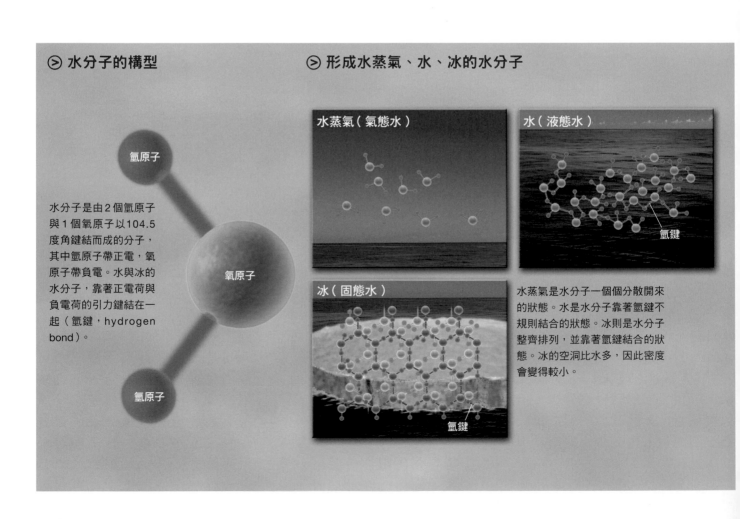

⊙ 水分子的構型

氫原子

氧原子

氫原子

水分子是由2個氫原子與1個氧原子以104.5度角鍵結而成的分子，其中氫原子帶正電，氧原子帶負電。水與冰的水分子，靠著正電荷與負電荷的引力鍵結在一起（氫鍵，hydrogen bond）。

⊙ 形成水蒸氣、水、冰的水分子

水蒸氣（氣態水）

水（液態水）

氫鍵

冰（固態水）

氫鍵

水蒸氣是水分子一個個分散開來的狀態。水是水分子靠著氫鍵不規則結合的狀態。冰則是水分子整齊排列，並靠著氫鍵結合的狀態。冰的空洞比水多，因此密度會變得較小。

原子結合而成的分子，每個碳原子都與氫原子鍵結。以同體積進行比較時，如果水的質量是1，石油的質量就是0.8～0.9，這就是為什麼石油會浮在水面上。各位不妨也順便思考一下，倘若把冰放進石油裡，結果會是如何呢？（答案在本頁下方）

石油製品例如寶特瓶。偶爾也會買用寶特瓶裝的礦泉水或飲料吧？寶特瓶的英文是「PET bottle」，其中的「PET」是「polyethylene terephthalate」的縮寫，中文全名為「聚對酞酸乙二酯」或「聚對苯二甲酸乙二酯」。

PET是由約160個名為對酞酸乙二酯（ethylene terephthalate）的小分子串聯成的直線狀大分子。除了寶特瓶之外，這種物質也使用於相機底片、磁帶與衣物纖維等，由此可知生活周遭有非常多的PET製品。

1年平均有多達1公噸的食物通過人體

接著來談談早餐。我們每天所吃的食物由許多元素及分子組成，其數量多到驚人。這些元素與分子大致可分成「碳水化合物」（carbohydrate）、「蛋白質」（protein）和「脂質（油）」（lipid），這三者一般稱為「三大營養素」（能量產生營養素）。

碳水化合物之一的澱粉（starch），是由「直鏈澱粉」（amylose）和「分枝澱粉」（amylopectin）這兩種物質組成。直鏈澱粉由數十到數千個葡萄糖直線鍵結而成；分枝澱粉則是由數萬個葡萄糖以樹枝狀鍵結而成。

蛋白質則是由各種不同的氨基酸像串珠般組合而成的物質。胺基酸共有20種，其中有些含硫。在血液中的紅色素是一種叫做「血紅素」（hemoglobin）的大型蛋白質，能夠從肺部攜

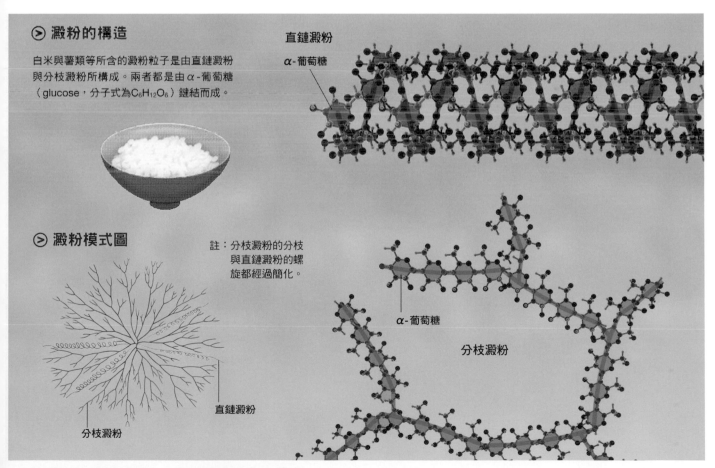

澱粉的構造

白米與薯類等所含的澱粉粒子是由直鏈澱粉與分枝澱粉所構成。兩者都是由α-葡萄糖（glucose，分子式為$C_6H_{12}O_6$）鍵結而成。

直鏈澱粉
α-葡萄糖

澱粉模式圖

註：分枝澱粉的分枝與直鏈澱粉的螺旋都經過簡化。

分枝澱粉
直鏈澱粉

α-葡萄糖
分枝澱粉

（答案）由於冰的密度較石油大，因此冰會沉於石油而非浮於石油上。

帶氧氣，並將氧氣輸送到全身。脂質則是由「脂肪酸」（fatty acid）和「甘油」（glycerol）這兩種物質組成，具有高能量。

但只有三大營養素並不足以使我們保持健康，還需要非常少量、被稱為維生素與礦物質的無機元素，此外也需要食物纖維。舉例來說，如果缺乏維生素A與維生素B_1，會分別導致夜盲症及腳氣病；如果缺乏鐵與鋅，則可能分別出現貧血及味覺異常。

我們每年平均攝取約1公噸（1000公斤）的食物。如果人類的平均壽命是84年，那麼在一生當中，將會攝取多達84公噸的食物。考慮到這些食物都以元素和分子的形式通過我們的身體，並且24小時不停地在體內發生化學反應，就覺得超乎想像。

石墨從筆芯附著到紙張，再附著到橡皮擦

吃完早餐後就得趕到學校或公司。有些讀者或許已經從職場上退休，但如果還是學生，就必須前往學校努力學習吧！

書籍與筆記本都是由紙張製成。據說紙張在西元前2世紀左右於中國誕生，並由蔡倫改良與推廣。紙張則是由名為「纖維素」（cellulose）的物質構成。纖維素是一種由葡萄糖直線鍵結而成的大分子，屬於碳水化合物。

學生在課堂上會將黑板上的文字抄寫到筆記本上，或是在筆記本上解題。即使不小心寫錯了，用鉛筆或自動鉛筆寫下的文字也都能用橡皮擦擦掉，所以不必擔心。

1770年，英國的化學家卜利

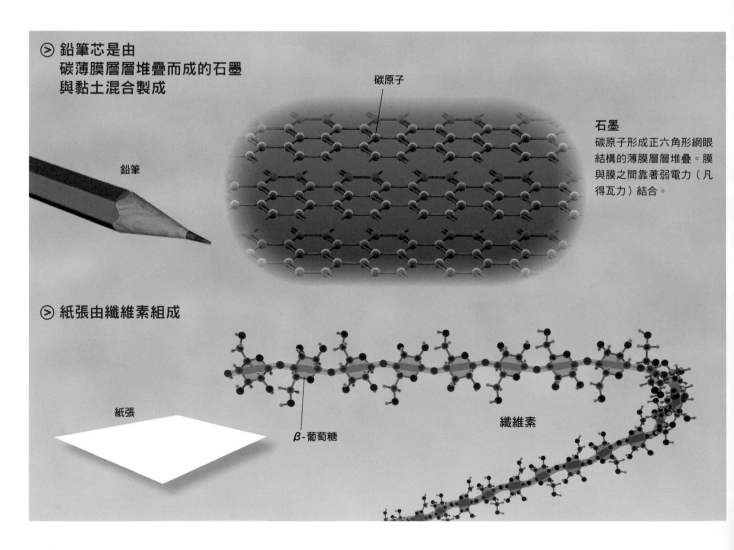

> 鉛筆芯是由碳薄膜層層堆疊而成的石墨與黏土混合製成

鉛筆

碳原子

石墨
碳原子形成正六角形網眼結構的薄膜層層堆疊。膜與膜之間靠著弱電力（凡得瓦力）結合。

> 紙張由纖維素組成

紙張

β-葡萄糖

纖維素

士力（Joseph Priestley，1733～1804）發現天然橡膠能夠擦去鉛筆的字跡。2年後的1772年，橡皮擦首度出現在倫敦的市面上，並且轉眼間就普及到全世界。又過了2年，卜利士力在1774年發現空氣中存在氧分子，因而聲名大噪。那麼，為什麼橡皮擦能夠擦去鉛筆的文字呢？

鉛筆芯是由石墨（graphite，僅由碳原子構成）與黏土在1000～2000℃的高溫下燒製而成。當鉛筆芯抵在紙上，石墨就會移動到紙張表面，顯現出筆跡來。由於鉛筆芯很硬，石墨不會卡進紙張的凹凸當中。如果以橡皮擦摩擦紙張表面，石墨就會附著到橡皮擦上，這麼一來即可在不損壞紙張的情況下擦去文字。

最近「聚氯乙烯」（polyvinyl chloride，PVC）和使其凝固的物質（稱為塑化劑）取代天然橡膠成為橡皮擦的原料，各位說不定也用過這樣的產品。必須注意的是，因為已經不含橡膠，似乎不該再稱為「橡皮」擦。這種塑膠製橡皮擦是日本發明的。

到此為止介紹了不少生活周遭的化學，希望各位能夠藉此了解到，我們與日常生活，都是歷史與化學的結晶。也期待各位能夠比以前更加喜愛化學。

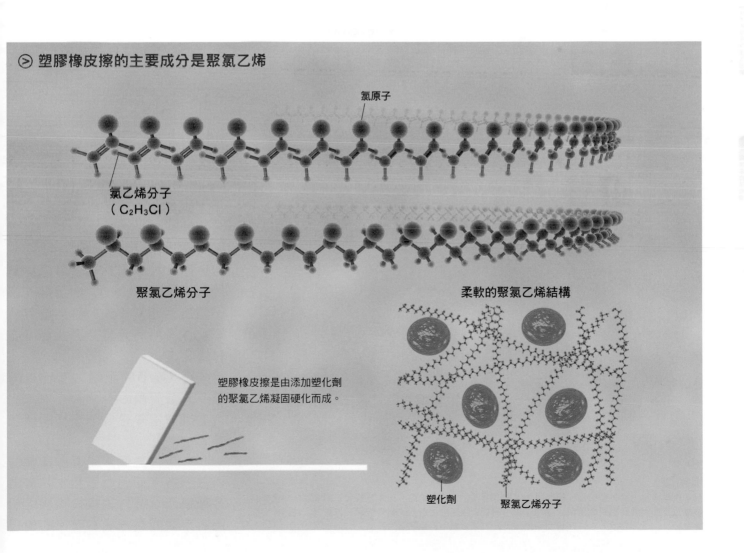

> 塑膠橡皮擦的主要成分是聚氯乙烯

氯原子

氯乙烯分子
（C_2H_3Cl）

聚氯乙烯分子

柔軟的聚氯乙烯結構

塑膠橡皮擦是由添加塑化劑的聚氯乙烯凝固硬化而成。

塑化劑

聚氯乙烯分子

就像在白紙上畫圖一樣地
製造出物質

櫻井博士高中時對化學課並不感興趣，最後甚至開始厭惡化學，卻在大學時學習藥學，朝著化學之路邁進。他在擔任研究員時，不僅製造出作為新藥原料的化合物，也出版多本關於「元素」的書籍。現在以廣泛的年齡層為對象，從事推廣化學趣味之處的活動。就讓我們來問問櫻井博士，化學到底哪裡有趣吧！

＊本篇專訪為日本牛頓編輯部於2018年5月進行。

櫻井 弘
日本京都藥科大學榮譽教授。藥學博士。1942年生於日本京都府。日本京都大學藥學部製藥化學科畢業，京都大學藥學研究所博士課程修畢。專攻生物無機化學、代謝分析學。著有《人體為什麼需要金屬》、《元素檢定》、《118種元素新知識》、《宮澤賢治的元素圖鑑》等。

Galileo今天的訪談在京都大學綜合博物館進行。櫻井老師現在是否都會以志工的身分，參加每週六舉行的「兒童博物館」活動呢？

櫻井 是的，我來這裡向孩子們介紹一款名為「元素撲克牌」的卡牌遊戲。這款遊戲最初是由京都的一名高中老師所想出來的，而後由化學同人公司（Kagaku-Dojin Publishing Co., Inc.）製作、販賣。我則是以審訂者的身分協助製作。

　　每副卡牌都有118張元素卡片、基本粒子卡片，使用這些卡片進行類似「UNO」的遊戲。孩子們玩得非常投入，甚至還有孩子記住了所有元素，連我都可能會輸呢！

Galileo孩子的記憶力有時真的很令人驚訝啊！

　　老師您當年是個怎麼樣的孩子呢？

櫻井 我曾是個非常喜歡畫畫的男孩，經常使用蠟筆和水彩畫出各種東西。還曾經模模糊糊地想過將來要成為一名畫家。即使現

在，我依然喜歡畫畫，最近常畫木板畫。

Galileo您是在什麼時候決定走上化學這條路的呢？

櫻井 大學的時候。我在高中的時候對課業沒興趣，甚至開始討厭化學。但我喜歡將澱粉或脂肪之類的化學結構畫成立體的樣子。在大張紙上反覆畫出其結構，並且仔細端詳，深受其結構美與獨特性吸引。

高中畢業後，我原本想讀藝術大學或文學院，但後來在父親的建議之下選擇了藥學院。我還記得父親跟我說：「接下來將是化學的時代。」

遇見「錯合物」的那一天
感動到睡不著

Galileo這就是您進入京都大學藥學部的原因吧！您一開始就想成為研究員嗎？

櫻井 不，我當初是想進入一般企業的。

Galileo那為什麼最後會走上研究員這條路呢？

櫻井 為什麼呢？也許是逐漸有了這樣的想法吧！

進入藥學部第3年的實習，發生了一件讓我印象深刻的事情。助教帶來他自己剛合成的新化合物，向我們展示這種化合物與金屬離子的反應實驗。當兩者混合時，試管內一下子就充滿了鮮豔的顏色，彷彿像變魔術一樣。由於太過驚訝與感動，讓我當天晚上睡不著覺。這次作夢般的體驗，讓我發現原來化學的世界如此廣闊。

這就是我與「配位化學」（co-ordination chemistry）的首次相遇。

Galileo後來您花了將近半個世紀研究「錯合物」（complex）。錯合物到底是什麼呢？

櫻井 錯合物就是金屬主要與有機化合物結合而成的化合物，也稱為「錯鹽」（complex salt）。

以身邊的事物為例子，人的血液中紅血球所含的「血紅素」就

「元素撲克牌2.0」的玩法與UNO類似。玩家從堆在中央的「牌堆」翻開一張，並打出與該牌相關的手牌。如果無牌可打，則從牌堆中抽1張牌。最先把手牌出完的人就獲勝。而玩法規定當手上只剩1張牌時，要喊出「元素！」

是錯合物。這種物質是由有機化合物中的蛋白質與金屬的鐵所結合而成。

你聽過「順鉑」（cisplatin）這種化合物嗎？這是一種抗癌藥物，由氨與鉑結合而成，也是一種錯合物。順鉑是我還在當研究生時，由美國開發出來的藥物。

而當時的歐洲與美國，也誕生了一門探討金屬與生物關係的新學問，稱為「生物無機化學」（bioinorganic chemistry）。我認為生物無機化學將是未來藥學所不可或缺的學問，因此決定朝這個方向進行研究。尤其我特別想將錯合物本身製成藥物。

Galileo將錯合物製成藥物，現在已經很普遍了嗎？

櫻井　不，現在的藥物99％仍是有機化合物。錯合物製成的藥物很少見。

Galileo老師參與過哪些藥物研究呢？

櫻井　我進行過很多研究，但在退休前的這10年左右，主要取得成果的是使用鋅（Zn）與釩（V）製成的錯合物。該錯合物使用從大蒜萃取出的有機化合物「蒜素」（allicin）作為骨架。

經過調查，這種錯合物具有促進胰島素分泌的效果，而胰島素能夠降低血糖。在使用細胞或是小鼠的實驗中發現，這種錯合物能夠改善糖尿病與代謝症候群。雖然有藥廠建議「把這種錯合物製成藥物吧！」但是退休後我想要悠哉生活，所以就不以實用化為目標。

Galileo將有機化合物與金屬結合製成錯合物很困難嗎？

櫻井　這件事本身是簡單的，困難的是如何製造出有效的藥物錯合物。

首先要設計化合物的形狀，並依此進行合成。合成完成後，會使用細胞或實驗動物來確認其效果。我在京都藥科大學的研究室，學生與研究生都依照這個流程進行實驗。

我們進行了大量的實驗，也製造出幾種具有效果的化合物，但失敗的情況其實更多。

從元素的故事
學習「活生生的歷史」

Galileo您在1997年所編輯出版的《111種元素新知識》，是一

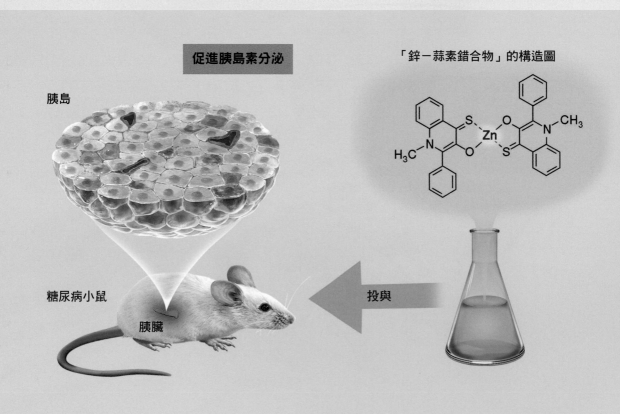

促進胰島素分泌

「鋅－蒜素錯合物」的構造圖

胰島

糖尿病小鼠

胰臟

投與

櫻井博士開發的「鋅－蒜素錯合物」與其作用示意圖。據調查發現，將這種錯合物投與糖尿病小鼠，就能對胰臟發揮作用，促進胰島素分泌。胰島素由胰臟中稱為「胰島」的器官所分泌。

本向一般大眾介紹元素性質以及發現史的書籍。而元素週期表到第7週期為止的所有元素名稱，在2016年確定了下來，於是您在2017年將其修訂成《118種元素新知識》。能否請您談談這本書呢？

櫻井 我在這本書中，仔細地介紹了各種元素發現及研究的故事。至於修訂版，則在開頭放了由日本團隊合成出來的元素「鉨」（Nh）之命名記者會照片，以及各種礦物的照片。

Galileo 老師是如何看待元素的呢？

櫻井 現在無論是宇宙的起源、地球的起源，還是生命的起源，全部都能從元素的角度來談。正如同大家常說「我們都是星星的碎片」，我們的存在確實可以追溯到星體的起源，現在已經是從元素來思考生命的時代了。

宇宙由元素構成，人體由元素構成，我們周遭的一切都由元素構成，元素是一切的基礎，我認為從生活周遭去了解並感受元素，或許就是愛上化學的原點。

Galileo 每一種元素都有不同的故事，讀起來真的是樂趣無窮。

櫻井 沒錯，當你去調查各個元素發現的經過以及歷史背景時，就能了解當時的社會結構、文化、藝術、社會生活的水準、科技的發展程度，以及在發現元素的過程中，參與其中的人們又有什麼樣的行為舉止。換句話說，我認為從元素的世界能夠學到活生生的歷史。

Galileo 活生生的歷史，是這樣嗎？

櫻井 是的，我覺得這就是最有趣的部分。

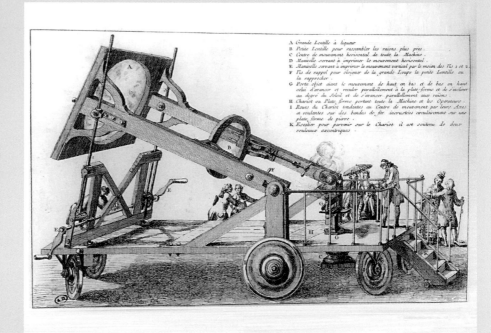

鑽石燃燒實驗的情景。據說使用兩個大透鏡聚集陽光，以使鑽石燃燒起來。

而最重要的是，藉由了解這些歷史，能夠鍛鍊對科學的思考方法，進而也能獲得自己該如何安生立命的線索。

Galileo 具體來說有哪些故事呢？

櫻井 故事有很多，鑽石或許是一個有趣的話題。

鑽石是碳的集合體。這對現代的我們而言是常識，但在好幾世紀之前卻沒有人知道。那麼該如何確認這點呢？只能燒燒看了。

出生於法國的大化學家拉瓦節（Antoine-Laurent de Lavoisier，1743～1794）就實際把鑽石拿來燒。為了確認鑽石是不是由碳構成的，不惜將高價的鑽石燒成灰燼，這樣的化學家是什麼樣的心態呢？我認為透過這個故事能夠探究他們面對化學的態度。

鋰也有一個有趣的故事。發現鋰的是一位名叫阿弗魏德森（Johan August Arfwedson，1792～1841）的瑞典化學家，他把發現新元素的事向老師貝吉里斯（Jons Jacob Berzellius，1779～1848）報告。由於新元素是在「石頭」中首度發現的，因此貝吉里斯便提議根據希臘語的石頭（lithos），將其命名為鋰（Lithium）。

如果在現代，鋰的發現者可能會變成「阿弗魏德森與貝吉里斯」，因為阿弗魏德森是在貝吉里斯的指導下進行研究。但是貝吉里斯並沒有這麼做，由於發現的人是阿弗魏德森，所以貝吉里斯告訴他，不需要把自己的名字掛上去。

聽到師生之間這樣溫馨的故事，也不禁讓人反思自己的生活方式。

Galileo 對孩子而言，元素或許

就是化學的最佳入口吧？

櫻井 如果想要了解化學元素的樂趣與趣味，或許可以準備日本文部科學省發行的「一家一張週期表」或是「元素撲克牌2.0」。如果利用這些教具和孩子一起進行遊戲，能夠讓孩子進入元素、化學的世界，並且主動對化學的趣味之處抱持興趣，那就再好不過了。

製造出
前所未有的新物質

Galileo想要再次請老師說明，您認為化學的樂趣與趣味之處在於哪些部分呢？

櫻井 我認為化學的樂趣，就像在白紙上作畫，或是在空地上蓋出一棟房子一樣，透過將元素與元素、化合物與化合物，或是元素和化合物結合，創造出這個世界上前所未有的新物質。

查閱文獻、思考並決定合成方針、不斷重複失敗的過程，有時雖然伴隨著痛苦，但也充滿了對於未知的嚮往。一旦成功合成出來，寫成論文發表在世人眼前並獲得肯定時，那種喜悅與滿足，就會成為無可替代的珍貴體驗。

Galileo當聽到製造出這個世界上前所未有的新物質時，不禁聯想到試圖創造出黃金或長生不老藥的煉金術。

櫻井 畢竟煉金術就像是化學的始祖。你知道有一種元素是由煉金術士發現的嗎？那就是磷。英國偉大的科學家牛頓（Isaac Newton，1643～1727）也是一位煉金術士喔！現在使用的許多化學實驗器材，其原型都是由煉金術士製造的。

Galileo所以現代化學中也存在煉金術的體系呢！說到實驗器材，做實驗也是化學的一大樂趣吧？

櫻井 我也非常喜歡做實驗。一旦開始進行蒸餾之類的實驗就會很開心，我以前還會買玻璃，自己用烙鐵將其熔化製造器材。

Galileo聽起來真有趣呢。

櫻井 現代各種化學領域都在蓬

這幅畫名為《尋找賢者之石的煉金術士》，描繪的是煉金術士布蘭德（Hennig Brand，1630～1692，右側人物）發現磷的情景。布蘭德企圖透過熬煮尿液製造出黃金，最後雖然未能如願，卻成為唯一一位發現元素的煉金術士。

勃發展，可以從中獲得龐大的資訊，但世界上說不定還隱藏著不為人知的化學。試圖挖掘出這些隱藏奧祕的態度，或許就是化學的樂趣及趣味吧！

生活周遭的事物都能用化學說明

Galileo 聽說老師也會受邀前往中、小學授課。這時候您會傳授給孩子什麼樣的知識呢？

櫻井 英國的化學家法拉第（Michael Faraday，1791～1867）在1860年到1861年之間進行「以少年、少女為對象進行聖誕演講」，被記錄下來並整理成《蠟燭的化學史》（The Chemical History of a Candle）出版，普及到全世界。我在大學時讀到這本書，了解蠟燭為什麼會燃燒後深受感動。我都會建議孩子如果有機會，不妨讀讀這本書。

法拉第在講座的最後告訴孩子們：「各位的時代將會到來，希望你們都能變得像蠟燭一樣。」換句話說，他希望孩子們都能像蠟燭一樣閃耀光芒，照亮這個世界。我非常珍惜這句話，覺得這句話非常棒。我認為蠟燭可以替換成化學的力量，希望能夠以化學的力量照亮這個世界。

Galileo 老師您撰寫的《宮澤賢治的元素圖鑑》在2018年6月出版了吧？

櫻井 沒錯。我從小就喜歡宮澤賢治，經常閱讀他的詩集。我開始上學以後，在課本上看到元素的名稱時心想：「好像在哪裡聽過。」後來才發現這些元素都曾出現在宮澤賢治※的作品裡。

我趁著退休後有時間，買了他的全集，調查這些元素分別出現

櫻井博士在京都大學博物館的大廳接受我們的訪問，並示範元素撲克牌的玩法。

在哪裡並進行整理，這時才發現登場的元素驚人地多！從這個角度重新閱讀宮澤賢治的作品，能夠帶來不同的感受，相當有趣。

Galileo 說不定曾經接觸過宮澤賢治作品的那一代人，會想要再次閱讀他的作品呢！

櫻井 我現在也正以那個世代的人為主要對象開設講座。

講座包含了許多主題，譬如「食品屬於化學的對象嗎？」其他還有關於元素、藥物歷史、日本的香等。有些人聽到我說元素有118種，人體也是由其中一些元素組成時感到非常驚訝。

講座的最後一堂課將以「文藝與化學」為主題，而我也準備聊聊宮澤賢治與元素。

Galileo 所有一切都能從化學的角度討論呢！

櫻井 身邊所有的一切都能用化學來解釋不是嗎？也有學員反應，他們聽了講座之後，就能理解報紙與新聞中所出現專有名詞的意義與背景，覺得非常有趣。

Galileo 感謝老師今天和我們分享了這麼多精彩內容。 🪐

※宮澤賢治（1896～1933）被稱為日本國民作家，生於日本岩手縣，同時也是知名詩人、教育家，著名作品為《銀河鐵道之夜》、《要求很多的餐廳》等。

「化學」是探究所有「物質」的起源與性質，並創造出新材料的學問

主要在國中理化及
高中「基礎化學」
會學到的知識

固態、液態、氣態

水溶液的性質

溶解與再結晶

氧化與還原

酸與鹼

化學變化與熱

高中「化學」
的單元

物質的
狀態與平衡

物質的
變化與平衡

物質的狀態
與其變化

學習物質有固態、液態、氣態三
種狀態，其狀態會隨著溫度和壓
力而改變。「構為「狀態變化」。學
習固態與等性質的「度以假定
律」以及相關的能量變化。

化學反應
與能量

學習化學反應中發生的能量變
化。這種能量被視為一種能量而
釋出。學習與化學反應伴隨的
「反應熱」，以及關於物質燃燒
等反應熱變化的「赫斯定律」。

溶液與平衡

學習物質溶於水等液體中的溶解
現象。固體不能再進一步溶解的
狀態稱為「飽和」。固體溶於液體
的量，與溶解後的物質恢復成固
體的量互相平衡時，稱為「溶解
平衡」。

化學反應與
化學平衡

化學反應的速度，隨著溫度、物
質的量、「催化劑」的有無而改
變。某種化學反應的速度，與其
反方向的化學反應的速度相等，
使其看起來似乎沒有在進行任何
反應的現象，稱為「化學平衡」。

以下是高中「化學」所學習的內容。其基礎知識會在國中理化與由此發展出來的高中「基礎化學」中學到。

「化學」這門學問，探究的是形成人體、工業產品與宇宙天體等所有「物質」的起源與性質。其知識能夠應用在開發達成目的新材料。在本書最後面還附上了「十二年國教課綱自然科學領域學習內容架構表」，可搭配學習進度閱讀該章節。

- 週期表與元素
- 離子與離子鍵
- 金屬與金屬鍵

- 碳與共價鍵
- 碳氫化合物
- 肥皂與合成洗劑

- 科學技術與人類
- 科學與人類生活
- 化學開拓的世界

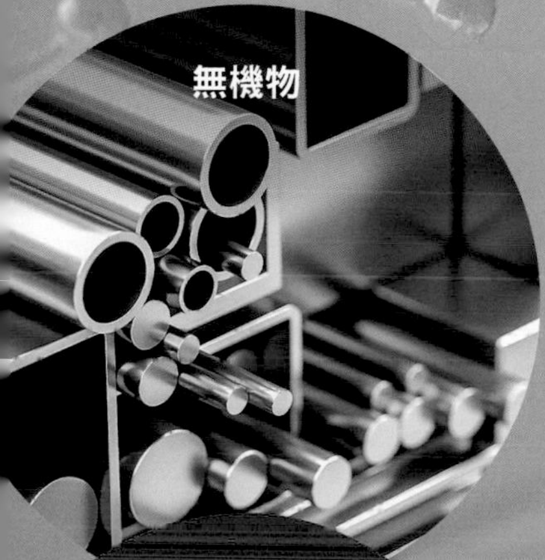

無機物

有機化合物

化學扮演的角色
～人類生活中的化學～

主族元素和過渡元素

週期表第1～2族、第12～18族的元素被稱為「主族元素」，至於第3～11族的元素則被稱為「過渡元素」※。本單元將探討這些元素單獨形成的單質，以及與不同元素組合而成的化合物性質與反應。

高分子化合物

許多有機化合物等的「單體」結合而成的分子稱為「高分子化合物」。本單元將學習蛋白質、澱粉、DNA等天然高分子化合物，以及塑膠、合成纖維等合成高分子化合物。

化學建構的未來

化學的成果被應用在各個領域，成為建構未來新科技的基礎。譬如，使用分子的資訊元件開發、綠色永續化學、碳材料的應用等。

※：過渡元素有時也包含第12族的元素。

註：本圖基於現行（2022年度）日本學習指導要領編成。

2 日常生活中的化學

只要仔細觀察廚房、家電、街道，就能發現化學是如何支撐我們每天的生活。在所有的學問當中，說化學是最貼近生活的學問也不為過。平常感受到的各種氣味、光線、色彩等，都與化學密切相關。我們的生活周遭，到處都是國中・高中能學到的化學精華。

審訂　櫻井 弘
協助　駒場慎一／吉野 彰

就像魔法一樣！生活中充滿「化學」

如果向好幾個世紀前的人展示只需輕輕一折即可發光的螢光棒，他們一定會驚訝地認為這是一種魔法。隨著化學的進步，出現了許多以前幾乎無法想像的便利物品。現代的我們，就在這些彷彿魔法般的便利物品環繞下生活。

第 2 章將把眼光轉向廚房（PART 1）、家電產品（PART 2）與街道環境（PART 3），介紹隱藏在生活周遭的化學原理。

化學從煉金術發展而來

英語的化學「chemistry」一詞，源自於alchemy（煉金術）。煉金術是中世紀之前，一種企圖將各式各樣的金屬轉換成黃金之類貴金屬的嘗試。發現萬有引力的牛頓、發現磷的布蘭德，都是以熱衷於研究煉金術而聞名。

雖然製造黃金的煉金術並未成功，但卻透過實驗培養出探究的精神。而從這種試錯精神中發展出來的，就是解釋各種物質起源與性質的學問 — 化學。

PART1　廚房的化學

「為什麼烤魚之前要先灑鹽？」

「明明兩者都是油脂，為什麼奶油是固體，橄欖油卻是液體呢？」

廚房中的事物、料理使用的食材，都充滿化學的趣味。PART 1 將說明國中理化與高中化學所學到的「酸與鹼」、「中和」、「同分異構物」等。

→第 24 頁

PART2　家電產品的化學

「手機使用了哪些元素？」
「冰箱與冷氣的原理？」
　　手機（智慧型手機）與其他家電產品，運用了各種元素及物質的化學性質。PART 2 將把注意力擺在「稀有金屬」、「鋰電池」、「玻璃與液晶」、「鹵素」等，來看看支撐家電產品的化學原理。

→第 40 頁

PART3　生活中的化學

「無咖啡因咖啡是怎麼製造出來的？」
「該如何解決塑膠垃圾的問題？」
　　無論是路上看到的商品，還是新聞聽到的環境問題，全部都與化學密切相關。PART 3 將介紹改變我們社會且耐人尋味的化學成果。

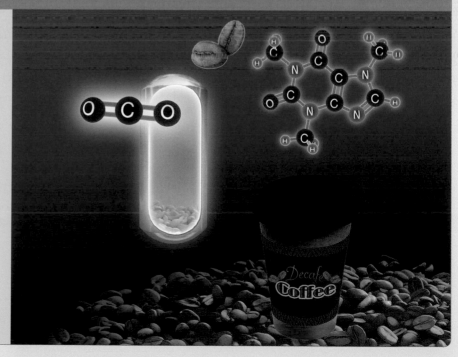

→第 58 頁

PART 1
廚房的化學

廚 房是化學的寶庫。譬如檸檬的酸味與煙燻的香
氣等，這些豐富的滋味與氣味，就來自各式各
樣的化學物質。不少讓料理美味的訣竅，都能利用化
學原理說明。PART 1 將透過在廚房能看到的熟悉食
物與現象，來認識化學的重要原理。

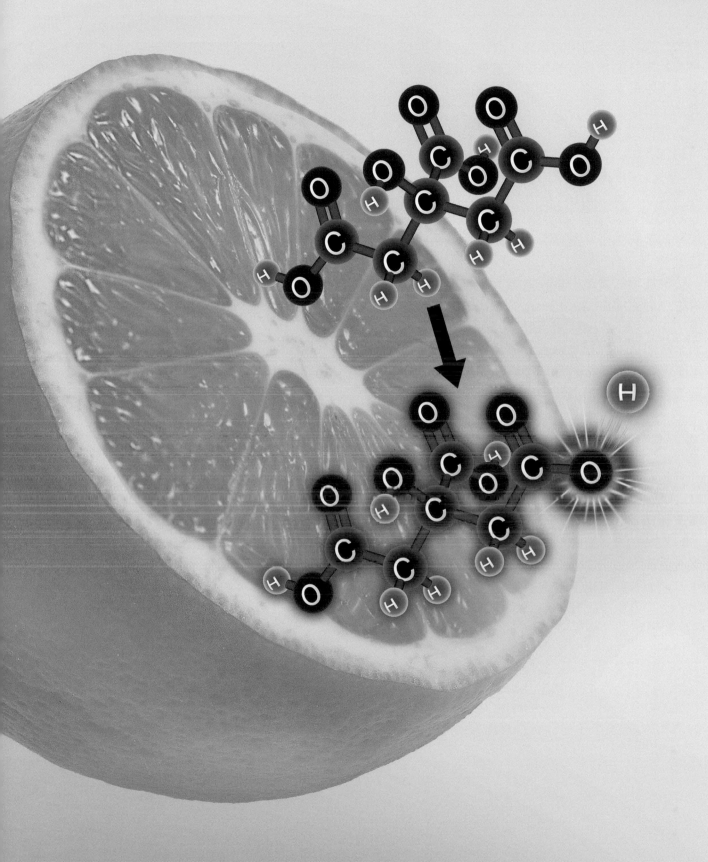

數量龐大的分子
在廚房相遇、分開

吃 咖哩飯時使用的湯匙，大約能夠容納15毫升的水。這些水的質量是15公克。這麼一丁點的水當中，卻聚集了5000垓（垓是1兆的1億倍）個水分子（H_2O）。

化學的世界以接近5000垓的個數為基準，「約602,000,000,000,000,000,000,000（約6020垓）」來衡量分子的數量。稱為「亞佛加厥常數」（Avogadro constant），也可寫成「約6.02×10^{23}」。10^{23}是10的23次方。亞佛加厥常數的由來，是12公克的碳所含的碳原子數量[※]。

亞佛加厥常數是一個極為龐大的數字。舉例來說，假設將6.02×10^{23}元平均分配給全球70億人，每個人能夠分配到的金額將高達86兆元。當你在廚房裡烹調時，各種物質將會進行化學反應。這時會有數量多達亞佛加厥常數級別的分子及原子，正在結合或分離。

方便計數的統整單位「莫耳」

但每次都寫「6.02×10^{23}」太過麻煩，所以在化學的世界裡，就用「1莫耳」（mol）來表現這個數字。就和12支鉛筆計為1打一樣，「6.02×10^{23}」個分子或原子般的粒子，就計為1莫耳。在化學反應中，除了分子的種類外，分子的數量也很重要。而在理解化學反應時，比起公克或公升，以莫耳為單位來顯示分子的數量更加方便。

※：國際單位制於2019年5月20日修訂後，亞佛加厥常數被定義為「$6.02214076 \times 10^{23}$」。

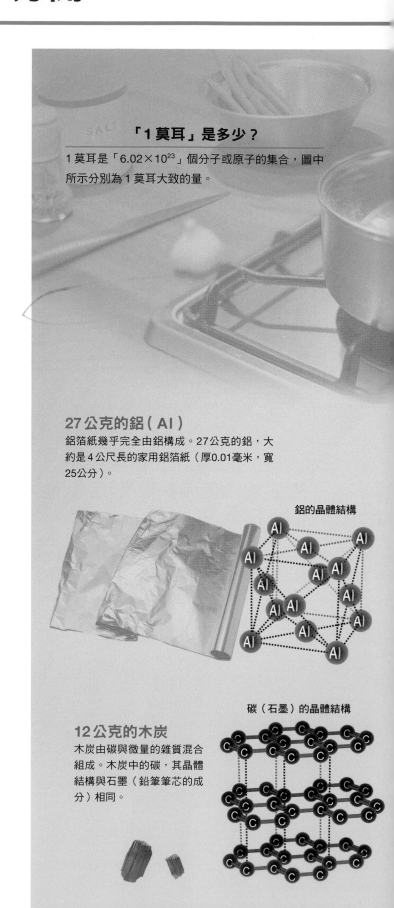

「1莫耳」是多少？

1莫耳是「6.02×10^{23}」個分子或原子的集合，圖中所示分別為1莫耳大致的量。

27公克的鋁（Al）
鋁箔紙幾乎完全由鋁構成。27公克的鋁，大約是4公尺長的家用鋁箔紙（厚0.01毫米，寬25公分）。

鋁的晶體結構

碳（石墨）的晶體結構

12公克的木炭
木炭由碳與微量的雜質混合組成。木炭中的碳，其晶體結構與石墨（鉛筆筆芯的成分）相同。

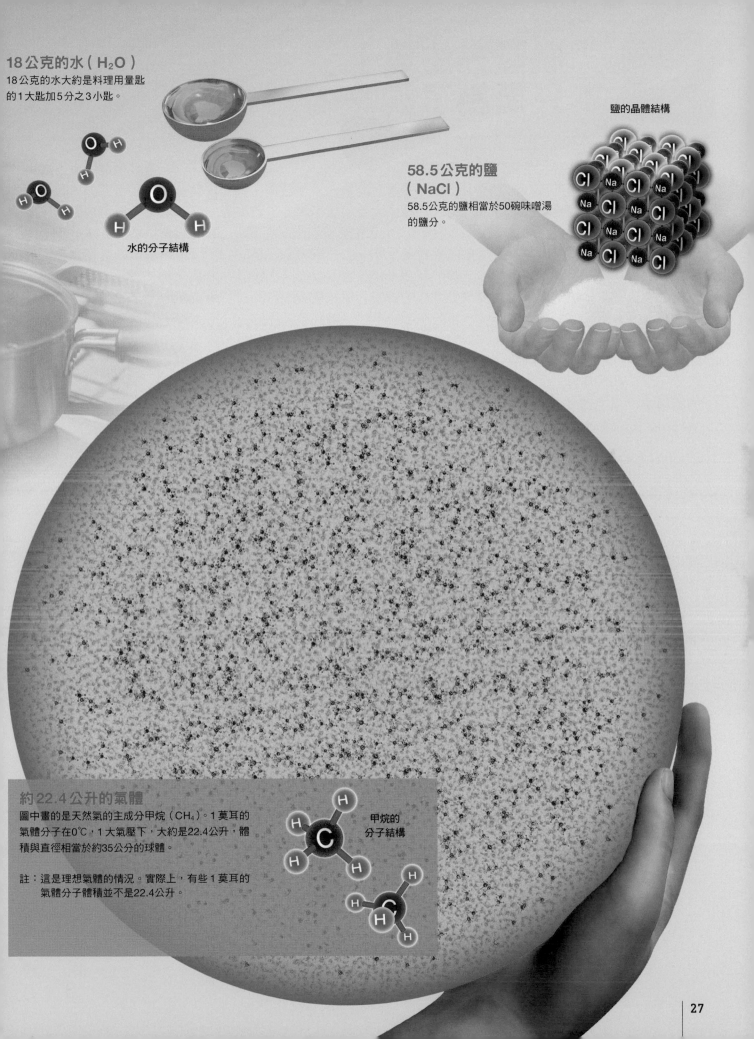

18公克的水（H₂O）

18公克的水大約是料理用量匙的1大匙加5分之3小匙。

水的分子結構

鹽的晶體結構

58.5公克的鹽（NaCl）

58.5公克的鹽相當於50碗味噌湯的鹽分。

約22.4公升的氣體

圖中畫的是天然氣的主成分甲烷（CH₄）。1莫耳的氣體分子在0℃，1大氣壓下，大約是22.4公升，體積與直徑相當於約35公分的球體。

註：這是理想氣體的情況。實際上，有些1莫耳的氣體分子體積並不是22.4公升。

甲烷的分子結構

「撒鹽在生魚上」不只是為了調味！

烤魚的時候，會先在生魚上撒鹽。這些鹽能讓魚帶點鹹味，但目的並不僅止於此。

腥臭味會隨著水一起滲出

在生魚上撒鹽，魚的表面會形成一層濃鹽水層，這層鹽水層緊鄰著魚的細胞。鹽（氯化鈉，NaCl）雖然無法通過細胞膜，水（H_2O）卻能通過，這種性質的膜稱為「半透膜」（semipermeable membrane），詳見右頁圖。

水分子雖然能夠通過半透膜，但因溶解了大量的鹽，水分子難以移動，因此通過半透膜的水分子就會減少。這麼一來，不只是鹽，就連水分子也難以從鹽水移動進魚的細胞。但是魚細胞內的水分子卻能不斷地移動到外部的鹽水。

由此可知，鹽分不同的水之間如果有半透膜（這個例子中的細胞膜），一般來說水分都會從鹽分淡的那一側，移動到鹽分濃的那一側。這就是在生魚上撒鹽，水就會滲透到表面的原理。這麼一來，魚的肉質更加緊實，腥臭味的成分也會隨著水一起滲出。

這種**藉由半透膜使水移動的壓力稱之為「滲透壓」**（osmotic pressure）。除了鹽水之外，溶有大分子的液體（譬如糖水）都會發生滲透壓。

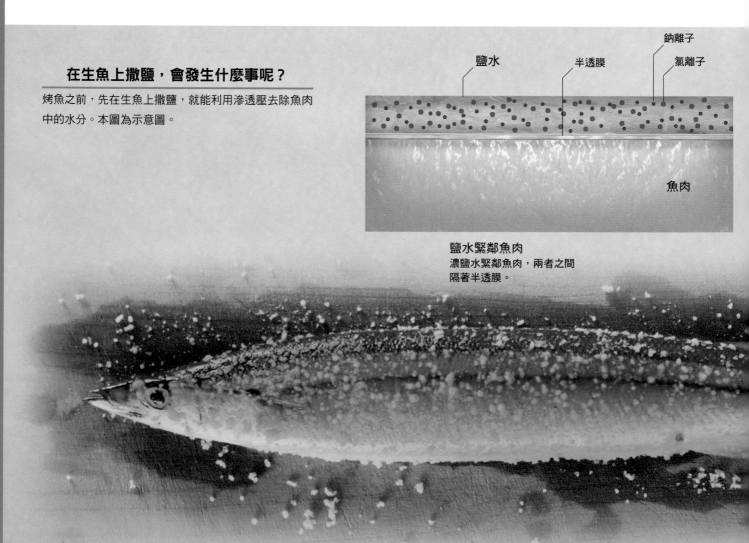

在生魚上撒鹽，會發生什麼事呢？

烤魚之前，先在生魚上撒鹽，就能利用滲透壓去除魚肉中的水分。本圖為示意圖。

鹽水　半透膜　鈉離子　氯離子　魚肉

鹽水緊鄰魚肉
濃鹽水緊鄰魚肉，兩者之間隔著半透膜。

離子量多時
水就難以移動

右圖呈現半透膜（細胞膜）夾在鹽水（上）與魚的細胞（下）之間的情況。鹽（氯化鈉）在水中溶解後，會分解為鈉離子（Na⁺）與氯離子（Cl⁻）。這些離子各自與水分子結合，形成龐大的結構。而形成龐大結構的鈉離子與氯離子無法通過半透膜。

此外，當這些離子大量存在時，水分子也會變得難以移動。反之，細胞內的水分子則會不斷地往鹽水的方向移動，這麼一來水就會從魚的細胞中滲出。

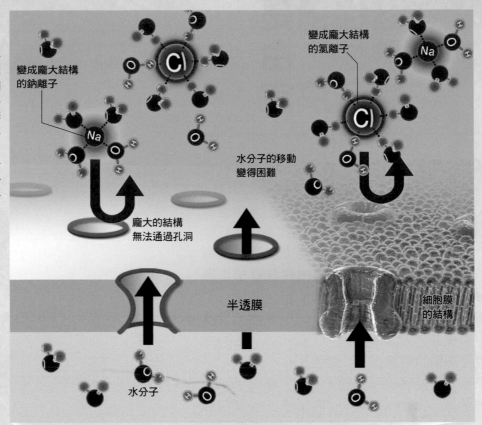

變成龐大結構的鈉離子

變成龐大結構的氯離子

水分子的移動變得困難

龐大的結構無法通過孔洞

半透膜

細胞膜的結構

水分子

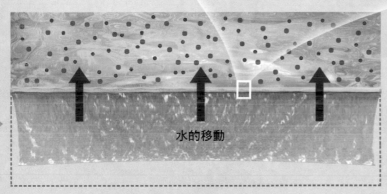

水的移動

水從魚肉中滲出來
水從魚肉中單方向滲出，因此肉質就會變得更加緊實。

水與腥臭味去除，魚肉變得緊實

在生魚上撒鹽時，腥臭味的成分（如三甲胺）也會隨著水滲出。若要更仔細地去除這種腥味，在撒了鹽之後，可以在燒烤之前先將水分擦乾淨。此外，水分滲出也具有讓魚肉更緊實的效果。

酸性還是鹼性，由離子決定

酸 味的食物中含有「**酸**」（acid）。舉例來說，檸檬中含有「檸檬酸」（C〔OH〕〔CH₂COOH〕₂ COOH）」。而檸檬酸在水中會分離出氫離子（H⁺），當舌頭上的感測器捕捉到這一些氫離子，我們便會感受到酸味。就像酸味一樣，**酸的水溶液所具備的性質就稱之為「酸性」**[※]。

與酸相對的是「鹼」（base）。當鹼溶於水時，會產生「氫氧根離子」（OH⁻）。**鹼的水溶液所具備的性質稱為「鹼性」**。

事實上，幾乎沒有鹼性的食材，絕大多數都屬於酸性。鹼性食材的少數例子包括蛋白和「小蘇打」。但這裡所謂的鹼性，與營養學的「鹼性食品」是兩回事（詳見右頁上方專欄）。

酸性與鹼性的程度用pH表示

酸性和鹼性的程度用「pH」表示。pH值所對應的是水溶液中的氫離子濃度。舉例來說，當 1 公升水溶液中的氫離子濃度為「10^{-2}（$=0.01$）莫耳」時，取10的指數並去掉負號所得到的值就是pH值，而這個例子中的pH值是2，寫作「pH2」。

pH值的範圍是 0 到14，接近 0 代表強酸性，接近14代表強鹼性。既非酸性也非鹼性的狀態稱為「中性」，pH值是 7。檸檬的pH值約為2，由此可知屬於酸性。

※：這是「阿瑞尼斯對於酸和鹼的定義」（詳見第138頁）。除此之外，還有布忍斯特與洛瑞，以及路易斯對於酸和鹼的定義。

食物中所含的酸與鹼

圖中所示酸性食物以檸檬為代表，以及鹼性食物以小蘇打（碳酸氫鈉）為代表。食材幾乎都呈現酸性。

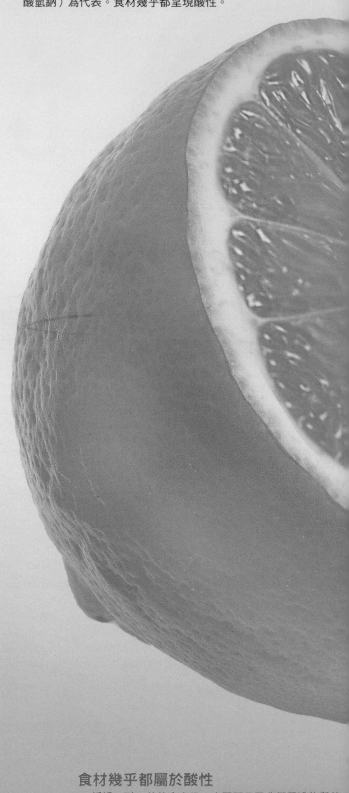

食材幾乎都屬於酸性

pH透過 0 到14的值來表示。右圖顯示了我們周遭物質的pH值。從醋與檸檬等酸味食材，到魚、肉等都屬於酸性（pH5～7）。食材大部分都呈酸性，但蛋白與小蘇打則是例外，呈弱鹼性。

酸能產生氫離子

檸檬所含的檸檬酸能分離出氫離子，而這就是酸性的來源。檸檬的pH值為2，屬於酸性非常強的食材之一。

小蘇打溶於水中呈現鹼性

用於去除澀味、腥味以及製造泡打粉的「小蘇打」（碳酸氫鈉，$NaHCO_3$）屬於鹼性。溶解在水中時，會分解成鈉離子和碳酸氫根離子（HCO_3^-），而碳酸氫根離子與水反應則會產生碳酸（H_2CO_3）與氫氧根離子（OH^-）。由於產生了氫氧根離子，因此溶液呈弱鹼性。但這樣形成的碳酸並不穩定，最後會分解成二氧化碳（CO_2）與水。

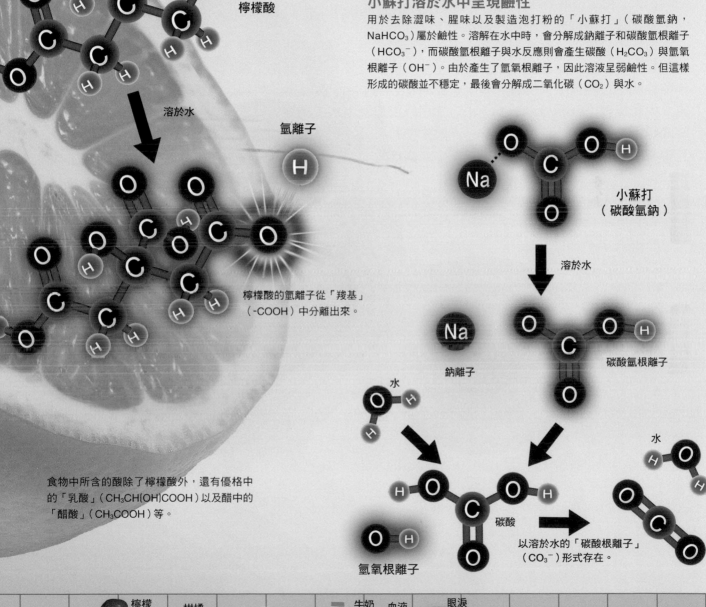

檸檬酸

溶於水

氫離子

檸檬酸的氫離子從「羧基」（-COOH）中分離出來。

食物中所含的酸除了檸檬酸外，還有優格中的「乳酸」（$CH_3CH(OH)COOH$）以及醋中的「醋酸」（CH_3COOH）等。

小蘇打（碳酸氫鈉）

溶於水

鈉離子

碳酸氫根離子

水

碳酸

氫氧根離子

以溶於水的「碳酸根離子」（CO_3^-）形式存在。

水

胃液	醋	檸檬 蘋果	柑橘 醬油	咖啡	西瓜	牛奶	血液	眼淚 小蘇打	肥皂			
0	1	2	3	4	5	6	7	8	9	10	11	12	13	14

（pH）

31

試著利用中和反應製作碳酸水

葡萄柚的酸味也是來自於檸檬酸（C(OH)(CH₂COOH)₂COOH），撒上砂糖會比較容易入口。但如過不想吃太甜，選擇撒上食用小蘇打（碳酸氫鈉，NaHCO₃）也是一個方法。

小蘇打是一種弱鹼性的鹼。當它與檸檬酸反應時，鹼性和酸性會相互抵消，從而緩和酸味。這種**酸性和鹼性相互抵消的過程稱為「中和反應」（neutralization reaction）**。

中和反應發生時幾乎都會產生水（H₂O）。這是因為來自酸的氫離子（H⁺）與來自鹼的氫氧根離子（OH⁻）結合，就會變成水分子。

透過手作碳酸水來體驗中和反應！

檸檬酸與小蘇打的中和反應除了會形成水之外，還會產生二氧化碳（CO₂）。將食用小蘇打與食用檸檬酸倒入水中攪拌，就會發生中和反應。在這個過程中，除了水之外，還會產生二氧化碳氣體，因此就能製作出冒泡泡的碳酸水。

但這個反應還會生成「檸檬酸鈉」（Na₃(C₃H₅O(COO)₃)）」。這種物質不太美味，必須再加入檸檬等帶有香氣的成分，才能夠更好入口。**由酸生成的陰離子（anion）與由鹼生成的陽離子（cation）結合所形成的物質，稱為「鹽」（salt）。**

酸性與鹼性相互抵消的「中和反應」

圖中所示為中和反應的例子。左頁呈現的是使用小蘇打緩和葡萄柚酸味的反應，右頁則描繪了將檸檬酸和小蘇打倒入水中製成碳酸水的情景。當檸檬酸和小蘇打中和時，來自小蘇打的碳酸根離子會產生二氧化碳。

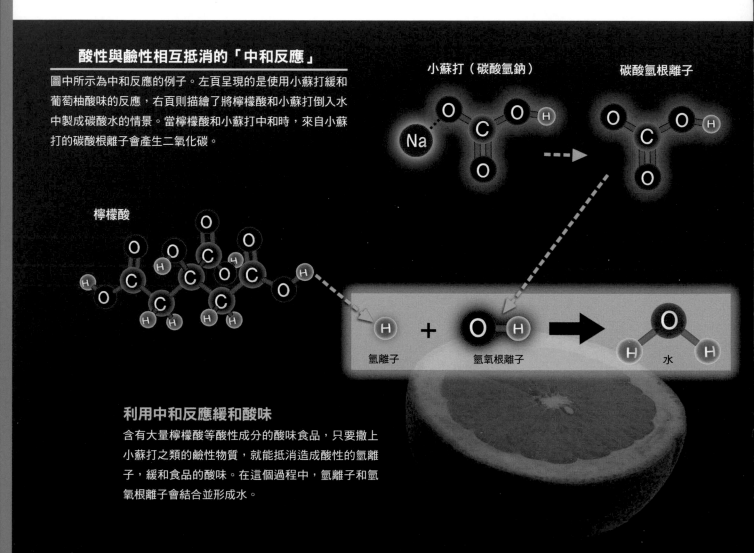

小蘇打（碳酸氫鈉）　　　　　　碳酸氫根離子

檸檬酸

氫離子　＋　氫氧根離子　→　水

利用中和反應緩和酸味

含有大量檸檬酸等酸性成分的酸味食品，只要撒上小蘇打之類的鹼性物質，就能抵消造成酸性的氫離子，緩和食品的酸味。在這個過程中，氫離子和氫氧根離子會結合並形成水。

利用中和反應製作碳酸水

請確保使用的檸檬酸及小蘇打都屬於食品用而非清潔用，接著在500毫升的水中，分別加入 1 小匙的檸檬酸與小蘇打。如果水溫過高，二氧化碳會迅速釋放到空氣中，訣竅是使用冷水。也可以在寶特瓶中用水將檸檬酸與小蘇打溶解，以封住二氧化碳。但用來裝茶類飲料的寶特瓶可能會破裂，因此務必使用碳酸飲料用的寶特瓶（PET）。為了讓碳酸水喝起來更美味，可以再加入砂糖或果汁。

檸檬酸

小蘇打
（碳酸氫鈉）

二氧化碳
（碳酸水的泡泡）

氫離子　　　　　　　氫氧根離子　　　　　　　　　水

即使化學式相同，性質也會隨著分子的結合方式而改變

在白米與馬鈴薯中含有「澱粉」。**澱粉是由「葡萄糖」這種帶有甜味的分子以長鏈狀的形式結合而成。**葡萄糖也存在於我們的血液中，成為全身的能量來源。

至於蜂蜜與果實中則含有「果糖」（fructose，$C_6H_{12}O_6$）這種物質。果糖也帶有甜味，卻不會變成澱粉。

葡萄糖與果糖的化學式完全相同，都是「$C_6H_{12}O_6$」。儘管原子的種類與數量相同，卻因為結合方式不同，使得特徵也有所不同。具有這種關係性的化合物，

只有鍵結方式不同

下圖的上方所示，為同分異構物的種類。同分異構物因「分子的鍵結方式如何不同」，分成好幾個不同的種類。

同分異構物的種類

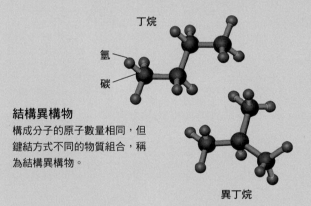

丁烷

氫
碳

結構異構物
構成分子的原子數量相同，但鍵結方式不同的物質組合，稱為結構異構物。

異丁烷

立體異構物
構成分子的原子數量相同，且鍵結方式也相同，但鍵結「方向」不同的分子組合，稱為立體異構物。立體異構物分成「順反異構物」（cis-trans isomers）（右圖），是由無法旋轉的2個碳以雙鍵結合所造成，以及左右對稱的「鏡像異構物」（下方的麩胺酸圖）。

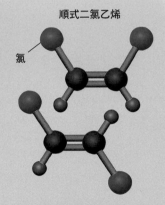

順式二氯乙烯

氯

反式二氯乙烯

鏡像異構物
如下圖的L-麩胺酸與D-麩胺酸那樣，彼此呈現如鏡中倒影般的關係。雖然乍看似乎相同，但其立體結構卻是不同的。兩者分別被稱為「L式」（L-form）或「左旋」（levorotatory），以及「D式」（D-form）或「右旋」（dexterotatory）。

L-麩胺酸與D-麩胺酸
為昆布帶來鮮味的L-麩胺酸（左）和D-麩胺酸（右），彼此的結構就像是互為鏡中倒影一樣（鏡像異構物）。儘管形狀看起來十分相似，卻無論如何都不可能將兩者完全重疊起來。D-麩胺酸在自然界中並不存在，也沒有鮮味。

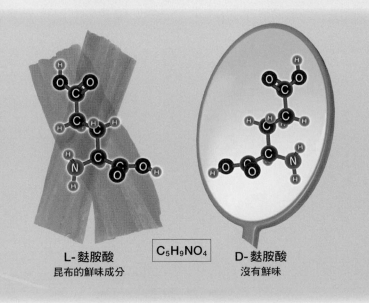

L-麩胺酸
昆布的鮮味成分

$C_5H_9NO_4$

D-麩胺酸
沒有鮮味

我們稱之為「同分異構物」（isomer）。

儘管外觀相似，卻是不同的物質

而說到帶鮮味的有機化合物，最具代表性的就是昆布中所含的「L-麩胺酸」（$C_5H_9NO_4$），其同分異構物是「D-麩胺酸」。**L-麩胺酸和D-麩胺酸彼此互為鏡中倒影，像這樣的同分異構物就稱之為「鏡像異構物」（enantiomer）。** D-麩胺酸則完全沒有鮮味。

有機化合物之所以能有許多同分異構物，是因為1個碳原子最多可與4個原子鍵結，能形成正四面體、三叉、直線等不同的結構。即使構成分子的原子數量相同，但鍵結方式或「方向」不同的同分異構物，就稱為「結構異構物」（structural isomer）或是「立體異構物」（stereo-isomer）。鏡像異構物就屬於一種立體異構物。

葡萄糖與果糖
圖中所示為葡萄糖與果糖的結構。雖然兩者的化學式都是「$C_6H_{12}O_6$」，但分子結構卻不同。洋菜中所含的「半乳糖」（galactose）與蒟蒻中的「甘露糖」（mannose），化學式都是「$C_6H_{12}O_6$」。

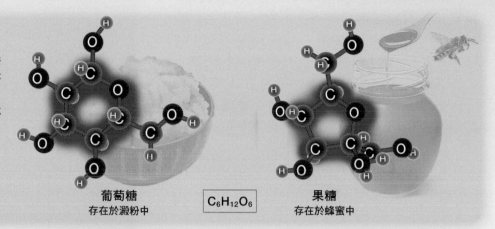

葡萄糖
存在於澱粉中

$C_6H_{12}O_6$

果糖
存在於蜂蜜中

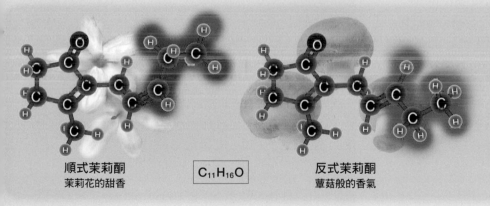

順式茉莉酮
茉莉花的甜香

$C_{11}H_{16}O$

反式茉莉酮
蕈菇般的香氣

茉莉花與蕈菇的香味
茉莉酮（jasmone）的分子結構中含有雙鍵。單鍵可以旋轉，但雙鍵通常不能旋轉。因此就會根據雙鍵的結合方式，產生不同的同分異構物。當雙鍵兩側的碳在同一側連結取代基（substituent），稱為「順式」；分別在不同側連結取代基，就稱為「反式」。

牛至與百里香的香氣
用於西洋料理的香草「牛至」與「百里香」的香氣，分別來自有機化合物「香芹酚」（carvacrol）與「百里酚」（thymol）。而香芹酚與百里酚為同分異構物，兩者的羥基（hydroxy group，-OH）所在位置不同，使得香氣也不一樣。

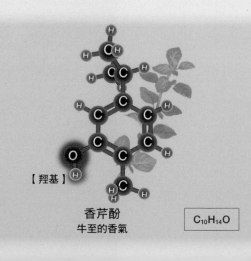

【羥基】

香芹酚
牛至的香氣

$C_{10}H_{14}O$

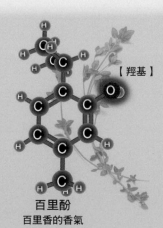

【羥基】

百里酚
百里香的香氣

碳的六角形帶來苦味與香氣

不完全燃燒的碎木片上會冒著煙,使用這種煙霧去燻烤食品的烹調方式稱為「燻製」。燻製食品帶有的好聞香味,來自煙霧中所含的有機化合物「酚類」。

「酚類」指的是「酚」(phenols,C_6H_5OH),以及結構與酚共通的有機化合物。酚是由6個碳(C)所形成的「苯環」(benzene ring)結構,再加上1個「羥基」(-OH)所組成的物質。

葡萄酒、咖啡、茶等也都含有「多酚」(polyphenol),**是種在酚類中,苯環上羥基超過2個的物質**。植物所產生的色素和苦味分子,通常都含有多酚。

具有「碳的6角形」的分子大顯身手

像酚類這種分子中含有苯環的有機化合物,稱為「芳香族化合物」(aromatic compound)。由於小分子的芳香族化合物散發出好聞的香氣,因此而得名。除了香氣外,芳香族化合物也被廣泛應用於製造藥物、染料、纖維等。

苯環中的碳原子彼此以均等的力鍵結,結構非常穩定,改變其分子結構照理來說並不容易,但克服此一問題的技術已被開發出來,因此也創造出多種有機化合物。

苯與其夥伴

左頁所示為具有苯環的苯與酚。右頁則是酚的成員。

苯

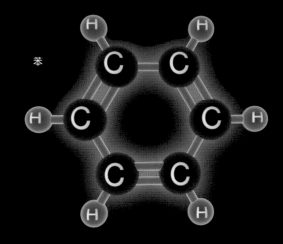

苯環的碳通常畫成單鍵結合與雙鍵結合,但實際上全部都是相同的1.5鍵結合。苯環的結構式可以簡化如下(左側呈現的是單鍵結合與雙鍵結合,右側呈現的則是1.5鍵結合)。

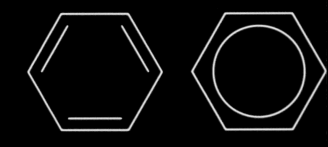

酚

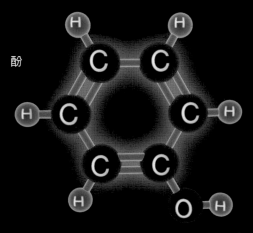

【羥基】

咖啡

【羥基】

【羥基】

綠原酸
（一種多酚）

咖啡中所含的多酚

含有兩個以上羥基的苯環稱為「多酚」（polyphenol）。其中「poly」就是「多」的意思。咖啡中所含的「綠原酸」（chlorogenic acid）就屬於一種多酚。

培根

燻製香氣的來源

燻製的好聞香氣中含有超過400種成分，其中也包括酚的成員。這些成分是由於木材碎片的不完全燃燒，而從構成木材的「纖維素」、「半纖維素」（homicellulose）以及「木質素」（lignin）等所產生的物質。除了酚類之外，還會產生各種酸與醇，賦予食物色澤及香氣。

鄰甲酚
（一種酚類）

酚

癒創木酚
（一種酚類）

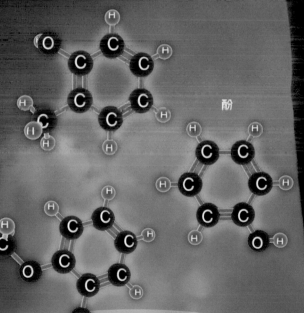

木材中所含的纖維素
（不含苯環）

37

油脂

同為油脂，為何奶油是固體，植物油卻是液體？

奶油在常溫下是固體，橄欖油則是液體。從化學分類來看，兩者都屬於「油脂」，但為什麼一種是固體，另一種卻是液體呢？

分子呈現直線狀還是彎曲狀呢？

所謂的油脂，指的是「甘油」與3個「脂肪酸」結合形成的有機化合物（右圖）。脂肪酸的骨架是由碳的長鏈構成，其末端連結「羧基」（-COOH）。這個羧基就是與甘油結合的部分。

脂肪酸根據其結構中所含的碳與碳之間是否有雙鍵分成兩種，沒有雙鍵的稱為「飽和脂肪酸」（saturated fatty acid），有雙鍵的則稱為「不飽和脂肪酸」（unsaturated fatty acid）。

飽和脂肪酸的代表是「棕櫚酸」（palmitic acid）和「硬脂酸」（stearic acid）。由於沒有雙鍵，分子形狀呈直線狀，因此脂肪分子之間能夠緊密地接合。而有種「分子間作用力」（intermolecular force）在緊密接合的分子之間強烈作用，帶來常溫下難以溶化（分子運動受限）的性質。奶油中含有較多的飽和脂肪酸，因此在常溫下是固體。

至於不飽和脂肪酸的代表則是「油酸」（oleic acid）、「亞麻油酸」（linoleic acid）和「蘇子油酸」（linolenic acid）。這些分子中存在雙鍵。由於分子在雙鍵位置會發生彎曲，使得脂肪分子間難以緊密接合，分子間作用力也不太發揮作用，脂肪分子之間的移動相對自由。橄欖油中含有較多的不飽和脂肪酸，因此在常溫下是液體。　　　🪐

奶油與橄欖油的不同

奶油中含有大量的飽和脂肪酸，橄欖油中則富含不飽和脂肪酸，圖中呈現兩者的分子結構。脂肪是否容易凝固（凝固點／熔點），取決於脂肪酸分子的形狀是否彎曲。圓餅圖顯示奶油及橄欖油中所含的脂肪酸比例。

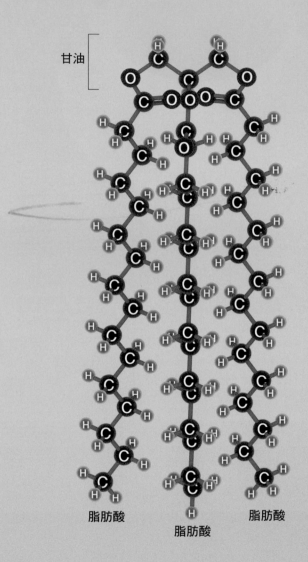

甘油

脂肪酸　　脂肪酸　　脂肪酸　　脂肪酸

什麼是反式脂肪酸？

植物油多數是液體。為了使其固化以便更容易處理，有一種方法是在不飽和脂肪酸的雙鍵部分添加氫，以消除雙鍵。然而添加的氫有時會脫落，使其結構恢復成雙鍵。油的分子原本是「順式」，但這時會產生「反式」的同分異構物，也就是所謂的「反式脂肪酸」。

有報告顯示反式脂肪酸會增加心肌梗塞等疾病的風險，世界衛生組織（WHO）建議，反式脂肪酸的攝取量應控制在總能量的1%以下，少於2.2公克。而日本人的平均攝取量是總能量的0.3%，因此在一般飲食生活的情況下，對健康的影響應該不大。

奶油含有較多的飽和脂肪酸

奶油含有較多的飽和脂肪酸，因此在常溫下是固體。
具有這種特徵的油脂稱為「脂肪」，動物性油脂多數
屬於脂肪。

奶油

有鹽奶油的成分
（每100公克）

其他
29.44公克

飽和脂肪酸
50.45公克

不飽和脂肪酸
20.11公克

直線狀的「飽和脂肪酸」

棕櫚酸等飽和脂肪酸的碳鏈沒有雙鍵，因
此碳鏈直線延伸。

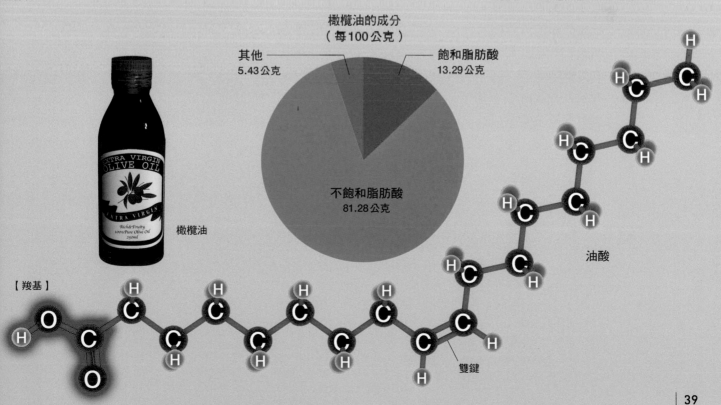

棕櫚酸

【羧基】

橄欖油的不飽和脂肪酸較多

橄欖油含有較多的不飽和脂肪酸，因此常溫下是液體。具有這種
特徵的油脂稱為「脂肪油」。麻油、大豆油等植物油脂多數屬於
脂肪油。

彎曲的「不飽和脂肪酸」

油酸等不飽和脂肪酸的碳鏈中，具有1個以上
的雙鍵，而碳鏈在這個位置呈彎曲狀。

橄欖油的成分
（每100公克）

其他
5.43公克

飽和脂肪酸
13.29公克

不飽和脂肪酸
81.28公克

橄欖油

油酸

【羧基】

雙鍵

PART 2
家電產品的化學

PART2我們將離開廚房，把焦點擺在生活周遭的物品。除了對於現代生活已經不可或缺的智慧型手機之外，其他家電產品也充滿了諸多化學要素。我們的生活就是善用化學所建立出來的。

稀有金屬

沉睡在手機中的寶藏

舉例來說，電話、電視、相機、錢包、地圖、書籍……現在這些功能都能被智慧型手機（簡稱手機）取代。而事實上，手機能具有如此多的功能與高性能，都要歸功於「稀有金屬」（稀有元素）。**稀有金屬是日本的經濟產業省所指定的某些金屬元素統稱，特徵是地表存在量少、因開採方式困難導致稀缺性高等**。在這之中，鑭系元素加上原子序21的鈧（Sc）與原子序38的釔（Y）共17種元素統稱為「稀土元素」（稀土類元素），可一併參考第82頁的元素週期表。

稀有金屬的礦脈就在手機裡

手機當中使用了各式各樣的稀有金屬，譬如現在對於行動裝置來說已經不可或缺的「鋰電池」所使用的材料「鋰」（Li）、手機及耳機揚聲器等使用的「釹」（Nd），以及液晶顯示器不可或缺的透明金屬材料「銦」（In）等。**不只手機，幾乎所有的家電產品都含有稀有金屬，確保稀有金屬彷彿就是現代產業的生命線。**

但在資源稀缺的日本，不僅稀有金屬，就連一般的金屬也幾乎都仰賴進口。因此最近將廢棄的手機、數位相機、音樂播放器等家電產品命名為「都市礦山」，嘗試將裡面的金屬與微量的稀有金屬回收再利用。

舉例來說，從1臺手機中能夠提取的「金」（Au）大約是0.05克，各位或許會覺得這個量微不足道，但從全國收集而來的數量就變得相當龐大，幾乎可稱得上是全新礦脈。2021年舉行的東京奧運和帕拉林匹克運動會所頒發的約5000面金、銀、銅牌，都是用都市礦山中採集的金屬製成。從中收集到的金約30公斤、銀約3500公斤、銅約2200公斤。

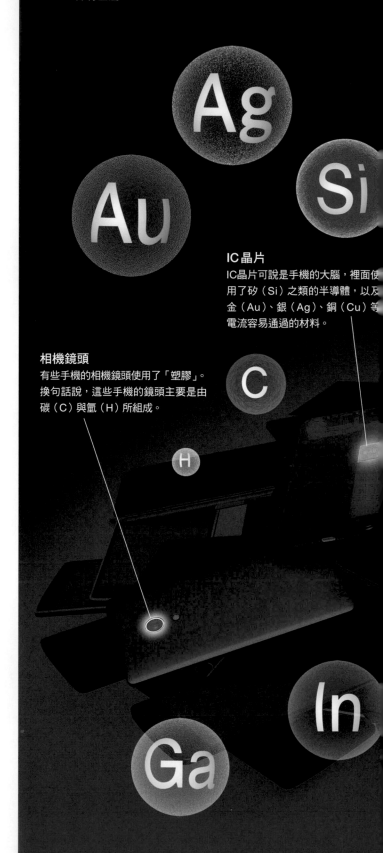

手機中所含的元素

圖中所示為手機中所含的零件，以及使用於這些零件的各種元素。手機中充滿了碳、鋁等常見元素與珍貴稀有金屬。

IC晶片
IC晶片可說是手機的大腦，裡面使用了矽（Si）之類的半導體，以及金（Au）、銀（Ag）、銅（Cu）等電流容易通過的材料。

相機鏡頭
有些手機的相機鏡頭使用了「塑膠」。換句話說，這些手機的鏡頭主要是由碳（C）與氫（H）所組成。

沉眠於日本全國的資源

這張圖表呈現出，若從日本的都市礦山回收一般金屬和主要稀有金屬（黃色文字），可以滿足世界金屬消費量多少年的試算結果。從圖中可以看出，不管哪種金屬，日本都市礦山中沉睡的金屬量，都超過了全世界的年消費量（鉑族元素包括鉑（Pt）、鈀（Pd）、銠（Rh）等）。

Cu

Sn

液晶顯示器
手機等使用的液晶顯示器中，使用了由銦（In）與錫（Sn）等製成的透明電極。有些機型則是使用由鎵（Ga）製成的透明電極。

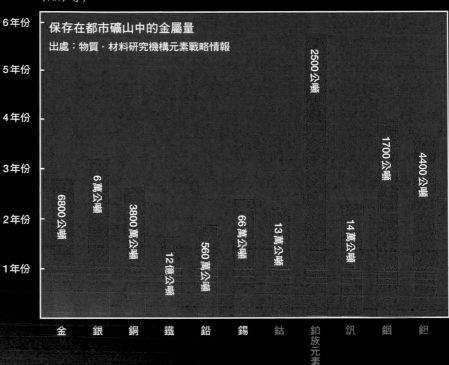

全世界的金屬消費量能以日本都市礦山供給的年數

保存在都市礦山中的金屬量
出處：物質‧材料研究機構元素戰略情報

6800公噸	6萬公噸	3800萬公噸	12億公噸	560萬公噸	66萬公噸	13萬公噸	2500公噸	14萬公噸	1700公噸	4400公噸
金	銀	銅	鐵	鉛	錫	鈷	鉑族元素	釩	銦	鉭

Y軸：1年份、2年份、3年份、4年份、5年份、6年份

耳機孔
容易因為接觸外界空氣而生鏽的耳機孔配線部分，使用了不易生鏽的金（Au）製造。

Li

Co

Nd

LED
手機的燈是LED。製造LED的半導體材料使用了銦（In）與鎵（Ga）等元素。

揚聲器
揚聲器內部有小小的馬達。馬達中含有以釹（Nd）製造的釹磁鐵。

鋰電池
鋰電池中除了含有用來產生電力的鋰（Li）之外，還使用了鈷（Co）與碳（C）作為電極。

鋰與電池

元素界的暴躁份子 —— 鋰，是充電電池中不可缺少的角色

手機為了維持顯示器的亮度，或是透過網路接收影片與圖片等資料，總是一直在消耗著電力。但如果是最新的手機，在某些使用方式下，電池充飽電後大約可以撐一整天。**手機的電力能夠維持如此長的時間，**

都是「鋰電池」的功勞。為鋰電池的發明與實用化帶來貢獻的古迪納夫（John Goodenough，1922～2023，英國）、惠廷翰（Stanley Whittingham，1941～，英國・美國）與吉野彰（1948～，日本）等三人在

2019年度獲頒諾貝爾化學獎。

持續釋放電子製造出電流

鋰是一種稀有金屬，原子序為3，僅次於氫和氦，是一種非常輕的原子。

碰到水就「燃燒」的鋰

這張圖是將鋰的單質放入水中的情景。當鋰碰到水時，水分子因獲得電子而進行化學反應，最後甚至會起火。若將鈉放進水裡，不只會起火，甚至還可能會爆炸。鋰電池便是運用鋰的這種高度反應性。

鋰與水的化學反應
$$2Li + 2H_2O \rightarrow 2LiOH + H_2$$

鋰原子起初有三個電子，但其中一個電子非常容易和原子分離。**鋰在鋰電池的內部釋放出電子成為「鋰離子」，並從負極往正極移動**（下方圖解），**便因此產生大量的電流**。電池中的鋰愈多，產生的電流也愈大，而鋰原子小而輕的性質，對於製造小型輕量電池來說也是重要的特徵。

此外，**和鋰同屬週期表第1族的鈉與鉀，也是容易釋放電子的**元素。**這些元素統稱為「鹼金屬元素」**。鹼金屬元素的單質（simple substance，只由這種元素形成的物質），因為具有高度的反應性，碰到水就會燃燒或爆炸（左下圖）。因此，鹼金屬的單質通常存放在反應性低的石油或煤油中，或是充滿惰性氣體的玻璃管中。

實驗室發生火災時，可能需要更多時間和精力來滅火。因為如果對著正在燃燒的鈉與鋰灑水，可能會引發爆炸，導致災情更加慘重。善於利用鹼金屬的高度反應性雖然帶來方便，但如果處理不當，就是非常危險的物質。

鋰電池的原理

圖中所示為手機等一般使用的鋰電池結構。鋰在負極釋放出電子後變成離子，往正極移動並獲得電子，這個過程會因電子的移動而產生電流。充電時則會發生相反的現象。

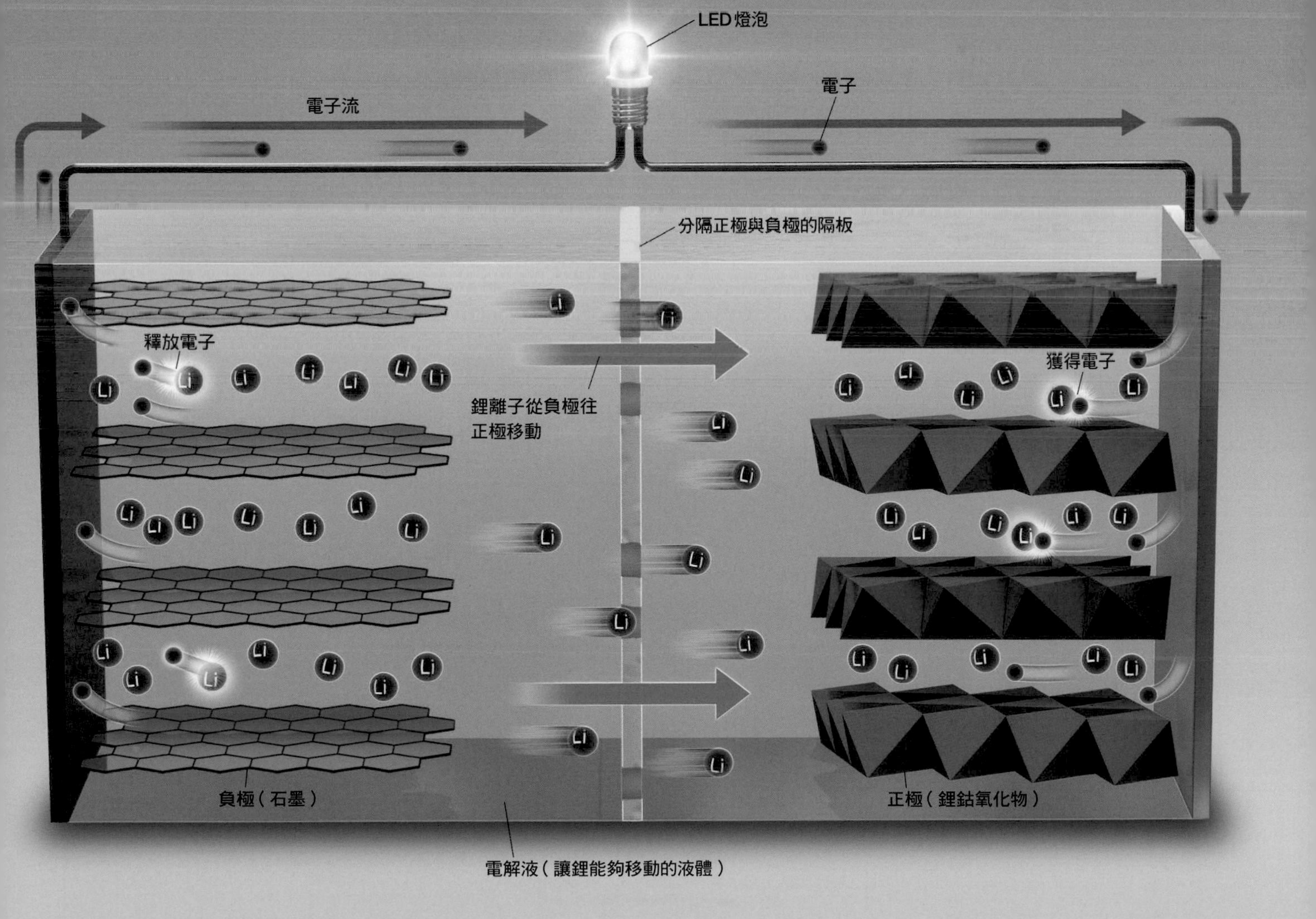

LED 燈泡

電子

電子流

分隔正極與負極的隔板

釋放電子

鋰離子從負極往正極移動

獲得電子

負極（石墨）

正極（鋰鈷氧化物）

電解液（讓鋰能夠移動的液體）

既非液體也非固體的玻璃，與「流動的晶體」形成的液晶顯示器

一般來說，玻璃（鈉鈣玻璃）是由二氧化矽（SiO$_2$）與碳酸鈉（Na$_2$CO$_3$）等混合而成的固體。**而原子與分子在固體中也排列整齊的狀態稱為「晶體」**。玻璃是主成分為二氧化矽構成的晶體，這些晶體被稱為「水晶」（rock crystal）或「石英」（quartz）。

另一方面，**玻璃雖然乍看之下是普通的固體，但其內部原子與分子的排列卻像液體一樣不規則，這種狀態被稱為「非晶質」（amorphous）**。玻璃可說是固化的液體。

玻璃易碎的原因

覆蓋於手機顯示器的玻璃，主成分是氧原子與矽原子不規則排列的「非晶質」物質（圖解）。

玻璃的表面存在許多製造時因急速冷卻而形成的小裂痕，雖然肉眼看不見，但受到大力衝擊時，這些小裂痕就會迅速擴散，導致整塊玻璃都布滿裂痕。

玻璃的原子配置示意圖
水晶中的矽原子（Si）有規則地連接周圍的 4 個氧原子。

而玻璃在加熱時，不像冰那樣在固定的溫度下熔化，而是會逐漸變得柔軟。這是因為玻璃成分間的結合方式並不均勻的緣故。

透過分子移動，控制光線的液晶

那麼手機與電視的「液晶顯示器」中的「液晶」，與晶體又有什麼不同呢？**液晶雖然像液體一樣具有流動性，卻因為分子排列相對整齊，性質也與晶體類似，所以狀態介於固體與液體中間。**

液晶電視透過控制液晶的電壓來決定要不要讓光通過，從而調節顯示器的光線亮度（詳見第47頁上圖）。

液晶內部的多數液晶分子呈螺旋狀整齊排列。背光發出的光線經由「偏光板」通過液晶時，波的振動方向會沿著這種分子扭曲。而當向液晶施加電壓時，螺旋狀整齊排列的液晶分子會朝向相同的方向，使光直接穿過。液晶就像這樣透過控制施加的電壓，調整光的扭曲方以控制光的強度。

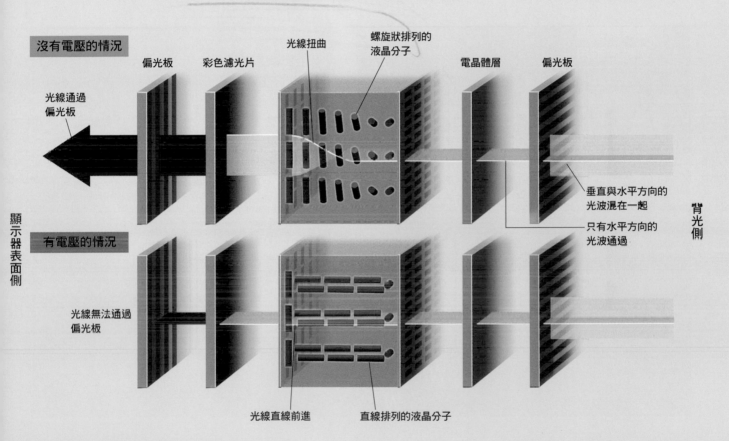

沒有電壓的情況

偏光板　彩色濾光片　光線扭曲　螺旋狀排列的液晶分子　電晶體層　偏光板

光線通過偏光板

顯示器表面側

有電壓的情況

光線無法通過偏光板

光線直線前進　　直線排列的液晶分子

垂直與水平方向的光波混在一起

只有水平方向的光波通過

背光側

液晶顯示器的原理

上方圖解是簡化後的液晶電視結構。液晶電視的背光通過紅色（R）、綠色（G）和藍色（B）的3色彩色濾光片而上色。接著透過施加電壓改變液晶分子的排列，從而調整每種色光的亮度。

右圖是液晶材料的分子範例。由兩個苯環連接的部分稱為「聯苯基」（biphenylyl），這是液晶之所以具備液晶性質的原因。碳原子與氮原子結合的部分，電子（帶負電荷）僅稍微偏向氮原子側，所以只要施加電壓，分子就會移動。

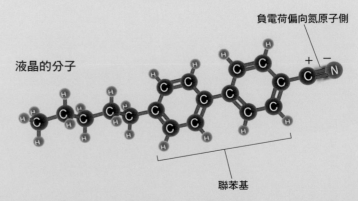

負電荷偏向氮原子側

液晶的分子

聯苯基

「鹵素」的作用
實現高輝度的燈具

照亮我們生活的燈泡，也與化學密切相關。傳統的白熾燈泡靠著電流通過稱為「燈絲」的金屬線來發光，當電流通過燈絲的溫度高達2500℃左右時，就會發出與溫度相對應的顏色（波長）及亮度的光。

白熾燈泡的燈絲主要是由鎢（W）製成。鎢在高溫之下會逐漸的蒸發，因此鎢絲也會變得愈來愈細。蒸發的鎢會像煤一樣附著在燈泡的內壁，導致燈泡逐漸

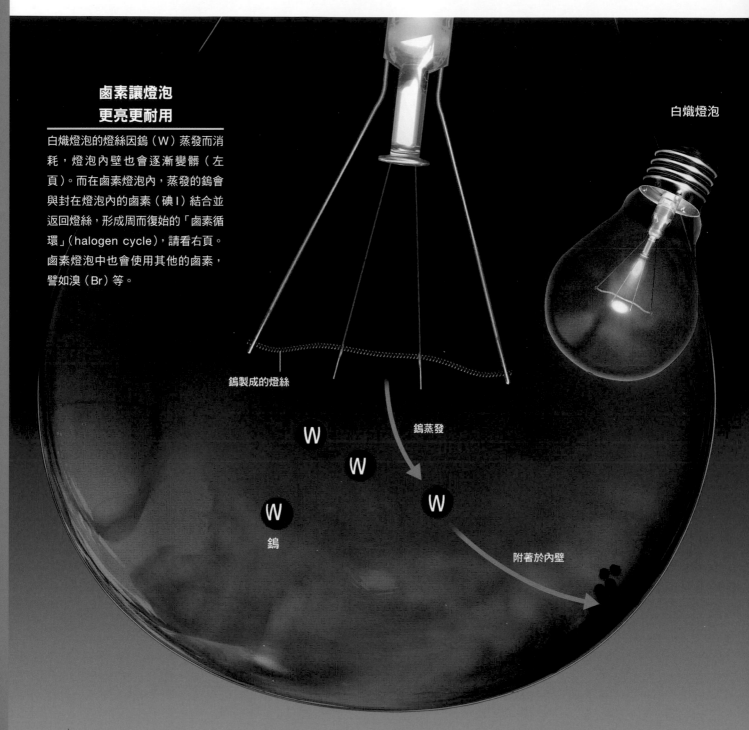

鹵素讓燈泡
更亮更耐用

白熾燈泡的燈絲因鎢（W）蒸發而消耗，燈泡內壁也會逐漸變髒（左頁）。而在鹵素燈泡內，蒸發的鎢會與封在燈泡內的鹵素（碘I）結合並返回燈絲，形成周而復始的「鹵素循環」（halogen cycle），請看右頁。鹵素燈泡中也會使用其他的鹵素，譬如溴（Br）等。

白熾燈泡

鎢製成的燈絲

鎢蒸發

W

W

W

W

鎢

附著於內壁

變暗。

1959年出現了一項靠著化學的力量克服白熾燈泡缺點的發明。那時美國通用電氣（GE）公司的技術人員發現，**在白熾燈泡內部混入碘（I）與溴（Br）等第17族元素（鹵素），蒸發的鎢就會返回鎢絲**，「鹵素燈泡」便因此而誕生。

活用鹵素容易與金屬結合的性質

鹵素燈泡的壽命比白熾燈泡長，而且可以將燈絲加熱到更高溫，亮度也隨之更高。這種燈泡用於汽車頭燈等照明器具，以及稱為鹵素加熱器的加熱設備。

鹵素中的氯（Cl）與金屬鈉（Na）結合所形成的氯化鈉（NaCl），就是食鹽。鹵素容易從金屬原子等奪取電子以達成穩定狀態（電子親和力高），因此易與金屬結合。

燈泡內的鹵素會與蒸發的鎢結合，形成氣態的鹵化鎢。當燈泡內充滿這種鹵化鎢時，蒸發的鎢就會返回燈絲。

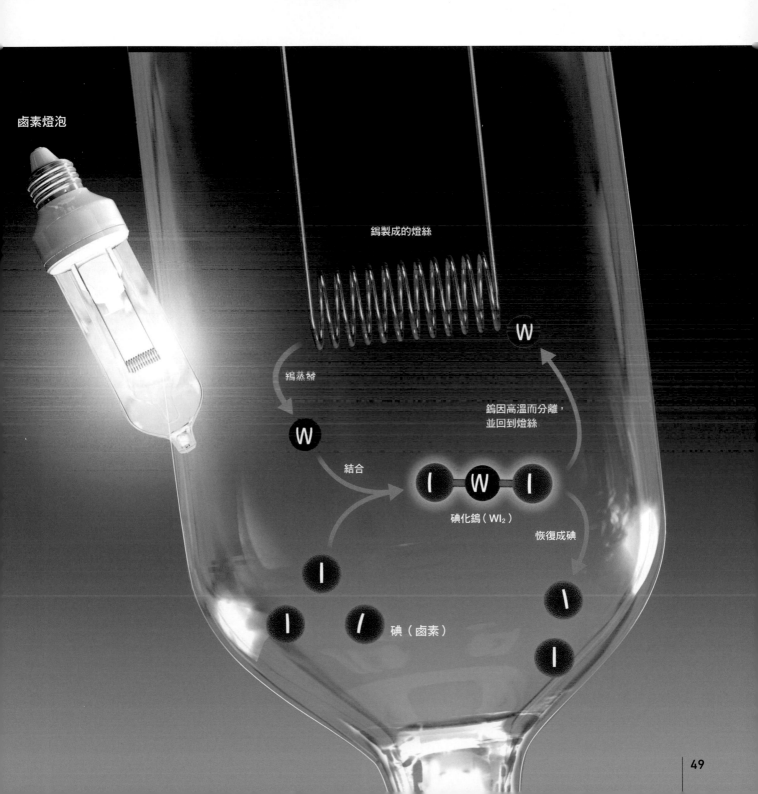

鹵素燈泡

鎢製成的燈絲

W

鎢蒸發

W

結合

鎢因高溫而分離，並回到燈絲

I　W　I

碘化鎢（WI₂）

恢復成碘

I

I

I

碘（鹵素）

I

I

汽化熱

冰箱與冷氣機利用「汽化熱」冷卻

「熱泵」的原理

圖中所示為熱泵的原理。冷媒透過壓縮（1）、液化（2）、減壓（3）以及蒸發（4）的循環，從低溫處（藍色）奪取周圍的熱量，並將這些熱量移動至高溫處（粉紅色）

當電流等通過金屬物質時，通常會產生熱。但冰箱和冷氣等家電，卻能夠反過來利用電力冷卻物質或室內空間。仔細想想不覺得很神奇嗎？這個現象也應用了化學性質。

冰箱與冷氣都利用了名為「熱泵」（heat pump）的機制，這是一種將熱能從低溫處移動到高溫處的裝置。而「冷媒」（refrigerant）就在熱泵中扮演了重要角色。近年來使用異丁烷等，取代會破壞地球臭氧層的「氟氯碳化物」（chlorofluorocarbons，CFCs）作為冷媒的材料。

冷媒的「汽化熱」是冷卻的關鍵

針筒注射前用酒精擦在皮膚上進行消毒，會感到涼涼的。這是因為當酒精蒸發成氣體時，會從周圍奪取熱量。**當物質從液態變為氣態時，從周圍奪取的熱量就稱為「汽化熱」（heat of vaporization，又稱蒸發熱）**。冰箱與冷氣的冷卻原理，就是冷媒蒸發時所伴隨的汽化熱。

那麼，電力是使用在哪裡呢？熱泵中有將蒸發後的冷媒壓縮的裝置（壓縮機，詳見圖解），而這個壓縮機就是消耗電力的地方。

壓縮後的冷媒（氣體）會變得高溫、高壓（1）。冷媒在逐漸液化時，釋放的熱會逸散至外部（2）。液化的冷媒通過「膨脹閥」時會被減壓，溫度也因此而下降（3），就會逐漸奪取周圍的熱量並蒸發（4），這麼一來周圍的空氣就會被冷卻，而後冷媒再次被壓縮機壓縮。這樣的循環就是冰箱和冷氣的作用原理。

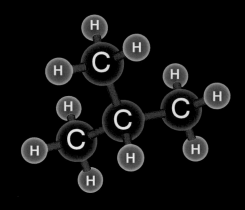

異丁烷冷媒（一種不含CFC的氣體）
1大氣壓下的沸點為負11.7℃。

低溫　　冷氣機（冷房模式）

低溫

高溫

高溫

冰箱

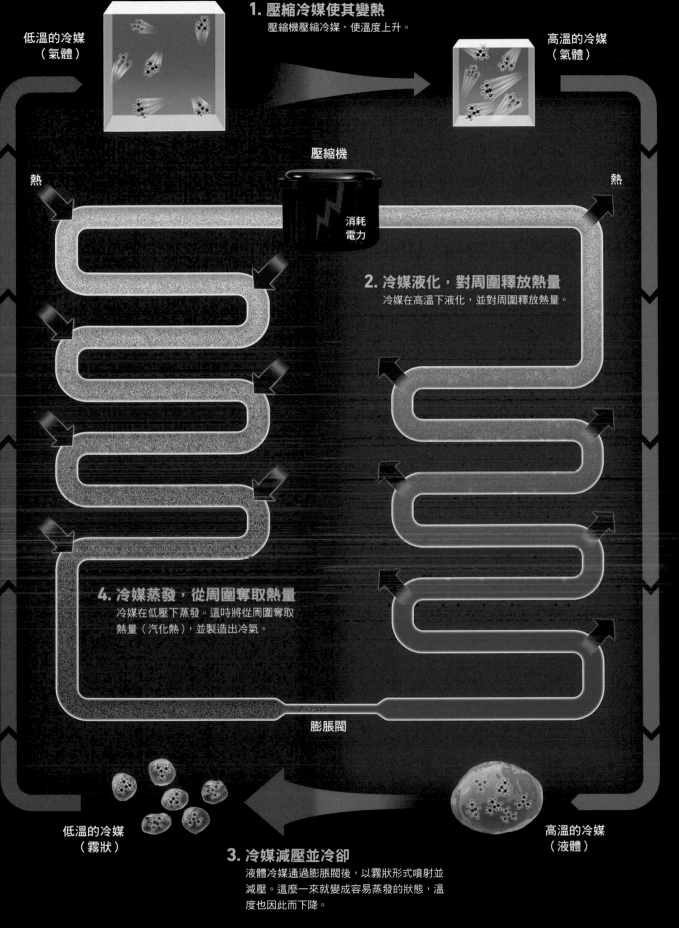

1. 壓縮冷媒使其變熱
壓縮機壓縮冷媒，使溫度上升。

低溫的冷媒
（氣體）

高溫的冷媒
（氣體）

壓縮機

熱

熱

消耗
電力

2. 冷媒液化，對周圍釋放熱量
冷媒在高溫下液化，並對周圍釋放熱量。

4. 冷媒蒸發，從周圍奪取熱量
冷媒在低壓下蒸發。這時將從周圍奪取
熱量（汽化熱），並製造出冷氣。

膨脹閥

低溫的冷媒
（霧狀）

高溫的冷媒
（液體）

3. 冷媒減壓並冷卻
液體冷媒通過膨脹閥後，以霧狀形式噴射並
減壓。這麼一來就變成容易蒸發的狀態，溫
度也因此而下降。

製造出鋰電池，為社會帶來巨大革新

2019年10月9日，整個日本都為之沸騰。因為該年度的諾貝爾化學獎，將頒發給古迪納夫博士、惠廷翰博士與吉野彰博士等3人，這是自2018年以來，日本學者連續第2年獲獎。他們獲獎的原因是開發出「鋰電池」，這種電池對於現在的智慧型手機等移動設備而言，已經變得不可或缺。接下來將詳細介紹，為移動社會帶來曙光的鋰電池開發史。

審訂｜**駒場慎一**
日本東京理科大學理學部應用化學科教授

吉野 彰

日本旭化成股份有限公司榮譽研究員。1948年出生。在公布獲獎後的記者會上，始終帶著燦爛的笑容談話。

「鋰電池」如今已被應用在手機、筆記型電腦等各種行動裝置上。這種電池不僅可反覆充電，而且體積小、電量高，具備十分優異的性能。現代社會能充斥這些輕量型移動裝置，多虧有鋰電池才得以實現。

2019年的諾貝爾化學獎，頒發給美國德州大學教授古迪納夫博士、美國紐約州立大學賓漢頓分校卓越教授惠廷翰博士，以及日本旭化成公司榮譽研究員吉野彰博士等3人，他們為鋰電池的開發帶來極大貢獻。這是繼2018年的本庶佑博士獲頒諾貝爾生理醫學獎後（對癌症免疫療法做出貢獻而獲獎），日本人連續第2年獲獎。值得一提的是，古迪納夫博士獲獎時已97歲，成為史上最高齡的得獎者。

這3位博士究竟是如何開發出鋰電池的呢？我們就來回溯一下其歷史。

古迪納夫
John B. Goodenough
美國德州大學教授。1922～2023。

惠廷翰
M. Stanley Whittingham
美國紐約州立大學賓漢頓分校卓越教授。1941年生。

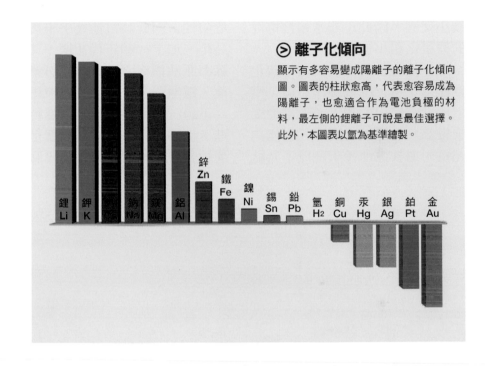

⊘ 離子化傾向

顯示有多容易變成陽離子的離子化傾向圖。圖表的柱狀愈高，代表愈容易成為陽離子，也愈適合作為電池負極的材料，最左側的鋰離子可說是最佳選擇。此外，本圖表以氫為基準繪製。

尋找取代石油的能源

一旦用完就無法繼續使用的電池稱為「一次電池」，可以充電後再使用的電池則稱為「二次電池」。鋰電池就屬於可以充電的二次電池。

鋰電池的發明經過了漫長的歷史，最早可以追溯到1972年，惠廷翰博士剛剛從美國的史丹佛大學跳槽到大規模石油公司艾克森（Exxon）的時候。當時社會因為擔心石油會枯竭，導致原油的價格居高不下，艾克森開始致力於基礎研究，尋找能夠取代石油的新能源。惠廷翰博士就在這情境之下，於艾克森著手開發二次電池。

惠廷翰博士曾經在美國的史丹佛大學研究一種名為「插層」（intercalation）的現象，指原子或離子插入具有大型分子或層狀結構的物質間隙裡。插入物質的原子或離子，在電池當中扮演著傳輸電流的角色，使得「插層」現象在電池開發中顯得相當重要。惠廷翰博士在艾克森運用研究插層的經驗，在層狀物質二硫化鉭（TaS_2）中插入各種原子或離子以研究其特性。

這時候他發現，當加入鉀離子時，可以實現高「能量密度」（energy density，單位體積可抽取出的能量）。這就意味著二硫化鉭很有作為電池正極（放電時電子流入的一側）的潛力，據說惠廷翰博士開始考慮將這種材料作為未來電動車的電池使用。但是由於鉭的質量過大，為了開發出更輕量的電池，他轉而研究性質與鉭相似的鈦所製成的二硫化

鈦（TiS_2）。

鋰就在這時登場。惠廷翰博士使用金屬鋰作為電池的負極（放電時電子流出的一側），因為鋰在所有金屬當中，具有最容易釋放電子並變成陽離子的性質。如果你去看根據金屬元素形成陽離子難易度排列的「離子化傾向」圖（詳見第53頁圖表），就會發現鋰位於最左側。換句話說，使用容易釋放出電子的鋰作為負極，就能製作出電壓更高的電池。而且鋰的原子序為3，原子既小又輕，因此也非常適合電池的輕量化和小型化。

惠廷翰博士的電池使用二硫化鈦作為正極，金屬鋰作負極，電壓比當時使用的絕大多數電池要來得高，達到約2伏特，也能夠充電。這款電池後來就成了為社

會帶來革新的鋰電池雛形。

將硫化物改成氧化物，電壓變成2倍

然而，惠廷翰博士的電池存在一項重大問題。那就是進行多次充放電後，負極的金屬鋰會長出鬍鬚狀結晶。當這些結晶接觸到正極時會導致短路，甚至起火。畢竟金屬鋰的反應性原本就非常高，只要稍微接觸到一點水分就會發熱、產生氫氣，具有起火的危險性，因此該電池幾乎未被商品化。加上1980年代初期，艾克森因原油價格下跌而縮小事業規模，電池開發一事也被迫中止。

不過，有人對這款電池進行了進一步的改良。其中之一就是古迪納夫博士，他長年在美國麻省

理工學院進行半導體記憶體研究，後來在1976年轉而成為英國牛津大學的教授，並且開始研究電池。另一人則是水島公一博士，儘管他沒有獲得本次的諾貝爾獎，但他也對鋰電池的開發帶來重大貢獻。

日本東京大學的水島博士以留學生的身分受邀前往古迪納夫博士的研究室，並在古迪納夫博士的指導下，開始研究惠廷翰博士開發的那款二硫化鈦正極二次電池。但就在某天，水島博士以爐內的硫化物爆炸為契機，試著將用於正極的硫化物變更成氧化物。據說古迪納夫博士知道氧化物在某種條件下也會發生插層現象，因此對水島博士提出了這項建議。

結果這個想法獲得了重大成功。使用層狀結構的「鋰鈷氧化物」（$LiCoO_2$）作為正極的電壓，達到以二硫化鈦為正極的2倍，電壓高達4伏特。而且這一種電池既輕巧、容量又大。古迪納夫博士和水島博士於是在1980年發表論文，使用氧化物為正極的新形態二次電池於是變得廣為人知。

然而該電池並未被商品化，因為使用金屬鋰作為負極的問題仍未解決。

推動商品化的吉野博士

如同前述，原油價格在1980年代初期大幅下跌，因此歐美對取代石油的能源技術以及電動車的開發逐漸失去興趣。但日本卻不一樣，日本為了開發攝影機、手機、可攜式電腦等，依然需要輕量的二次電池。

⊙ 水島公一博士

日本東芝研究顧問股份有限公司的執行研究員。1941年出生於東京都。1978年從日本東京大學前往英國牛津大學留學，發現鋰鈷氧化物適合當作正極材料。照片是2015年Newton進行訪談時所拍攝的。

在1980年左右，日本旭化成股份有限公司的吉野彰博士，正在探索導電塑膠「聚乙炔※」（polyacetylene）的應用，並且想到可以將其使用在二次電池的負極。後來吉野博士找到古迪納夫博士與水島博士的論文，成功製造出以鋰鈷氧化物為正極，聚乙炔為負極，不使用金屬鋰的二次電池。但這種電池儘管成功實現輕量化，卻未能達成小型化。

後來，他將注意力轉向比重更小的碳，成功地以特殊結構的碳包覆鋰，並將其使用於負極。藉由碳，終於實現了小型化。而且這種電池無論正極還是負極，都透過插層現象進行電子與離子的交換，藉此維持原始的晶體構造。因此讓電池更為穩定，不容易劣化，充電次數大幅增加。使用金屬鋰時出現的所有問題都解決了。

經過進一步的改良之後，體積小、重量輕、容量大、穩定且能夠反覆充電的夢幻電池，終於在1991年作為攝影機的電池於市場上推出。後來這種電池也安裝於手機、筆記型電腦等多種商品上持續使用至今。

推動減少對化石燃料的依賴也獲得高度評價

在此先說明鋰電池的原理。現在的鋰電池根據用途，使用了不同的材料，這裡介紹的是其中一個典型的例子。

電池的原理是電子透過連接正負兩極的導線，從負極流向正極以抽取出電力。鋰電池的負極是碳原子呈層狀排列的「石墨」縫隙中嵌入了鋰。正極則是呈層狀結構的鋰鈷氧化物。負極與正極

⊘ 鋰電池的原理（放電時）

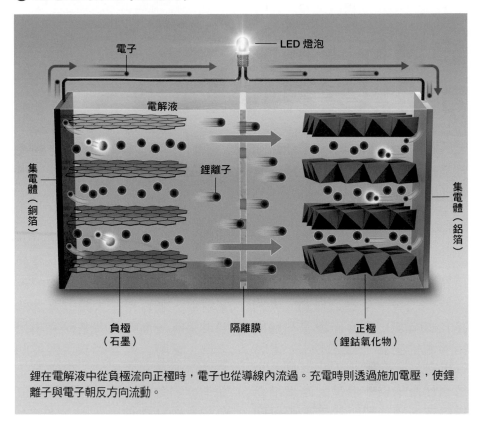

電子 —— LED 燈泡
電解液
集電體（銅箔）
鋰離子
集電體（鋁箔）
負極（石墨）
隔離膜
正極（鋰鈷氧化物）

鋰在電解液中從負極流向正極時，電子也從導線內流過。充電時則透過施加電壓，使鋰離子與電子朝反方向流動。

之間，充滿了作為鋰離子通道的電解液。

當鋰從負極進入電解液中變成鋰離子時，會釋放出電子。鋰離子透過電解液，電子則透過導線，一同流向正極（放電）。當所有的鋰都從負極流向正極後，電流就無法繼續流動，但這時可透過施加電壓讓鋰「逆流」（充電），這麼一來電池就能再度使用。這種放電與充電的過程能一再重複。

鋰電池的原理雖然單純，實現之路卻很漫長。鋰電池的大小、重量、穩定性和容量等特性，幾乎完全取決於材料的選擇。從無數的材料中找到滿足所有需求的材料，並非一朝一夕就能夠成功。鋰電池的實現，不僅仰賴這次獲得諾貝爾獎的3位學者，還需要全世界研究者逐步累積而來

的知識。

鋰電池減少了對化石燃料（fossil fuel）的依賴，也在這次獲獎時得到高度評價。如果少了鋰電池，不使用汽油的電動車想必也無法普及。從環境問題的角度來看，鋰電池可說為全體人類帶來了莫大貢獻。3位學者的獲獎，想必也帶給許多人夢想。當吉野博士在獲獎後的記者會上，被問及想要給孩子什麼訊息時說道：「希望（自己的獲獎）能成為他們決定自己未來的一個契機。」

※：發現導電性聚乙炔的白川英樹博士於2000年獲頒諾貝爾化學獎。

經過反覆摸索，
才得以實現的鋰電池

吉野彰博士（2019年獲頒諾貝爾化學獎）在進行導電塑膠的研究時，轉為開始研究電池。
他嘗試了許多材料後，終於製造出為社會帶來革命的鋰電池。接著就請他來告訴我們鋰
電池誕生的故事。

＊本篇專訪於2015年1月進行。

Galileo 老師原本就是為了製造出新電池才展開研究的嗎？

吉野 彰 不，不是這樣的。大約在1980年時，剛好出現了一種能夠導電的塑膠「聚乙炔」，當時舉世嘩然。雖然我不知道最後會得到什麼結果，但是因為這種新材料有多種功能，於是著手展開調查。

而在這個過程中，當然也會研究聚乙炔是否可用於將來必須的物品上。譬如能否作為輕量的導電材料、能否用於太陽能電池的領域等等，而電池就是研究項目之一。當時，大家都知道輕量的二次電池是有必要的，但商品化卻十分困難，而最大的困難點就在於負極材料。

我知道聚乙炔這種材料或許可以作為負極使用，解決電池領域的困境。因此認為聚乙炔所具備的功能，說不定恰巧就是人們正在追求的性能。

Galileo 電池需要正極、負極及電解質吧！正極的材料是如何發現的呢？

吉野 使用聚乙炔作為負極時，並非什麼材料都能夠當成正極。為了製造能量密度高的電池，正極必須含有鋰，當時卻沒有這樣的材料。現在鋰電池所使用的材料屬於特殊材料，而這樣的特殊材料，碰巧在我研究負極的同時期發現。

不管使用聚乙炔製造出多棒的負極，沒有優秀的正極與之組合，就不可能製造出成功的電池。就這層意義來看，理想的正極幾乎在同個時期，由其他的研究者發現，是一件很了不起的事呢！

Galileo 您與正極的關鍵性相遇，是什麼樣的情境呢？

吉野 只要製造出新的正極材料，就會發表成論文，但是由於工作繁忙，很難全部都讀過。我書桌上的論文堆得這麼高（用手比了約50公分的高度）。不過，在年底大掃除後，有了半天的空閒。大掃除後就無法進行實驗了，所以我想說可以翻翻之前一直沒有時間看的論文，於是開始閱讀。

結果，我在很久以前訂的論文中，發現了這種正極（水島公一博士等人的論文）。於是我將這種正極與我們的負極結合在一起，實際製造出電池。我想遇到正極成為了一大突破。

Galileo 實際上很快就製造出電池了嗎？

吉野 我們一過完年就立刻試作，也成功製造出電池。幸運的是，那種正極材料非常穩定，即使實驗條件有所偏差，大致上還是能做得出來。在無機化合物的領域，多半需要半年或1年的時

⊙ 吉野彰博士
照片為2015年Newton訪談時所拍攝。

間，才終於能重現論文中的材料，所以這次材料的容易製作，在某種程度上是一件幸運的事情。

我們在最初的實驗中，先確定「充電後能夠產生電壓」以及「放電後所釋放的電量與輸入的相符」，到此為止都很順利。經過反覆的實驗，也大致知道會製造出什麼樣的電池。

新型二次電池追求的是小型化與輕量化。而我們製作出來的電池，重量約只有當時鎳鎘電池（使用鎳與鎘的二次電池）的3分之1，在輕量化方面幾乎滿分。但可惜的是，體積與鎳鎘電池幾乎相同。低密度的聚乙炔雖然有重量方面的優勢，但反過來說就是很占空間。

當我們了解到這點之後，便詢問想要二次電池的外部使用者「小型與輕量哪個比較重要？」得到「絕對是小型」這樣的答案。現在也一樣吧？如果無法裝進手機裡，基本上根本沒有討論的價值。

Galileo明明都已經實現輕量化了，真的很困難呢！

吉野 是啊！儘管取得了不錯的進展，最關鍵的小型化卻還是無法實現。就在我思考該怎麼辦的時候，發現了可以取代聚乙炔的材料。由於已經知道是比重的問題，必須找到性質與聚乙炔類似，但比重至少是2倍左右的材料，將這個條件納入考量，碳材料就立刻成為候補對象。如果能夠用碳來實現聚乙炔取得的進展，想必就能同時兼顧小型與輕量，所以我就開始研究當時存在的碳材料。但遺憾的是，完全沒有出現可作為電池負極的特性。

就在這時候，旭化成位於九州延岡的研究所，碰巧正在進行開發新型碳纖維的研究。那是一種與奈米碳管非常相似的新型纖維狀碳，製造方式非常特殊。纖維研究所與電池完全沒有關係，但我得知公司的其他單位正在研究新型碳材料，就請他們提供樣本讓我評估作為電池的潛力，結果這種材料的表現非常出色。由於製作方式非常特殊，這種碳纖維的特殊結構恰巧適合作為電池的負極。

根據計算，我們知道有機會利用這種材料製造出體積小約3分之1，重量也輕約3分之1的小型輕量化電池。若重量與體積都能縮小3分之1，簡直是劃時代的成果，而這種電池便成為鋰電池的雛形。只要知道這種結構的碳材料適用，就能透過推測找出更便宜、簡單的材料，因此經過不斷地改進，終於發展成現在的電池。還好公司內有各式各樣的材料，所以我認為許多突破性成果的關鍵就在於材料。

Galileo材料的組合也會大幅影響電池的性能呢！

吉野 將材料一一配對，確定要採用何種結構，是一件相當艱辛的事情。我認為材料研究主要可以分成兩種，一種是透過計算完成大致的設計，並根據計算結果製造，半導體與液晶就採用這種方式。

另一種化學條件較嚴苛，儘管知道計算上是這樣，但不嘗試就無法確定能否成功，電池就屬於後者。嘗試之後也會出現計算得不到的結果。因為存在著無限多種配對的可能性，實在很辛苦。

Galileo在選擇組合時，您是否有自己的理論呢？

吉野 與其說是理論，不如說是嘗試錯誤（trial and error）吧？除此之外，我也認為必須自己摸過材料。如果我只是單純站在電池製造商的立場，或許就不會想到要自己製作新的材料。配對的時候，如果不懂得自己稍微改變材料，或是從外部引進新的材料，只是傻傻地配對，就永遠不會有結果。

Galileo今後有值得期待的電池嗎？

吉野 離子的速度是決定電池特性的一大因素。對於鋰電池而言，鋰離子移動的速度非常重要。如果鋰離子的速度因為新的電解質或新的電極出現，而加快2倍或3倍，就會顛覆大家對電池的印象。譬如快充變得更容易。除此之外，像PRIUS那樣的油電混合車需要在瞬間使用電力，這時即使電池小，也能夠產生很大的功率。

Galileo最後請吉野博士對年輕的讀者說一句話。

吉野 如果要一言以蔽之，那就是請懷抱夢想。似乎有很多人以為自然科學已經被研究透徹，但實際上還有許多未知的事物。世界的需求逐漸在改變不是嗎？尤其在能源與資源的領域，我想日後將會出現許多新的事物。　🪐

PART 3
生活中的化學

我們每天使用的塑膠就是化學製品最具代表性的例子。不只塑膠，無咖啡因的咖啡、自行車的車架等，都屬於化學的應用。PART3將探討路上常見商品所應用的化學原理，以及現在社會所面臨的一大問題 —— 塑膠垃圾。

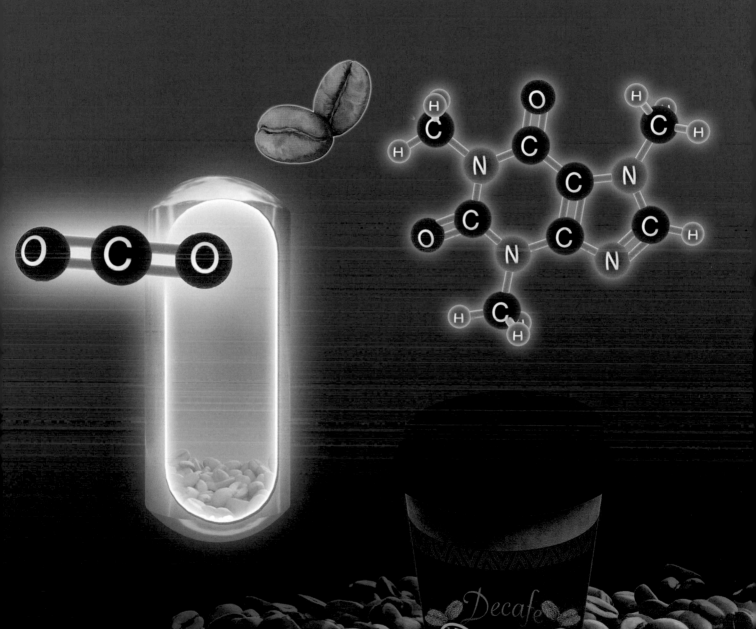

利用二氧化碳製造無咖啡因咖啡

液態水（H_2O）冷卻後會變成固態的冰，加熱後則會變成氣態的水蒸氣。除了水之外，**基本上任何物質都會根據溫度與壓力，呈現固態、液態、氣態等三種不同的狀態，稱為「物質的三態」。**

乾冰是固態的二氧化碳（CO_2），能不先變成液態而直接變成氣態，這個過程稱為「昇華」（sublimation）。乍聽之下或許會以為CO_2不會變成液態，但實際上並非如此。常壓之下無法變成液態的CO_2，如果壓縮至高壓，也會在一定溫度範圍之下變成液態。

如果再更進一步升高CO_2的溫度與壓力，超過所謂的「臨界

使用 CO_2 的咖啡因萃取法

下圖呈現二氧化碳（CO_2）成為固態、液態、氣態以及超臨界流體的溫度（橫軸）與壓力（縱軸）條件。右頁所示則是使用這種CO_2的超臨界流體，從咖啡豆中去除和萃取咖啡因的方法。

CO_2的超臨界流體

CO_2在超過31.1℃，約73大氣壓的條件下，就會變成既非液體也非氣體的「超臨界流體」，並被用來作為溶解咖啡因等各種物質的溶劑。水（H_2O）的超臨界流體溫度高達374℃以上，相較之下，只有31.1℃以上的CO_2超臨界流體溫度相對溫和，因此也具有不會導致食品成分變性的優點。

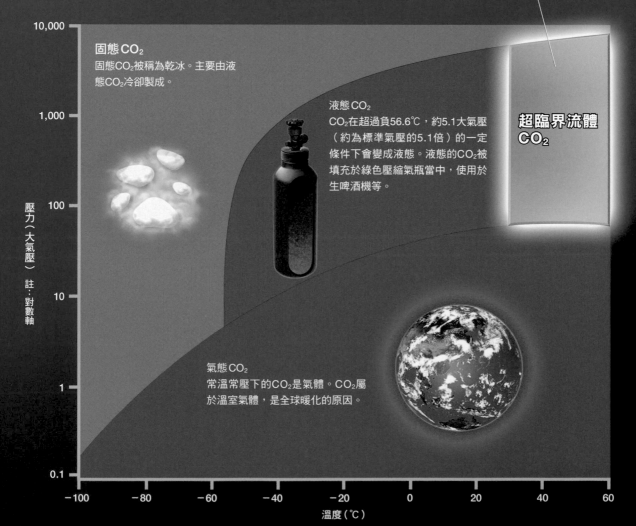

固態CO_2
固態CO_2被稱為乾冰。主要由液態CO_2冷卻製成。

液態CO_2
CO_2在超過負56.6℃，約5.1大氣壓（約為標準氣壓的5.1倍）的一定條件下會變成液態。液態的CO_2被填充於綠色壓縮氣瓶當中，使用於生啤酒機等。

超臨界流體CO_2

氣態CO_2
常溫常壓下的CO_2是氣體。CO_2屬於溫室氣體，是全球暖化的原因。

壓力（大氣壓）註：對數軸

10,000
1,000
100
10
1
0.1

−100　−80　−60　−40　−20　0　20　40　60

溫度（℃）

點」（critical point），就會不可思議地變成既非液體也非氣體的「**超臨界流體**」（**supercritical fluid**）。這種CO₂的超臨界流體被用來製造我們吃的各種食品，其中的代表例子就是「無咖啡因」咖啡。

如氣體般擴散，如液體般溶解物質

從咖啡豆中抽取出咖啡因的其中一種技術，是使用水或有機化合物等液體，作為溶解咖啡因的「溶劑」（solvent）。這項技術在1978年發明出來，連鎖咖啡店星巴克就是使用超臨界流體CO₂。超臨界流體就像氣體一樣，能夠擴散、滲透到咖啡豆內的每個角落，而且CO₂恰巧能發揮溶劑的作用，只有咖啡因能被有效率地溶解出來。即使CO₂的超臨界流體殘留在咖啡豆當中，在常溫常壓之下也是無害的，所以非常安全。

抽取出的咖啡因，則被用來製造提神口香糖與能量飲料等食品。此外，CO₂的超臨界流體不僅可用於萃取咖啡因，也可以用於萃取柴魚片中的鮮味成分等。

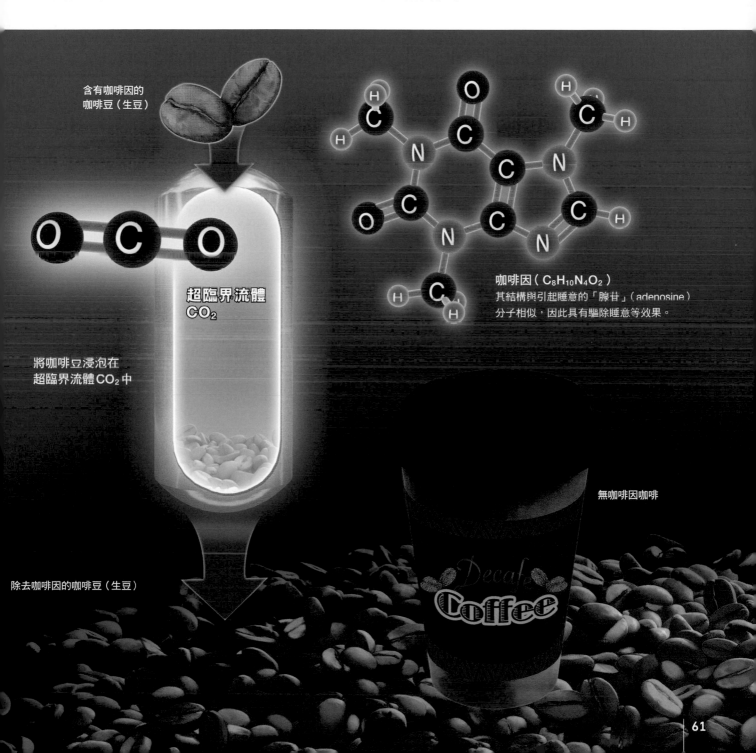

含有咖啡因的咖啡豆（生豆）

超臨界流體 CO₂

將咖啡豆浸泡在超臨界流體CO₂中

咖啡因（$C_8H_{10}N_4O_2$）
其結構與引起睡意的「腺苷」（adenosine）分子相似，因此具有驅除睡意等效果。

除去咖啡因的咖啡豆（生豆）

無咖啡因咖啡

Decafe
Coffee

利用電解水的「逆」反應來發電的「燃料電池」

國中理化課有項經典的「水的電解」實驗。顧名思義,「水的電解」就是使用電力,將水(H₂O)分解成氣態的氫(H₂)與氧(O₂)。既然如此,不覺得只要引發逆向的化學反應,換句話說就是「利用氫與氧製造水的化學反應」,就能抽取出電力嗎?

19世紀英國的物理學家兼化學家格羅夫(William Grove,1811～1896),首次透過實驗證明了這點。他發現只要將電解水的裝置電源關閉後,電流就會開始逆流。

而他所發現的,就是透過電解水的逆反應來發電的「燃料電池」(fuel cell)。**氫與氧在燃料電池中會反應並生成水,這時所產生的能量,能以極高的效率轉換成電能。**

家用、車用,燃料電池逐年普及

燃料電池長久以來都只被用在限定的用途,譬如美國太空總署(NASA)阿波羅太空船的電源

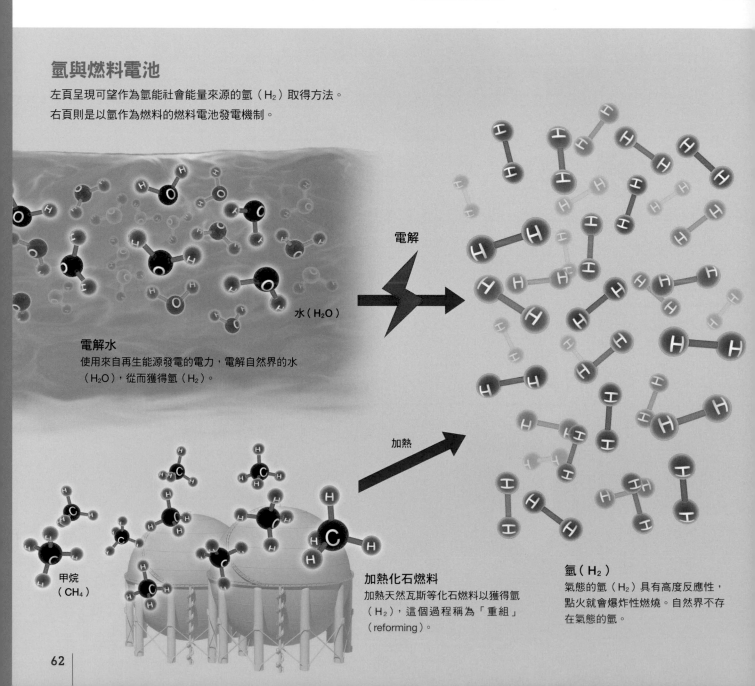

氫與燃料電池

左頁呈現可望作為氫能社會能量來源的氫(H₂)取得方法。
右頁則是以氫作為燃料的燃料電池發電機制。

電解

加熱

水(H₂O)

電解水
使用來自再生能源發電的電力,電解自然界的水(H₂O),從而獲得氫(H₂)。

甲烷(CH₄)

加熱化石燃料
加熱天然瓦斯等化石燃料以獲得氫(H₂),這個過程稱為「重組」(reforming)。

氫(H₂)
氣態的氫(H₂)具有高度反應性,點火就會爆炸性燃燒。自然界不存在氣態的氫。

等。但為了減少對石油等化石燃料的依賴，燃料電池的技術開發也有了進展。現在，從天然瓦斯中抽出氫來發電的家用燃料電池已經上市，靠燃料電池行駛的車輛與巴士等也開始上路。

　　燃料電池不依賴化石燃料，不排放加速全球暖化的CO_2，對於實現使用乾淨能源的「氫能社會」而言不可或缺。使用風力與太陽能等綠能，將無窮盡的水電解取得氫氣，並將其作為燃料，就是理想的氫能社會。

　　燃料電池的成本之所以居高不下，原因之一是使用鉑（Pt）等貴金屬作為催化劑（catalyst），第64頁會再詳加說明。若能夠開發取代鉑的低價催化劑，以及確立氫氣的供給來源等，就可以說掌握了實現理想氫能社會的關鍵。

燃料電池巴士
日本東京都交通局（都營巴士）於2019年引入的量產型燃料電池巴士。巴士的天花板上裝有燃料電池與氫氣儲存罐。東京都目標在2030年前，讓300輛以上的燃料電池巴士在都內行駛。

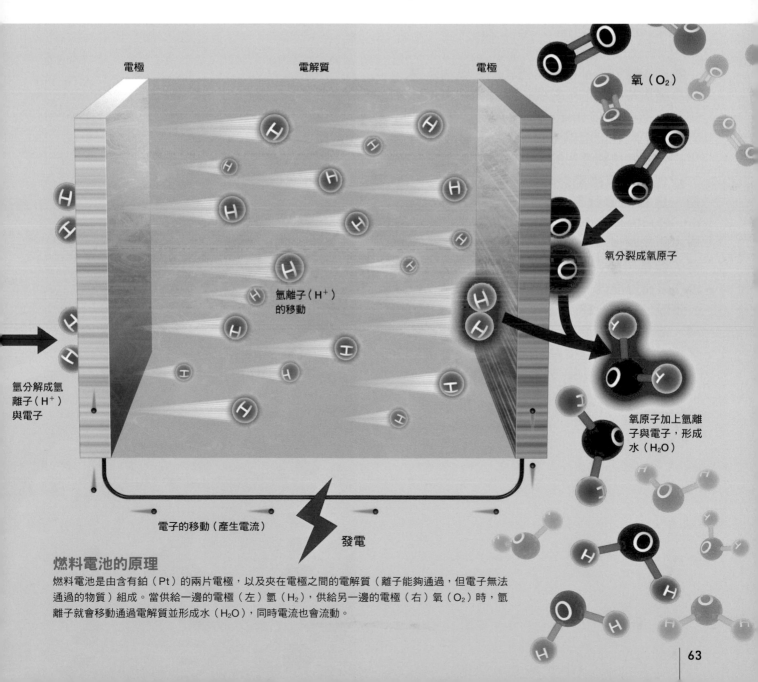

電極　　　　　電解質　　　　　電極　　　氧（O_2）

氫離子（H^+）
的移動

氫分解成氫離子（H^+）
與電子

電子的移動（產生電流）

發電

氧分裂成氧原子

氧原子加上氫離子與電子，形成水（H_2O）

燃料電池的原理
燃料電池是由含有鉑（Pt）的兩片電極，以及夾在電極之間的電解質（離子能夠通過，但電子無法通過的物質）組成。當供給一邊的電極（左）氫（H_2），供給另一邊的電極（右）氧（O_2）時，氫離子就會移動通過電解質並形成水（H_2O），同時電流也會流動。

加速化學反應的魔法物質

「**光**」觸媒（photocatalyst）以光線照射就能分解髒汙、淨化空氣，因此而廣為人知。雖然它能引起在一般環境下難以發生的化學反應，或是使化學反應加速，但光觸媒物質本身在化學反應前後不會產生任何變化。像這種**儘管參與化學反應，但在反應前後不會有任何改變的物質，就稱為「催化劑」（又稱觸媒）。而光觸媒屬於一種特殊物質，只有在照到光的地方才會發揮催化劑的作用。**

隱藏在周遭的催化劑之力

我們周遭到處都在使用催化劑。舉例來說，汽車廢氣中所含的一氧化碳與二氧化氮等有害物質，會先由催化劑分解後再排放出來。此外，廚房烤箱的濾網中也加入了一些催化劑，用以分解烤魚時產生的煙霧與氣味成分。

任何化學反應都需要引發反應的熱能與電能，這種能量稱為「活化能」（activation energy）。催化劑的作用是減少特定化學反應所需的活化能。分解排放廢氣等，原本需要大量的能量（熱）。但有了催化劑的幫助，即使溫度沒有那麼高，反應也能充分進行。

實際上，以化學產品製造工廠為首的工業現場，催化劑對產品的品質、產量與成本等都帶來重大影響。因此這些工廠都致力於研究在催化劑表面發生的化學反應細節，以及開發新的催化劑等。

照光就能淨化空氣

本圖以二氧化氮的分解反應為例，呈現知名光觸媒「二氧化鈦」（TiO_2）表面所發生的化學反應。二氧化鈦被使用於各種場合，譬如混入水泥當中，用以鋪設能淨化大氣的道路；或是作為病房地板或天花板的塗層，以提高殺菌效果。

當二氧化鈦的表面受到紫外線照射時，會把電子提供給空氣中的氧，或是反過來從水分子中奪取電子。這時形成的超氧化物（superoxide，O_2^-），以及氫氧自由基（·OH）等高反應性物質，會將廢氣中所含的二氧化氮，以及形成髒汙的有機化合物（organic compound）等，轉變為易溶於水且危險性低的分子。之後下雨或打掃時，就能將分解後的分子洗刷乾淨。

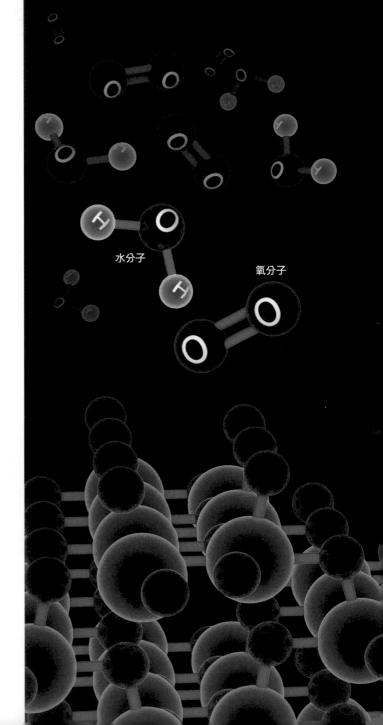

水分子

氧分子

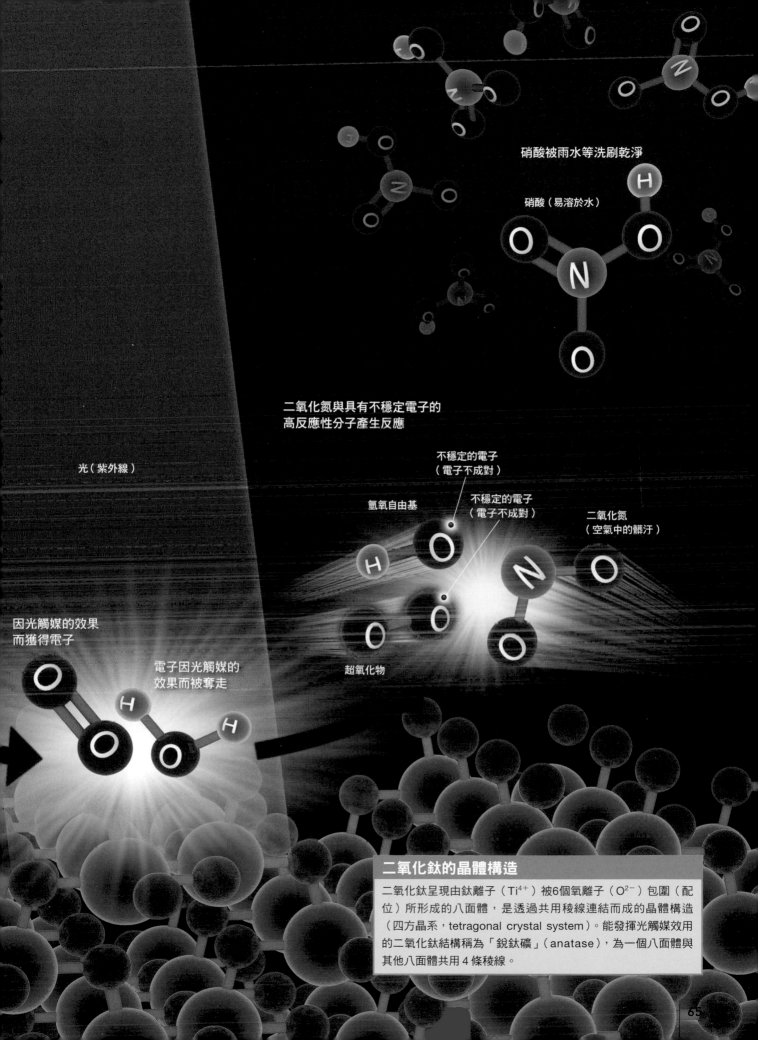

硝酸被雨水等洗刷乾淨

硝酸（易溶於水）

二氧化氮與具有不穩定電子的
高反應性分子產生反應

光（紫外線）

不穩定的電子
（電子不成對）

氫氧自由基

不穩定的電子
（電子不成對）

二氧化氮
（空氣中的髒汙）

因光觸媒的效果
而獲得電子

電子因光觸媒的
效果而被奪走

超氧化物

二氧化鈦的晶體構造

二氧化鈦呈現由鈦離子（Ti^{4+}）被6個氧離子（O^{2-}）包圍（配位）所形成的八面體，是透過共用稜線連結而成的晶體構造（四方晶系，tetragonal crystal system）。能發揮光觸媒效用的二氧化鈦結構稱為「銳鈦礦」（anatase），為一個八面體與其他八面體共用 4 條稜線。

65

從鉛筆到飛機，
碳在社會中大顯身手

綻放美麗光彩的鑽石與鉛筆漆黑筆芯的主成分石墨，兩者的樣貌差異實在太大，雖然理智上知道兩者都是碳的集合體，但是仍有許多人感到不可思議吧？

像鑽石與石墨那樣，只由碳這種單一元素組成的純粹物質稱為「（碳的）單質」。而儘管都是相同元素的單質，卻因為原子的結合方式不同而產生不一樣的性質，這樣的物質就稱為「同素異形體」（allotrope）。

碳的同素異形體除了鑽石與石墨之外，還有分子呈足球狀的「富勒烯」（fullerene），與分子呈管狀的「奈米碳管」（carbon nanotube）等。至於碳以外的同素異形體，舉例來說，氧（O）的同素異形體為氧氣（O_2）及臭氧（O_3）；磷的同素異形體如紅磷和黃磷等。

輕且堅固的「碳纖維」，強度是鐵的10倍！

近年來「碳纖維」（carbon fiber）的需求大幅增加。碳纖維中的碳，與石墨及奈米碳管一樣，形成緊密排列的六角形結構（右下插圖）。根據日本產業規格（Japanese Industrial Standards，JIS），將重量90%以上為碳的物質定義成碳纖維。

碳纖維的優點是輕量且堅固。強度是鐵（Fe）的10倍，質量（比重）卻只有鐵的4分之1。碳纖維被用來製造網球拍與自行車的車身，以及飛機的機身等，同時追求堅固與輕量化的產品。

這也是碳，那也是碳

圖中所示為碳的單質（同素異形體），有鑽石、石墨、富勒烯、奈米碳管，以及90%以上由碳組成的碳纖維。這些物質都是由1個碳原子透過4根手臂與相鄰碳原子結合的結構。

鑽石

碳的正四面體結構不斷重複，形成極度堅硬的物質，這個物質就是鑽石。

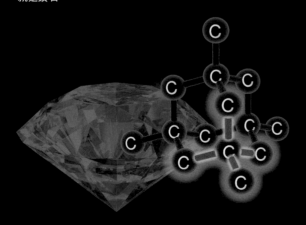

石墨

由碳原子形成的正六角形緊密排列，以層狀結構堆積而成。是鉛筆筆芯的主成分。

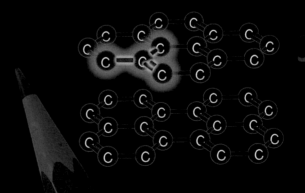

富勒烯（C_{60}）

正五角形與正六角形緊貼在一起的足球狀結構。由60個碳原子形成。正在進行將其作為超導體與蓄電池等材料的研究。

奈米碳管

如石墨般的層狀結構（稱為石墨烯，graphene）被捲成筒狀的結構。正在進行將其作為高強度線材或新型半導體等材料的研究。

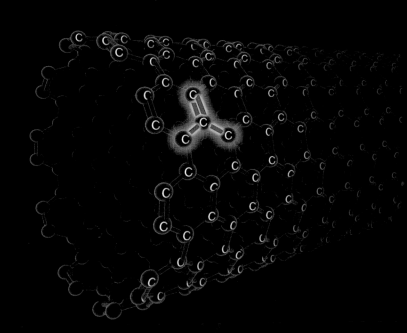

碳纖維

將壓克力等有機高分子在高溫下加熱，並進行碳化（去除碳以外的分子），所得到的物質就是碳纖維。碳化部分的碳，與石墨的層狀部分結構相同。

塑膠垃圾
有什麼問題？

搬運有害物質的塑膠微粒
漂浮在全世界的海洋裡

我們大量使用並消費塑膠袋、寶特瓶、便利商店的便當容器、食品包裝用的保鮮膜這些拋棄式塑膠。流放到大海中的塑膠垃圾，因紫外線與海浪的力量而變成碎片，最後成為微小的塑膠微粒。近年來發現，這些塑膠微粒會搬運有害物質。因此，現在有必要大幅度地重新檢視依賴塑膠的生活型態。

協助 ┃ 高田秀重
日本東京農工大學研究所農學研究院環境資源科學科教授

在海岸能看到許多塑膠瓶垃圾。這些塑膠垃圾劣化粉碎，成為塑膠微粒的生成原因。

全世界每年產生的塑膠量多達約4億公噸。其中大約50％是塑膠袋、寶特瓶、便利商店的便當容器、食品包裝用保鮮膜等「拋棄式塑膠」。

根據環保署統計，臺灣2020年消費的塑膠袋約200億個，簡單計算一下，平均每人每天會使用2個，而每年的寶特瓶消費量也超過46億個。至於全世界每年排放到海裡的塑膠垃圾則約800～1100萬公噸（約總生產量的2％）。

塑膠微粒的兩個來源

直徑5毫米以下的塑膠稱為「塑膠微粒」（microplastic，MP，右上方照片）。塑膠微粒有兩種，一種是在製造時，直徑就已經小於5毫米的「初級塑膠微粒」（primary microplastics），另一種則是塑膠產品劣化、粉碎之後所形成的「次級塑膠微粒」（secondary microplastics）。

典型的初級塑膠微粒是作為塑膠產品原料的「樹脂顆粒」（resin pellet），為圓盤、圓柱或球形的微小塑膠粒子。舉例來說，製造一個塑膠桶（227公克）需要約2萬2000個樹脂顆粒。但樹脂顆粒在製造及輸送的過程中，會有部分流入環境，而落到地面的樹脂顆粒會因颱風下雨而流進河川及水路，最後抵達海洋。

此外，直徑1毫米以下，被稱為「微珠」的球狀塑膠也被歸類

> ### 塑膠微粒與微珠

左圖是因塑膠垃圾粉碎而形成的塑膠微粒，採取自距離日本列島1000公里的太平洋。右圖則是直徑1毫米以下，被稱為「微珠」的塑膠微粒。這些微珠作為去角質成分（磨砂顆粒）使用於洗面乳等產品中，並採取自日本東京灣。兩張照片都由高田教授提供。

為初級塑膠微粒。洗面乳等的去角質成分（磨砂顆粒），與生活廢水一起流入汙水處理廠，雖然其中的95％～99％會被分離去除，但剩下未能去除的部分就是微珠，會隨著處理過的汙水一起排放到海洋。事實上，日本東京農工大學的高田秀重教授等人，就在日本東京灣的海水中檢測到微珠（右上方照片）。

但海洋中的次級塑膠微粒遠多於初級塑膠微粒。未妥善處置的塑膠產品流入環境，隨著颱風下雨排放到海洋中。漂流到海洋的塑膠垃圾，多數受到日曬、海浪拍打、紫外線和熱的影響逐漸劣化碎裂，並擴散到全球的海洋。

而且生活中的各種情境都會產生次級塑膠微粒。譬如用來覆蓋蔬菜根部的農用塑膠布與人工草皮等，會因為長期暴露在陽光下而變得破破爛爛。汽車輪胎也會

因磨耗而產生碎屑。清洗刷毛等合成纖維材質的衣物時，也會產生塑膠的纖維碎屑。三聚氰胺（melamine）製成的海綿在清洗餐具和水槽時，也會因為磨損而形成塑膠微粒。

塑膠是石油製成的聚合物

塑膠是將石油分餾（利用沸點

微小的塑膠微粒流入全球各地的環境當中

差異進行分離）所得到的輕油「石腦油」（naphtha），加熱分解所製成的物質。其化學結構是由稱為「單體」（monomer）的小分子，以長鏈方式結合（聚合）而成「聚合物」（polymer）

塑膠的種類超過100種以上，而在日本依照年產量來排序，產量最多的前五種分別是聚乙烯（polyethylene，PE）、聚丙烯（polypropylene，PP）、聚氯乙烯（PVC）、聚苯乙烯（polystyrene，PS）、和聚對酞酸乙二酯（PET），這五種約占總生產量的70％左右。這些塑膠分別由乙烯、丙烯、氯乙烯、苯乙烯和對酞酸乙二酯的單體聚合而成（下圖中 [ ] 內的結構式是單體，這些單體聚合起來就變成聚合物）。聚乙烯用於製造洗髮精容器與塑膠袋，聚丙烯用於製造吸管，聚氯乙烯用於製造信用卡，聚苯乙烯用於製造保麗龍，而聚對酞酸乙二酯則用於製造寶特瓶等。

在全世界海洋漂流的塑膠

根據推估，目前在全球海洋中漂流、直徑0.3毫米以上的塑膠垃圾已達5兆個。而根據到2012年為止的調查，漂流到地中海、黑海以及歐亞大陸南側沿海地區的塑膠數量特別多。另一方面，遠離陸地的外海也有塑膠聚集，也就是在北太平洋、南太平洋、北大西洋、南大西洋和印度洋這五處，海流呈環狀流動的場所（環流）。其中心因為水流與風流較弱，所以塑膠容易聚集。（右圖紅色部分）。

此外，塑膠不僅僅在海面或海中漂浮，也會在海底累積。由於聚氯乙烯和聚對酞酸乙二酯等塑

⊙ 成為塑膠微粒來源的五大塑膠

聚乙烯

$$\left[CH_2-CH_2 \right]_n$$

高密度聚乙烯

洗髮精和潤絲精容器、水桶、煤油桶、水管等。

低密度聚乙烯

塑膠袋、保鮮膜、牛奶盒內側的膜、農用膜等。

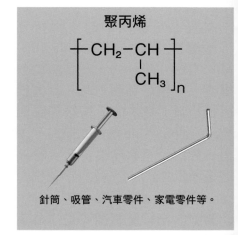

聚丙烯

$$\left[CH_2-CH \atop \underset{CH_3}{|} \right]_n$$

針筒、吸管、汽車零件、家電零件等。

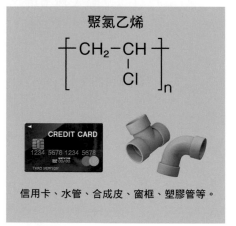

聚氯乙烯

$$\left[CH_2-CH \atop \underset{Cl}{|} \right]_n$$

信用卡、水管、合成皮、窗框、塑膠管等。

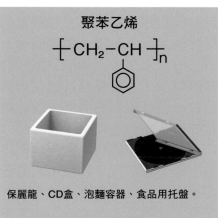

聚苯乙烯

$$\left[CH_2-CH \right]_n$$

保麗龍、CD盒、泡麵容器、食品用托盤。

聚對酞酸乙二酯

$$\left[O-C-\bigcirc-C-O-CH_2-CH_2 \right]_n$$

衣物纖維（聚酯纖維）、寶特瓶、雞蛋盒、包裝膜等。

圖中列出日本年產量前五名的塑膠結構式與主要使用範例。這五種塑膠的產量，約占總產量的70％。除了日常使用的塑膠袋與寶特瓶之外，信用卡和衣物纖維（聚酯纖維）也都由塑膠製成。

膠比海水重，所以容易沉入海底。至今的研究發現，海溝（海底呈細長溝狀的深處）也積聚了大量的塑膠垃圾。光線難以到達海底且海水溫度較低，塑膠不易分解成碎片，很多沉入海底的塑膠都維持著產品原本的形狀。

至於比海水輕的聚乙烯，或是比重幾乎與海水相同的聚丙烯形成的塑膠微粒，當附著生物膜（含有凝膠狀微生物的膜）時就會變重，因此變得容易沉入海底。根據估計，沉入海底的塑膠微粒重量，高達漂流於海中的塑膠微粒重量的1000倍。

誤食塑膠微粒的動物

塑膠微粒的主要問題之一，就是許多生物都會誤食。高田教授的研究團隊正在調查名為「短尾水薙鳥」（*Ardenna tenuirostris*）的海鳥。2005年的調查顯示，死在太平洋北部白令海的12隻短尾水薙鳥，全部都在胃部下方的砂囊（在鳥類和魚類體內，用以磨碎食物的器官）中發現塑膠微粒（第72頁下方照片）。一旦塑膠微粒這種無法消化的物質進入體內，就會導致消化不良，甚至可能因無法攝取充分的食物而營養失調。更糟的是，尖銳的塑膠還可能傷害胃部。報告顯示，1970年進行的短尾水薙鳥調查中，在約50％個體體內檢驗出塑膠微粒；而1980年的調查，甚至所有個體都檢驗出塑膠微粒。也有研究推估，如果調查地球上所有種類的海鳥，應該會在90％個體身

在全球海洋漂流的塑膠微粒

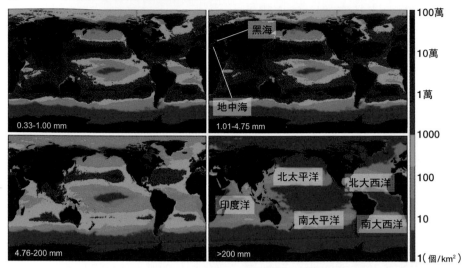

圖中所示為海洋中漂流的塑膠推估量。四張圖中的左下角，皆分別顯示了塑膠的大小範圍（例如，左上圖呈現的是0.33毫米到1.00毫米大小的塑膠預估量）。從圖中可以看出，在地中海、黑海、太平洋、大西洋、印度洋等的量較多（紅色）。

圖片出處：Marcus Eriksen et al. (2014) Plastic Pollution in the World's Oceans: More than 5 Trillion Plastic Pieces Weighing over 250,000 Tons Afloat at sea. PLOS ONE

上檢驗出塑膠微粒。

不僅海鳥，海龜、鯨魚、魚類、雙殼類、沙蠶、糠蝦類與螃蟹等200多種海洋生物體內，都檢驗出塑膠或塑膠微粒。高田教授等人在2018年調查日本東京灣的64條日本鯷（*Engraulis japonicus*）時，從其中約80％檢

驗出塑膠微粒，當中也包含微小的微珠。國外研究也證實，長度只有數毫米的浮游動物，會攝取數微米到數十微米大小（1微米是1000分之1毫米）的塑膠微粒。塑膠汙染就透過小魚吃浮游動物、大魚或鯨魚吃小魚的「食物鏈」（food chain），擴散到整個海洋生態系。

5兆個以上的塑膠垃圾在海洋中漂流

塑膠微粒會運送有害物質

如果是大小約為1毫米的塑膠微粒，人類即使吃下去也不會在體內積累，最後會排泄出來，一般認為塑膠本身不會帶來不良影響。但有害物質卻以「添加劑」的形式存在於塑膠當中。而添加

劑的種類超過100種，功能包含防止氧化、使其變軟、防止紫外線劣化、防火、染色等。

舉例來說，塑膠中添加的抗氧化劑「壬基酚」（nonylphenol）就屬於一種「環境荷爾蒙」（environmental hormone，內分泌干擾物質）。人體或動物體內具有分泌激素（hormone，又稱荷爾蒙）的機制，稱為「內分泌系統」（endocrine system），而人類就透過激素的分泌，調節代謝、生長、生殖等功能。壬基酚進入體內後，會發揮如女性荷爾蒙（female sex hormone，又稱雌性激素）般的作用，引發對生物體有害的影響。最近根據在歐洲進行的大規模調查發現，成年男性的精子數量在過去40年來減少一半。雖然具體原因尚未確定，但很可能是塑膠添加劑中的環境荷爾蒙所帶來的影響。

透過食物鏈有害物質持續累積在體內

此外，周遭的海水中也存在吸附於塑膠的有害化學物質。這些物質被稱為「持久性有機汙染物質」（persistent organic pollutants，POPs），而在這之中最具代表性的就是多氯聯苯（polychlorobiphenyl，PCB）及二對氯苯三氯乙烷（dichlorodiphenyltrichloroethane，DDT）。PCB曾是合成工業用油，DDT則是合成的有機氯化物殺蟲劑及農藥。這兩種物質主要使用於20世紀中期，現在因為確認其毒性，已根據「斯德哥爾摩公約[1]」禁止製造、使用及排放。但由於POPs不易分解，過去流入環境中的這些物質仍然殘留至今。

POPs在海水中的濃度非常低，因此攝取海水對生物體帶來的直接影響並不構成問題，但POPs具有親油性（易溶於油），會吸附於石油製成的塑膠，並逐漸濃縮和滲透。塑膠微粒表面的POPs濃度，甚至可達到海水中濃度的100萬倍。換句話說，漂浮在海水中的塑膠微粒不只是單純的垃圾，甚至成為含有添加劑、吸附海水中POPs的「有害物質搬運者」（詳見右圖）。

高田教授等人的調查發現，在吞食塑膠微粒的短尾水薙鳥消化道中，添加劑與POPs會透過消化液溶出，而後累積於肝臟與脂肪。此外，調查棲息於北太平洋的夏威夷、南太平洋的加拉巴哥群島、接近南極的馬里恩島等海域的海鳥，也發現添加劑與POPs轉移到身體組織並累積其中。這些研究證實，全世界至少有40％的海鳥，受到源自於塑膠的化學汙染。

另一方面，目前還沒有生物因攝取塑膠微粒而導致有害物質累積，造成形態出現異常的報告。但最近關於棲息在澳大利亞的海鳥「肉足水薙鳥」（Puffinus carneipes）的研究顯示，攝取塑膠微粒的個體，血液中的鈣濃度較正常個體低。而血液中缺乏鈣將導致蛋殼容易破裂，進而減少

⊙ 海鳥消化道中發現的塑膠微粒

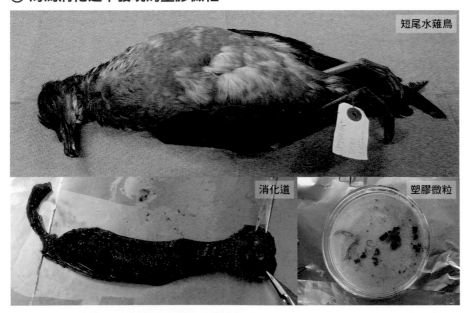

短尾水薙鳥

消化道　塑膠微粒

解剖死在白令海的12隻短尾水薙鳥後發現，這些鳥胃部下方的砂囊中，全都含有0.1～0.6公克的塑膠微粒。

※1：廢止與限制PCB、DDT等持久性有機汙染物質的製造及使用，規定減少含有這些有機物質的廢棄物等的排放及適當處理的條約。

⊙ 塑膠微粒是有害物質的搬運者

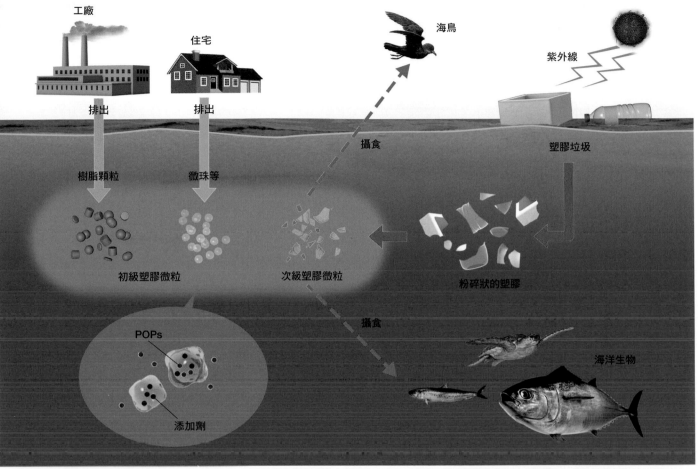

本圖顯示塑膠微粒及塑膠產品從流入海洋到被海鳥及海洋生物攝食的過程。流入海洋的初級塑膠微粒，包含來自工廠的樹脂顆粒，以及生活廢水中的微珠。至於次級塑膠微粒，則是由流出海洋的塑膠垃圾，因陽光的高溫和紫外線等而劣化碎裂後形成。海洋中的持久性有機汙染物質（POPs），吸附在含有添加物的塑膠微粒上，並濃縮、滲透，最後被海洋生物及海鳥攝食，導致有害物質在其身體組織中累積。

孵化的個體數。

1960年代時，美國五大湖周邊大量使用DDT，使得美國國鳥「白頭海鵰」（*Haliaeetus leucocephalus*）的個體數急遽減少。當時白頭海鵰血液中的鈣濃度也下降，並出現畸形等形態異常。高田教授警告「如果不處理這個問題，我們將重蹈過去的覆轍」。推測有害物質因食物鏈而被魚貝類濃縮，並且已經侵入把這些海鮮吃下肚的人類體內。

最優先的解決方案是減少拋棄式塑膠

廢棄物專家預測，到了2030年，流入海洋的塑膠量將會增加為現在的10倍，2050年海洋中的塑膠量將會超過魚的數量。流入海洋的塑膠幾乎都是拋棄式塑膠，因此必須逐漸減少塑膠袋、

寶特瓶、便利商店便當容器與食品包裝用保鮮膜等的使用。高田教授表示：「如果為了追求便利而持續製造塑膠垃圾，將會成為未來世代的『負資產』。」

儘管有人主張，如果想減少流入海洋的塑膠，只要徹底的回收塑膠垃圾並焚化即可，但高田教授指出：「這是一種眼光短淺的錯誤主張，因為這麼做會產生溫室氣體二氧化碳，並不符合聯合

國『永續發展目標[※2]』（SDGs）或『巴黎協定[※3]』。」巴黎協定有明文規定，到了21世紀後半，必須將實質的溫室氣體排放量降至零，因此總有一天將無法焚化塑膠。

至今為止，日本一直以「熱回收」（thermal recycle）的名義，焚化超過60%的塑膠垃圾，並重新利用這時產生的熱來發電（下圖）。但由於燃燒過程會排放溫室氣體，國際上並不承認這屬於再生能源。除此之外，這麼做也可能發生其他問題，譬如產生有害物質「戴奧辛」（dioxins）與「氮氧化物」等。

日本國內產生的塑膠垃圾中，每年有15%（150萬噸）出口到海外，其中大多數出口到中國，但中國也擔憂回收伴隨而來的環境汙染，2018年起不再接受塑膠垃圾的進口。日本於是將出口對象轉移到東南亞各國，但這些國家也開始拒絕接受。高田教授表示：「如果國內現有的廢棄物處理設施無法處理，那麼首先應該擬定減少這些塑膠的對策。」

不能過度信賴資源回收

此外，高田教授也表示：「回收雖然有必要，但過度信賴回收也是問題。」舉例來說，回收後的製品中，可能檢驗出回收過程所使用的有害添加劑。韓國就從牡蠣養殖用的保麗龍製浮球中，檢驗出回收時摻入的有害溴化阻燃劑（brominated flame retardants）。

而回收物製成的產品本身，也可能導致新的塑膠微粒汙染。舉例來說，回收寶特瓶雖然可以製成聚酯纖維製的T恤，但清洗時仍會產生纖維狀的塑膠微粒。

另外，將用過的寶特瓶回收再製成新寶特瓶的「Bottle to Bottle」技術雖然已經實用化，但除去異物的壓克力洗淨過程中，約有20%的聚合物會被分解，因此相當於5個寶特瓶中，只有4個能被回收，回收率並非100%。

取代塑膠的新世代素材

為了進一步減少源自於石油的塑膠，也必須考慮其他替代方案。如果是紙張或樹木等材料，即使變成垃圾流入海洋，也總有一天會分解，吸附POPs的可能性也較低。

還有另一種「纖維素奈米纖維」（cellulose nanofiber，CNF）成為現在備受期待的新世代素材。CNF分解自木材製成的木材纖維，將其細微化成奈米級大小（1奈米相當於10億分之1公尺），並透過將纖維密集排列來實現防水性。這種材料具有輕量、高強度等許多優點，目前已

⊙ 日本垃圾處理方法的比例（一般廢棄物）

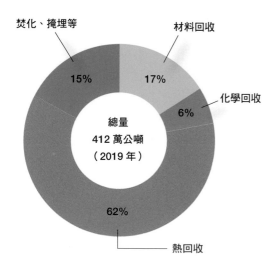

焚化、掩埋等 15%
材料回收 17%
化學回收 6%
總量 412 萬公噸（2019 年）
62%
熱回收

日本的塑膠垃圾處理方法。材料回收（material recycling）是將廢棄的塑膠熔化，使其再次成為塑膠原料的再生方法；化學回收（chemical recycling）則是將廢棄塑膠透過化學反應分等，作為化學產品原料再生的方法。至於熱回收，則是將廢棄塑膠焚化，回收這時產生的熱能，作為發電等使用的方法。家庭、商店、辦公室等產生的塑膠垃圾，70%以上都透過熱回收及單純焚化處理。

出處：日本一般社團法人塑膠循環利用協會「塑膠回收的基礎知識2021」。

※2：2015年9月的聯合國大會所採納，至2030年為止的國際目標。提出的目標共有17個，除了「氣候變遷」之外，也與「貧困」及「飢餓」等密切相關。
※3：以防止全球暖化為目標的國際協定，決定2020年後各國針對溫室氣體排放的對策。

⊙ 來自高田秀重教授的訊息
「聰明」與「智慧」兼備的人才與社會

發表相對論的愛因斯坦（Albert Einstein，1879～1955）曾留下這樣一句話：「A clever person solves a problem. A wise person avoids it.」直譯就是「聰明人解決問題，有智慧的人避開問題」。換句話說，「當問題發生時，聰明的人會解決它，但有智慧的人則會想辦法讓問題不要發生」。

當問題發生時，我們總是試圖使用科學技術來解決，但是說到底，讓問題不要發生更加重要。過去那種製造大量的塑膠垃圾，再想辦法以科學技術解決的態度，對於科學技術的期望是否過高呢？我認為使用科學技術建立一個不產生塑膠垃圾的機制才是最重要的。

現在塑膠微粒造成的海洋汙染已經發生，因此解決問題與避免問題惡化，都需要使用科學技術。培養愛因斯坦所說的，聰明與智慧兼備的人才以實現智慧社會是當務之急。如果《人人伽利略》的年輕讀者將來打算從事與科學技術相關的工作，希望各位能夠仔細思考科學技術的使用方向，考慮如何運用自己的知識和技術，推動事物永續循環。

高田秀重
1959年生於東京。目前任職於日本東京農工大學，為環境方面學者，有多本關於環境汙染、塑膠垃圾、環境荷爾蒙的著作。

被應用在原子筆與紙尿布等日常商品上。如果與橡膠或樹脂混合，強度能夠達到鐵的5倍以上，但重量只有鐵的5分之1。除此之外也相當耐熱，因此也應用在汽車及家電產品等。

現在已逐步實用化的「生物可分解塑膠」（biodegradable plastic），能透過存在於自然界的微生物，最終分解成二氧化碳與水。但海洋中的微生物密度較低，溫度也低，因此較難分解也是課題。尤其海底泥土的氧氣也較少，微生物難以發揮作用。實際上，高田教授等人也從日本東京灣的海底泥土中檢測到生物可分解塑膠「聚己內酯」（poly-caprolactone，PCL），顯示其未能完全分解。

後塑膠社會

為了解決塑膠微粒所造成的海洋汙染問題，需要結合多種對策。譬如停止使用拋棄式塑膠，而是重複使用最低限度的塑膠，藉此來減少塑膠的使用量，同時也逐漸使用源自於生物資源的材料（生質材料）來取代源自於石油的塑膠，最終將以構築永續循環使用有限資源的社會（循環型社會）為目標。提出這兩個對策，與其說是企圖實現「無塑膠社會」，不如說必須將聰明使用塑膠的「智慧化塑膠社會」視為目標。

臺灣從2002年7月起，就已規定百貨公司、便利商店、量販店、超級市場等零售業者，不得免費提供購物用塑膠袋（至少收費1元臺幣）。我們每個人都必須盡量不使用拋棄式塑膠產品，同時也期待能夠透過化學研發出新的替代材料。

（撰寫：北原逸美）

3

萬物的基礎 ──元素

　們身邊的所有物質，皆由各式各樣的「元素」形成。現在已知的元素共有118種，將這些元素整齊排列成表格，就是「週期表」。其實週期表中，同一縱列的元素具有類似的性質，就稱為同一「族」，了解不同族的性質，就能釐清各個元素的特徵與差異。第3章將介紹各種元素與週期表的有趣之處。

3 萬物的基礎 —— 元素

PART 1
原子結構和元素週期表

所有物質都由「原子」組成。20世紀發現原子的結構後，才知道各種「元素」的性質都源自於「電子」。現代的週期表根據這點，依照顯示電子配置的「原子序」按順序排列。PART 1 將學習原子的結構，以及作為化學「導覽地圖」發揮重要功能的週期表基本原理。

協助
玉尾皓平／櫻井 弘

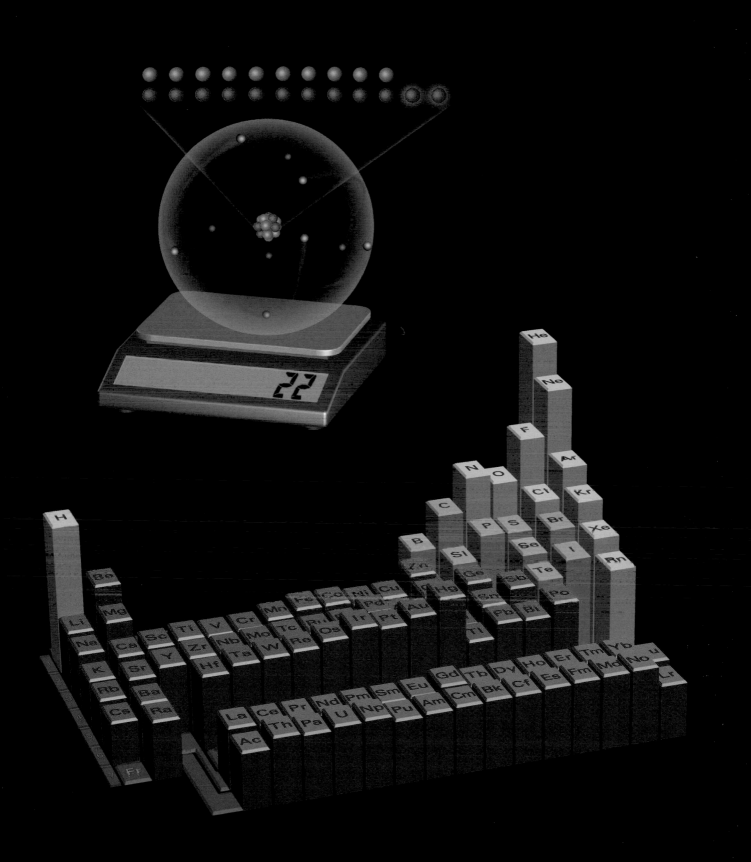

成功將大量元素進行分類的門得列夫

什麼是元素？**元素是構成物質的基本成分**。舉例來說，水（H_2O）是由氫（H）與氧（O）這兩種元素組成。而我們周遭的所有物質就像這樣，由各種不同的元素組合而成。

將元素整理、分類的方法，最早可追溯至古希臘的哲學家，歷代又經過了許多科學家的研究。1805年，英國科學家道耳頓（John Dalton，1766～1844）發表了原子論，他認為元素實際上是非常小的粒子「原子」，而不同種類的原子，具有不同的質量（原子量）和性質。他也是第一個發表原子符號的人。

至於第一個注意到元素具有「週期性」的，則是法國地質學家尚古多（Béguyer de Chancourtois，1820～1886）。他發現每當原子量增加16時，就會出現性質相似的元素。後來雖然有許多科學家提出元素分類的方法，但卻沒有任何一種，能夠將當時已知的所有元素進行系統性的排列。

元素的分類法直到1869年才拍板定案。而這個方法就是俄國科學家門得列夫（Dmitri Mendeleev，1834～1907）所提出的「週期表」。門得列夫仿照他喜歡的卡牌遊戲，依照原子量由小到大的順序將元素縱向排列，並將性質相似的元素橫向排列（其縱橫與現在的週期表相反）。這麼一來，就成功地依照明確的法則排列當時已知的63種元素。

門得列夫的傑出之處在於當排列元素時，如果某個位置沒有相對應的元素，會先將這個位置空下來，並預言這個位置應該存在尚未發現的元素。而且當時尚未發現的「鈧」、「鎵」、「鍺」這三種元素，確實在門得列夫仍在世時發現。門得列夫週期表的正確性，就因為其預言成功而得到證明。

150年前的週期表

門得列夫創造了最初的週期表（右頁上方），成為現今仍在使用的週期表原型。下圖分別呈現出星雲、地球及食物的圖片，以及各自所含的代表性的元素符號。

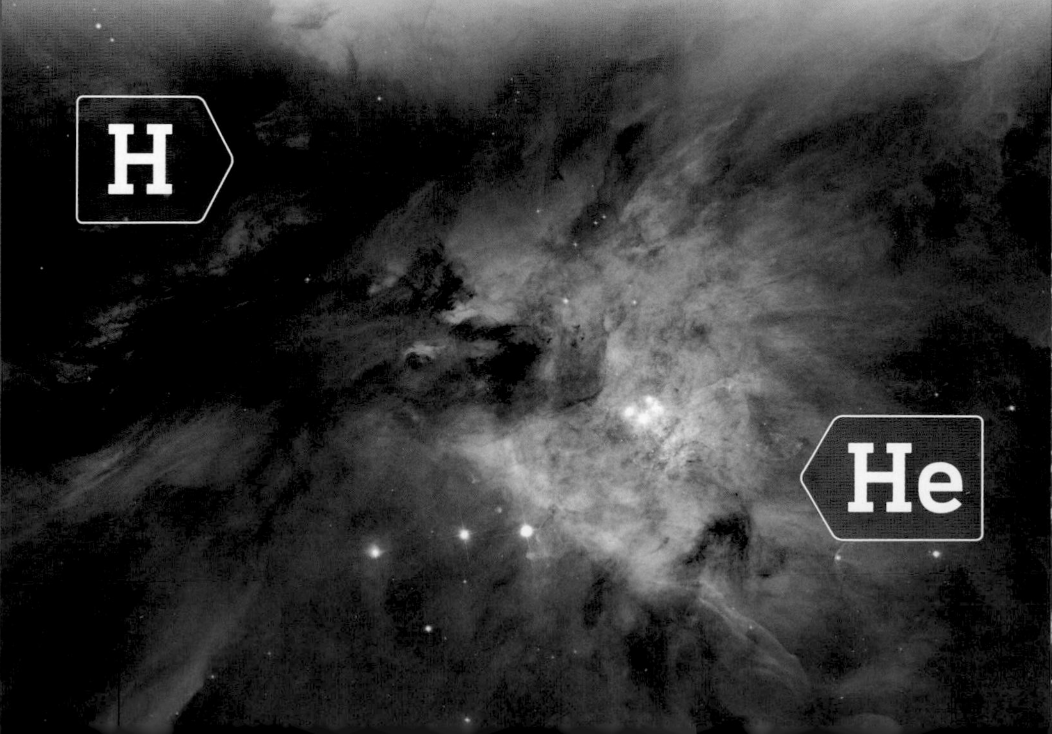

H

He

O

門得列夫

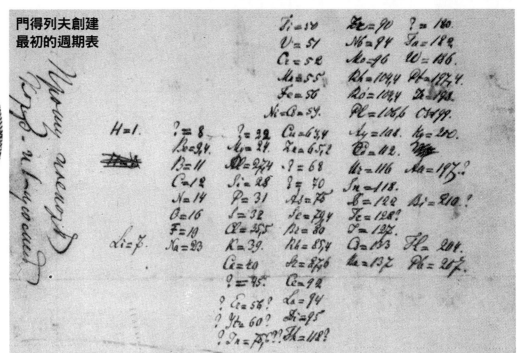

門得列夫創建最初的週期表

門得列夫與最初的週期表

門得列夫曾擔任俄國聖彼得堡大學的化學教授（左上），他在撰寫化學教科書時，深入思考元素的分類方法。接著在1869年，創造出將當時已知的63種元素進行系統化排列的最早週期表（上方）。這份週期表將元素符號與原子量並排寫在一起。而表中也含有現在已不再使用的元素符號Di（didymium，鐠釹），因為不久後發現，Di其實是鐠與釹的混合物。

透過「週期表」，確認構成萬物的118種元素

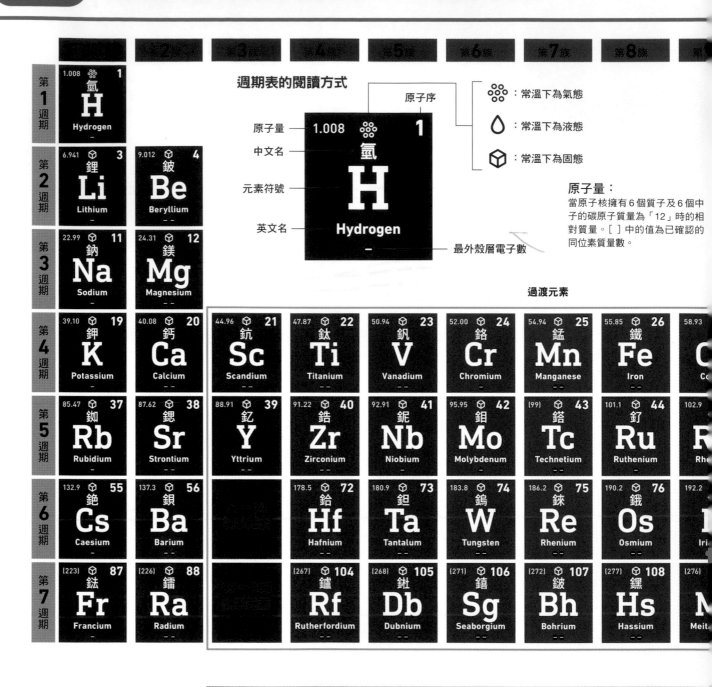

週期表的閱讀方式

原子序

：常溫下為氣態

：常溫下為液態

：常溫下為固態

原子量 ── 1.008

中文名 ── 氫

元素符號 ── H

英文名 ── Hydrogen

── 最外殼層電子數

原子量：
當原子核擁有6個質子及6個中子的碳原子質量為「12」時的相對質量。[ ] 中的值為已確認的同位素質量數。

過渡元素

第1族	第2族	第3族	第4族	第5族	第6族	第7族	第8族	第
1.008 1 氫 H Hydrogen –								
6.941 3 鋰 Li Lithium – –	9.012 4 鈹 Be Beryllium – –							
22.99 11 鈉 Na Sodium – –	24.31 12 鎂 Mg Magnesium – –							
39.10 19 鉀 K Potassium – –	40.08 20 鈣 Ca Calcium – –	44.96 21 鈧 Sc Scandium – –	47.87 22 鈦 Ti Titanium – –	50.94 23 釩 V Vanadium – –	52.00 24 鉻 Cr Chromium –	54.94 25 錳 Mn Manganese – –	55.85 26 鐵 Fe Iron – –	C
85.47 37 銣 Rb Rubidium – –	87.62 38 鍶 Sr Strontium – –	88.91 39 釔 Y Yttrium – –	91.22 40 鋯 Zr Zirconium – –	92.91 41 鈮 Nb Niobium – –	95.95 42 鉬 Mo Molybdenum –	[99] 43 鎝 Tc Technetium – –	101.1 44 釕 Ru Ruthenium – –	102.9 R Rh
132.9 55 銫 Cs Caesium –	137.3 56 鋇 Ba Barium – –		178.5 72 鉿 Hf Hafnium – –	180.9 73 鉭 Ta Tantalum – –	183.8 74 鎢 W Tungsten –	186.2 75 錸 Re Rhenium – –	190.2 76 鋨 Os Osmium – –	192.2 Iri
[223] 87 鍅 Fr Francium –	[226] 88 鐳 Ra Radium – –		[267] 104 鑪 Rf Rutherfordium – –	[268] 105 𨧀 Db Dubnium – –	[271] 106 𨭎 Sg Seaborgium – –	[272] 107 𨨏 Bh Bohrium – –	[277] 108 𨭆 Hs Hassium – –	[276] M Meit

57~71 鑭系元素	138.9 57 鑭 La Lanthanum – –	140.1 58 鈰 Ce Cerium – –	140.9 59 鐠 Pr Praseodymium – –	144.2 60 釹 Nd Neodymium – –	[145] 61 鉕 Pm Promethium – –	150.4 S Sam

89~103 錒系元素	[227] 89 錒 Ac Actinium – –	232.0 90 釷 Th Thorium – –	231.0 91 鏷 Pa Protactinium – –	238.0 92 鈾 U Uranium – –	[237] 93 錼 Np Neptunium – –	[239] Plut

資料出處
原子量：日本化學會原子量專門委員會於2019年所發表的4位數原子量《理科年表2019年度版》（丸善）。

門得列夫發表週期表至今約150年。直到今天，人類發現的元素已達**118種**。下圖是整理出所有元素的最新週期表。

註：目前仍不清楚原子序104之後元素
　　的化學性質。

| 第11族 | 第12族 | 第13族 | 第14族 | 第15族 | 第16族 | 第17族 | 第18族 |

He (2, 4.003 氦 Helium)
B (5, 10.81 硼 Boron), C (6, 12.01 碳 Carbon), N (7, 14.01 氮 Nitrogen), O (8, 16.00 氧 Oxygen), F (9, 19.00 氟 Fluorine), Ne (10, 20.18 氖 Neon)
Al (13, 26.98 鋁 Aluminium), Si (14, 28.09 矽 Silicon), P (15, 30.97 磷 Phosphorus), S (16, 32.07 硫 Sulfur), Cl (17, 35.45 氯 Chlorine), Ar (18, 39.95 氬 Argon)
Cu (29, 63.55 銅 Copper), Zn (30, 65.38 鋅 Zinc), Ga (31, 69.72 鎵 Gallium), Ge (32, 72.63 鍺 Germanium), As (33, 74.92 砷 Arsenic), Se (34, 78.97 硒 Selenium), Br (35, 79.90 溴 Bromine), Kr (36, 83.80 氪 Krypton)
Ag (47, 107.9 銀 Silver), Cd (48, 112.4 鎘 Cadmium), In (49, 114.8 銦 Indium), Sn (50, 118.7 錫 Tin), Sb (51, 121.8 銻 Antimony), Te (52, 127.6 碲 Tellurium), I (53, 126.9 碘 Iodine), Xe (54, 131.3 氙 Xenon)
Au (79, 197.0 金 Gold), Hg (80, 200.6 汞 Mercury), Tl (81, 204.4 鉈 Thallium), Pb (82, 207.2 鉛 Lead), Bi (83, 209.0 鉍 Bismuth), Po (84, [210] 釙 Polonium), At (85, [210] 砈 Astatine), Rn (86, [222] 氡 Radon)
Rg (111, [280] 錀 Roentgenium), Cn (112, [285] 鎶 Copernicium), Nh (113, [278] 鉨 Nihonium), Fl (114, [289] 鈇 Flerovium), Mc (115, [289] 鏌 Moscovium), Lv (116, [293] 鉝 Livermorium), Ts (117, [293] 硱 Tennessine), Og (118, [294] 鿫 Oganesson)

28 Ni, 46 d, 78 t, 110 s

Gd (64, 157.3 釓 Gadolinium), Tb (65, 158.9 鋱 Terbium), Dy (66, 162.5 鏑 Dysprosium), Ho (67, 164.9 鈥 Holmium), Er (68, 167.3 鉺 Erbium), Tm (69, 168.9 銩 Thulium), Yb (70, 173.0 鐿 Ytterbium), Lu (71, 175.0 鎦 Lutetium)

63, 95

Cm (96, [247] 鋦 Curium), Bk (97, [247] 鉳 Berkelium), Cf (98, [252] 鉲 Californium), Es (99, [252] 鑀 Einsteinium), Fm (100, [257] 鐨 Fermium), Md (101, [258] 鍆 Mendelevium), No (102, [259] 鍩 Nobelium), Lr (103, [262] 鐒 Lawrencium)

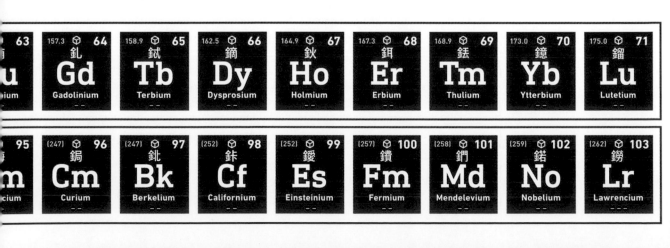

原子中的電子分成好幾層存在

現在的週期表根據「原子序」來排序元素。**原子序是顯示原子種類（元素）的編號，原子序愈大，代表元素的質量也愈大。**

進入20世紀後發現，**原子是由帶負電的「電子」與帶正電的「原子核」組成。而後進一步發現，原子核中含有帶正電的「質子」與電中性的「中子」。**原子核中所含的質子數量，隨著原子的種類（元素）而改變，因此「質子數量」就被用來當成原子序。

電子有「容納量」

存在於原子中的電子，其所在位置有特定的規則。電子能夠存在的範圍被劃分為好幾層，稱為「電子殼層」（electron shell）（右下圖）。電子殼層由內到外，分別命名為「K層」、「L層」、「M層」……，愈外側的電子殼層可以容納的最大電子數量（容納量）愈多。而電子基本上是從最接近原子核的內側電子殼層依序排列。但鉀之後的元素，內側殼層會留下一些「空位」，電子直接先填入外側殼層。

實際上，**週期表的橫向排列**（週期），對應到原子所含電子存在的最外側電子殼層（右圖）。舉例來說，原子序11的鈉（Na）在第3週期，因此電子所存在的最外側電子殼層（最外層），就是從內側數來第3層的M層（K層有2個電子，L層有8個，M層有1個）。元素的化學性質，取決於最外層的電子數。化學反應就是最外層的電子如何交換，而參與反應的電子則被稱為「價電子」（valence electron）。

原子結構與電子的配置方式

門得列夫發表週期表時，還不清楚原子的結構。圖中呈現的是進入20世紀後才發現的原子結構，以及原子內的電子配置方式模型。

原子中的電子分別存在於不同的「殼層」

原子核周圍的電子，分別存在於被稱為「電子殼層」的多個殼層。右圖是電子殼層的示意圖。電子想要盡可能填入靠近原子核的內側殼層，但各個電子殼層能夠容納的電子數量有限。當數量達到容納量上限的電子殼層稱為「閉合殼層」（closed shell），其電子配置相當穩定。

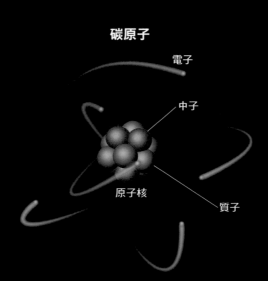

碳原子

電子

中子

原子核

質子

原子序是原子核裡所含的「質子數」

週期表的元素，根據各個元素所定之「原子序」依序排列。原子序與原子核裡所含的質子數一致。右側所示的是碳原子。碳的原子核裡有6個質子，原子序是6。至於帶負電的電子，為了與質子的正電相抵，數量與質子相同。

1族	2族															3族	4族	5族	6族	7族	8族	9族	10族	11族	12族	13族	14族	15族	16族	17族	18族
1 H																															2 He
3 Li	4 Be																									5 B	6 C	7 N	8 O	9 F	10 Ne
11 Na	12 Mg																									13 Al	14 Si	15 P	16 S	17 Cl	18 Ar
19 K	20 Ca															21 Sc	22 Ti	23 V	24 Cr	25 Mn	26 Fe	27 Co	28 Ni	29 Cu	30 Zn	31 Ga	32 Ge	33 As	34 Se	35 Br	36 Kr
37 Rb	38 Sr															39 Y	40 Zr	41 Nb	42 Mo	43 Tc	44 Ru	45 Rh	46 Pd	47 Ag	48 Cd	49 In	50 Sn	51 Sb	52 Te	53 I	54 Xe
55 Cs	56 Ba	57 La	58 Ce	59 Pr	60 Nd	61 Pm	62 Sm	63 Eu	64 Gd	65 Tb	66 Dy	67 Ho	68 Er	69 Tm	70 Yb	71 Lu	72 Hf	73 Ta	74 W	75 Re	76 Os	77 Ir	78 Pt	79 Au	80 Hg	81 Tl	82 Pb	83 Bi	84 Po	85 At	86 Rn
87 Fr	88 Ra	89 Ac	90 Th	91 Pa	92 U	93 Np	94 Pu	95 Am	96 Cm	97 Bk	98 Cf	99 Es	100 Fm	101 Md	102 No	103 Lr	104 Rf	105 Db	106 Sg	107 Bh	108 Hs	109 Mt	110 Ds	111 Rg	112 Cn	113 Nh	114 Fl	115 Mc	116 Lv	117 Ts	118 Og

（第1週期、第2週期、第3週期、第4週期、第5週期、第6週期、第7週期）

週期表的「週期」，對應到電子存在的最外側電子殼層

上圖顯示週期（橫列）與電子所存在的最外側電子殼層（最外層電子）之間的關係。各個不同的週期，與該週期元素的電子存在之最外層殼層相對應，譬如第1週期為K層，第2週期為L層……等等。上圖的週期表包含第82～83頁中，另外列於週期表下方的「鑭系元素」與「錒系元素」的「超長週期表」。

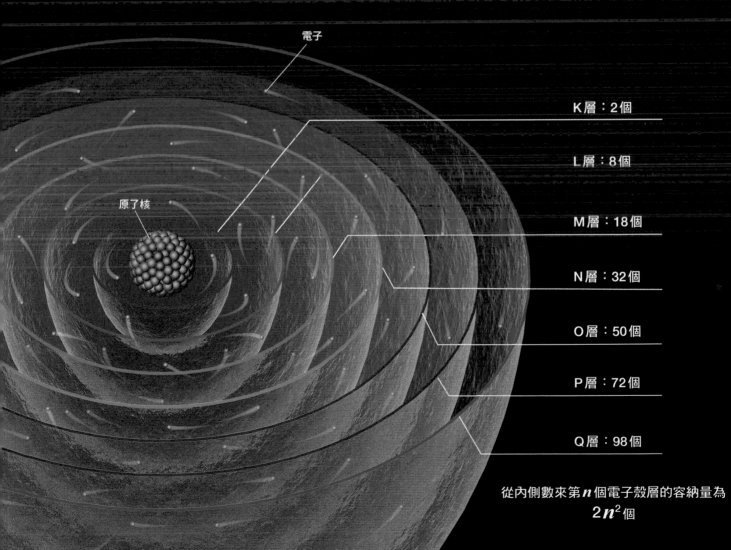

電子

原子核

K層：2個

L層：8個

M層：18個

N層：32個

O層：50個

P層：72個

Q層：98個

從內側數來第 n 個電子殼層的容納量為
$$2n^2 個$$

來看週期表的「縱列」！
同「族」元素性質相似

週期表的元素排列方式有一項重要特點，那就是「縱列元素的性質相似」。**週期表的縱列稱為「族」，同族的元素具有相似的性質**，這是為什麼呢？

觀察同族元素最外側電子殼層的電子（最外層電子），會發現數量是相同的（詳見右頁週期表）。舉例來說，週期表最左側的第1族，最外層電子的數量都只有1個。

原子的性質隨著最外層電子的數量而改變

舉例來說，第1族元素的特性是容易與其他物質反應。鋰和鈉接觸水會劇烈反應並竄出火焰，就是因為其最外層電子只有1個（下圖）。

當最外層電子只有1個時，電子會很不穩定，容易轉移到其他物質。換句話說，就是容易與其他物質產生反應。

至於第18族的元素則具有幾乎不與其他物質反應的特徵。這是因為氦的最外層電子殼層屬於閉合殼層（電子數量容納量已達上限），而其他元素的最外層電子數量則有8個。

現在已知閉合殼層或最外層電子數量達到8個時，其電子配置相較於其他狀態更為穩定。因此第18族的元素幾乎不會將電子轉移給其他物質，或反過來接收其他物質的電子。這代表幾乎不會與其他物質產生反應。

困擾門得列夫的元素

一般來說，電子都會從原子內側的電子殼層開始填入。但是也存在內側殼層尚未填滿，電子就填入外側殼層的狀況。**這樣的元素稱為「過渡元素」，其最外層電子的數量幾乎都是1個或2個**，位於週期表的中央部分（第3～11族）※。過渡元素不只縱列的性質相似，橫列的相鄰元素也具有相似的性質。

舉例來說，鐵與銅都是過渡元素。各位或許會懷疑「鐵與銅性質相似嗎？」但這兩者都具有高熔點，也都能與氧形成多種化合物等，科學上的特徵確實相似。

門得列夫畫出最早的週期表時還不知道電子的存在，據說過渡元素讓他傷透了腦筋。因為這群元素儘管原子量增加，性質卻沒有改變，他只好將這群元素整理成一組，另外列於週期表之外。

現在這些性質相似的元素，也根據原子序（質子的數量）進行排序，並且配置在週期表的中央部分。

※：第12族有時也會被視為過渡元素。

第1族的元素容易反應，第18族的元素不產生反應

容易與其他物質產生反應的第1族元素鋰（左頁），以及幾乎不與其他物質反應的第18族元素氦（右頁）的電子配置示意圖。此外，不同族的最外層電子數量如右上所示。

鋰（第1族）的電子配置

右圖是鋰原子的模型。鋰的最外層電子只有1個，呈現不穩定的狀態（以黃光表示）。這個電子容易轉移到其他物質，所以鋰容易與水等物質產生劇烈反應。

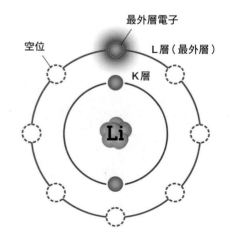

最外層電子

L層（最外層）

K層

空位

Li

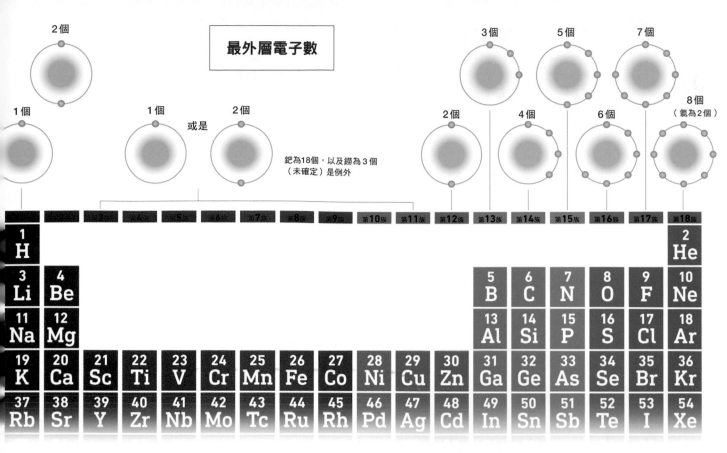

最外層電子數

2個

1個

1個 或是 2個

鈀為18個，以及鑭為3個
（未確定）是例外

3個 5個 7個

2個 4個 6個 8個
（氦為2個）

| 第2族 | 第3族 | 第4族 | 第5族 | 第6族 | 第7族 | 第8族 | 第9族 | 第10族 | 第11族 | 第12族 | 第13族 | 第14族 | 第15族 | 第16族 | 第17族 | 第18族 |

1 H																	2 He
3 Li	4 Be											5 B	6 C	7 N	8 O	9 F	10 Ne
11 Na	12 Mg											13 Al	14 Si	15 P	16 S	17 Cl	18 Ar
19 K	20 Ca	21 Sc	22 Ti	23 V	24 Cr	25 Mn	26 Fe	27 Co	28 Ni	29 Cu	30 Zn	31 Ga	32 Ge	33 As	34 Se	35 Br	36 Kr
37 Rb	38 Sr	39 Y	40 Zr	41 Nb	42 Mo	43 Tc	44 Ru	45 Rh	46 Pd	47 Ag	48 Cd	49 In	50 Sn	51 Sb	52 Te	53 I	54 Xe

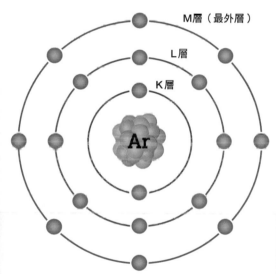

M層（最外層）

L層

K層

Ar

氬（第18族）的電子配置

上圖是氬原子的模型。氬的最外層電子為8
個，因此電子狀態穩定，具有不容易與其他
物質反應的性質。所有第18族的元素反應
性都很低，又稱為惰性氣體。

最外層電子數依族而定

上圖顯示各族的最外層電子數。第1～2族與第12～18族稱為
「典型元素」。族數的個位數與最外層電子數一致（氦除外）。
第3～11族[※]稱為「過渡元素」，最外層電子數幾乎都是1個或2
個。最外層電子數與元素的化學性質密切相關。但原子序104之
後的元素，化學性質尚未釐清。

註：第2族元素Ca、Sr、Ba、Ra稱為鹼土金屬，比鹼金屬更堅
硬，熔點也更高（臺灣課綱將Be、Mg包含在鹼土金屬
中）。

使用氬氣進行焊接

金屬因焊接而熔化，並與其他金屬接合在
一起時，高溫的金屬會與空氣中的氧產生
反應。為了防止這種情形，焊接時會吹入
氬氣以隔絕空氣。

原子序大一號，原子量卻變小的「逆轉現象」

原子序（質子數）愈大，元素的原子量基本上也會跟著變大。但現在的週期表，卻有4個地方能看到原子序大1號，原子量卻變小的逆轉現象。分別是氬（Ar）與鉀（K）、鈷（Co）與鎳（Ni）、碲（Te）與碘（I）、釷（Th）與鏷（Pa）。

同一種元素存在質量不同的原子！

這種**逆轉現象的原因就在於「同位素」（isotope）**。英國的化學家索迪（Frederick Soddy，1877～1956）發現當鈾（U）的原子核變得不穩定並衰變時，會產生各種不同的元素（放射性衰變，radioactive decay）。在研究的過程中，發現鈾的衰變似乎產生了新的元素。這種新元素的質量雖然與已知元素不同，性質卻幾乎相同。

1912年，索迪**發表了他的研究結果 —— 同一種元素存在質量不同的原子，並將這樣的原子命名為「同位素」**。意思是儘管質量不同，在週期表中的位置卻相同（即相同的元素）。

到了1930年代發現，**原子核由質子與中子組成，而同位素的質量差異，就源自於中子的數量差異**。舉例來說，天然的氖（Ne）如右圖所示，由3種同位素依照一定比例（天然含量，natural abundance）混合在一起。而測量反映其天然含量的氖原子量後，得到的結果就是20.18（計算方法詳見右頁下方）。

週期表中能觀察到逆轉現象的碲（原子序52）與碘（原子序53），原子量分別是127.6與126.9。這是因為碲擁有較多「質子52＋中子78（合計130）」的重同位素，而碘則大部分是「質子53＋中子74（合計127）」的同位素。

想出週期表的門得列夫，也因為這樣的逆轉現象而深感困惑。當時（19世紀後半）還不知道同位素的存在，也沒有原子序的概念，所以元素是依照原子量大小進行排列。但他試圖將性質類似的元素排成縱列時，原子量較大的碲無論如何都會排在碘前面。據說堅信自己週期表正確無誤的門得列夫，懷疑是原子量有誤，曾要求重新測定碲與碘的原子量。

原子量的逆轉

將元素依照原子序（質子數）排列的週期表中，有4個地方的原子序大1號，原子量卻反而變小。

	18Ar	19K	27Co	28Ni	52Te	53I	90Th	91Pa
原子量…	39.95	39.10	58.93	58.69	127.6	126.9	232.0	231.0

同位素的標示方式

標示同位素時，會在元素名稱後面加上質量數（mass number）。2個質子加1個中子形成的氖，就寫成「氦3」。以符號標示時，則會在左上角加上質量數，寫成「³H」。但同位素中，含量最多的原子（氫就是氫1），在寫的時候通常會省略數字。

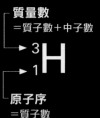

質量數
＝質子數＋中子數

原子序
＝質子數

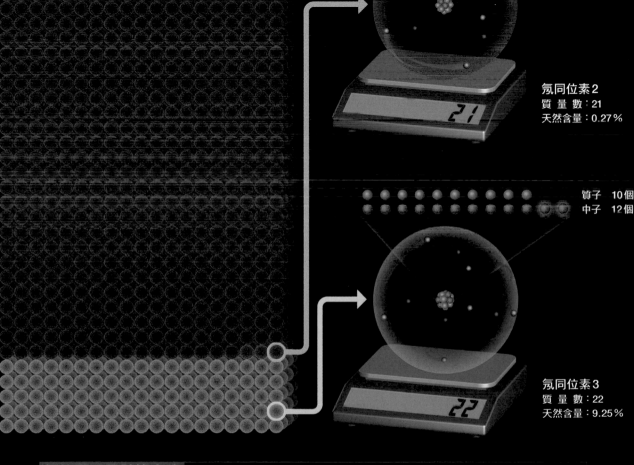

氖同位素2
質 量 數：21
天然含量：0.27%

質子　10個
中子　12個

氖同位素3
質 量 數：22
天然含量：9.25%

氖的原子量計算方法

同位素1	同位素2	同位素3	原子量
（質量數20 × 90.48%）＋（質量數21 × 0.27%）＋（質量數22 × 9.25%）			= **20.18**

100%

原子半徑不會隨著原子序增加而變大

或許也有不少人以為,既然週期表依照原子序(質子數)由小到大排列,原子大小也會依序變大吧?事實上,**若是比較同一橫列(週期)的元素,即使原子序增加,原子也不會跟著變大。**

本頁根據各元素的原子半徑,製作了2種不同的週期表。原子半徑的大小與原子序沒有正相關這點,在這兩張表中一目了然。

為什麼會有這樣的狀況呢?因為原子核的大小只占整個原子的10萬分之1,原子的大小幾乎完全取決於電子。

原子序增加,電子數也隨之增加,會讓人以為原子半徑同樣跟著變大。但實際上,同時增加的還有質子數,因此變大的還有原子核所含的正電荷。這麼一來,吸引電子的力增大,整個原子的大小有時反而會變小。

原子核的正電荷所帶來的影響,取決於電子的配置。因此不同族會展現不同的傾向。舉例來說,第1族元素的原子半徑就相對較大。

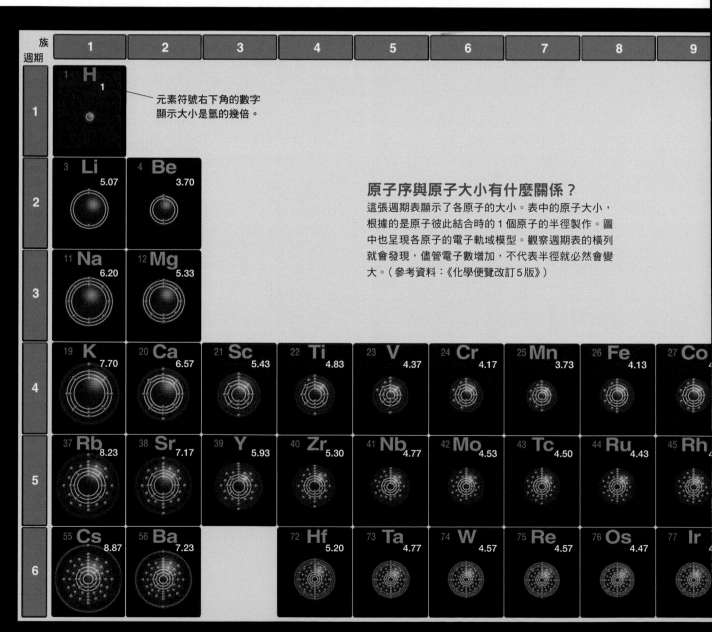

原子序與原子大小有什麼關係?

這張週期表顯示了各原子的大小。表中的原子大小,根據的是原子彼此結合時的1個原子的半徑製作。圖中也呈現各原子的電子軌域模型。觀察週期表的橫列就會發現,儘管電子數增加,不代表半徑就必然會變大。(參考資料:《化學便覽改訂5版》)

元素符號右下角的數字顯示大小是氫的幾倍。

族 週期	1	2	3	4	5	6	7	8	9
1	1 H 1								
2	3 Li 5.07	4 Be 3.70							
3	11 Na 6.20	12 Mg 5.33							
4	19 K 7.70	20 Ca 6.57	21 Sc 5.43	22 Ti 4.83	23 V 4.37	24 Cr 4.17	25 Mn 3.73	26 Fe 4.13	27 Co
5	37 Rb 8.23	38 Sr 7.17	39 Y 5.93	40 Zr 5.30	41 Nb 4.77	42 Mo 4.53	43 Tc 4.50	44 Ru 4.43	45 Rh
6	55 Cs 8.87	56 Ba 7.23		72 Hf 5.20	73 Ta 4.77	74 W 4.57	75 Re 4.57	76 Os 4.47	77 Ir

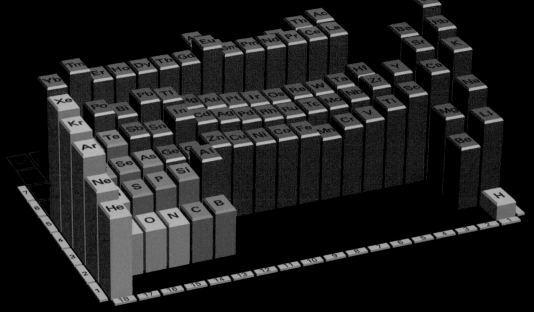

綜觀元素的大小

依照原子半徑製成柱狀圖，為了方便綜觀所有元素，呈現從上往下俯瞰的立體週期表。原子大小與許多性質都有關係，舉例來說，氫（H，右下）的原子半徑比其他元素小，所以氫氣灌成的氣球就容易漏氣，氣球也比較容易消氣。（參考資料：日本化學會編著《化學便覽改訂5版》）

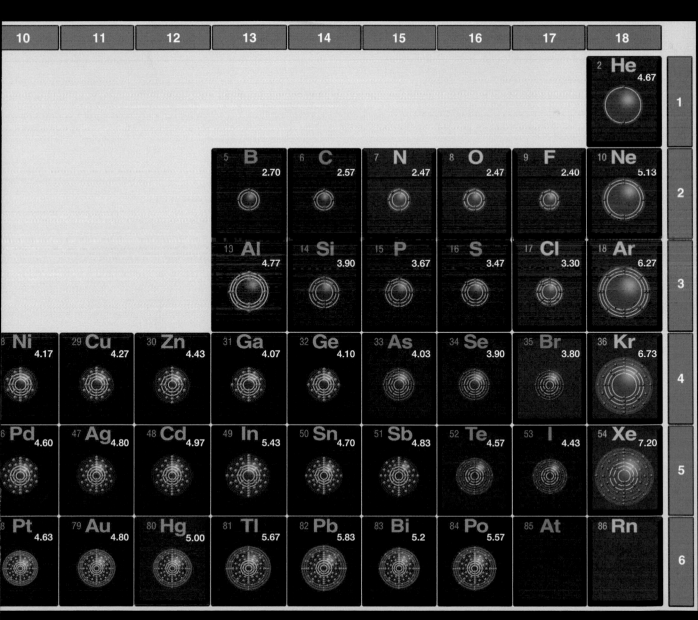

10	11	12	13	14	15	16	17	18	
								2 He 4.67	1
			5 B 2.70	6 C 2.57	7 N 2.47	8 O 2.47	9 F 2.40	10 Ne 5.13	2
			13 Al 4.77	14 Si 3.90	15 P 3.67	16 S 3.47	17 Cl 3.30	18 Ar 6.27	3
28 Ni 4.17	29 Cu 4.27	30 Zn 4.43	31 Ga 4.07	32 Ge 4.10	33 As 4.03	34 Se 3.90	35 Br 3.80	36 Kr 6.73	4
46 Pd 4.60	47 Ag 4.80	48 Cd 4.97	49 In 5.43	50 Sn 4.70	51 Sb 4.83	52 Te 4.57	53 I 4.43	54 Xe 7.20	5
78 Pt 4.63	79 Au 4.80	80 Hg 5.00	81 Tl 5.67	82 Pb 5.83	83 Bi 5.2	84 Po 5.57	85 At	86 Rn	6

原子因電子的出入而變成「離子」

原 子本來就具有與其他原子交換電子，填入最外層的 空缺，以變得穩定的傾向。而**原子在獲得帶負電的電子後，整體 變成帶負電的狀態，就稱為「陰離子」**。反之，**當原子將電子轉**

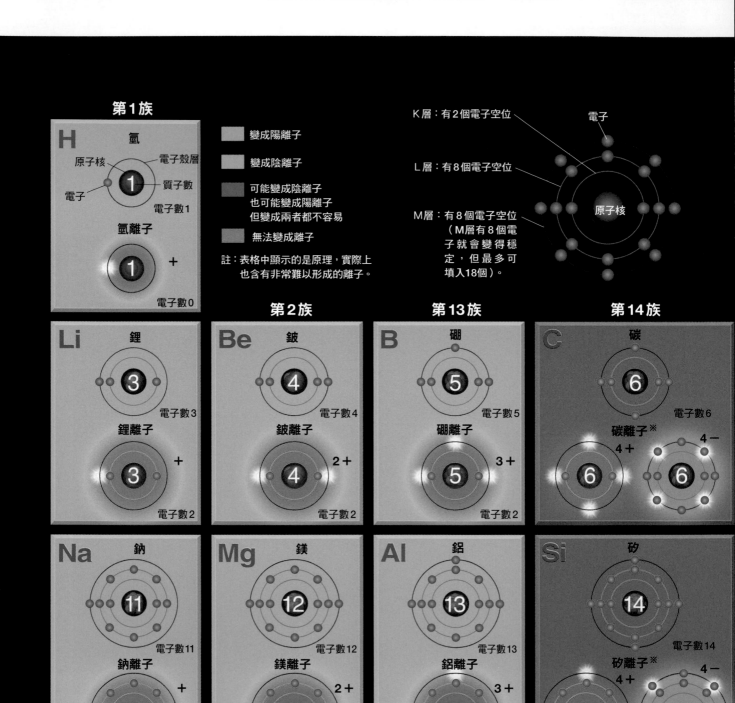

第1族

H 氫
原子核　電子殼層
質子數
電子
電子數1

氫離子
+
電子數0

□ 變成陽離子
□ 變成陰離子
□ 可能變成陰離子
　也可能變成陽離子
　但變成兩者都不容易
□ 無法變成離子

註：表格中顯示的是原理，實際上
　　也含有非常難以形成的離子。

K層：有2個電子空位　　電子

L層：有8個電子空位

M層：有8個電子空位
　　　（M層有8個電
　　　子就會變得穩
　　　定，但最多可
　　　填入18個）。

原子核

第2族　　　　　　**第13族**　　　　　　**第14族**

Li 鋰
電子數3

鋰離子
+
電子數2

Be 鈹
電子數4

鈹離子
2+
電子數2

B 硼
電子數5

硼離子
3+
電子數2

C 碳
電子數6

碳離子※
4+　　4−
電子數6（右）

Na 鈉
電子數11

鈉離子
+
電子數10

Mg 鎂
電子數12

鎂離子
2+
電子數10

Al 鋁
電子數13

鋁離子
3+
電子數10

Si 矽
電子數14

矽離子※
4+　　4−

※ 幾乎不會變成陰離子或陽離子。

移給其他原子時，就會變成帶正電的狀態，稱為「陽離子」。

透過週期表可以預測原子會變成哪種離子

舉例來說，氯原子最外層只有一個空位，因此只要獲得 1 個電子變成陰離子，就能處在穩定狀態。

反之，鈉原子的最外層只填入 1 個電子，還剩下 7 個空位。因此只要減少 1 個電子，變成陽離子，就會變得穩定。至於最外層的空位已經填滿的氖原子等，則難以變成離子。

原子要增加或減少幾個電子才能成為離子，取決於最外層的空位數。位於週期表上同一縱列的原子，最外層的空位數也幾乎相同，因此變成離子時，增減的電子數幾乎一致。

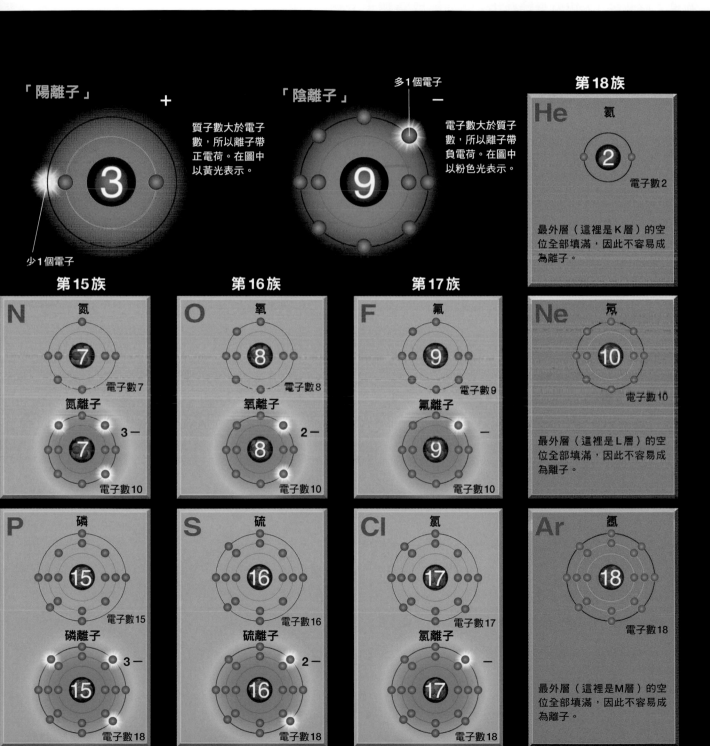

「陽離子」　＋

質子數大於電子數，所以離子帶正電荷。在圖中以黃光表示。

少1個電子

「陰離子」　－

多1個電子

電子數大於質子數，所以離子帶負電荷。在圖中以粉色光表示。

第 18 族

He 氦

2

電子數2

最外層（這裡是K層）的空位全部填滿，因此不容易成為離子。

第 15 族

N 氮

7

電子數7

氮離子

7　3−

電子數10

第 16 族

O 氧

8

電子數8

氧離子

8　2−

電子數10

第 17 族

F 氟

9

電子數9

氟離子

9　−

電子數10

Ne 氖

10

電子數10

最外層（這裡是L層）的空位全部填滿，因此不容易成為離子。

P 磷

15

電子數15

磷離子

15　3−

電子數18

S 硫

16

電子數16

硫離子

16　2−

電子數18

Cl 氯

17

電子數17

氯離子

17　−

電子數18

Ar 氬

18

電子數18

最外層（這裡是M層）的空位全部填滿，因此不容易成為離子。

透過立體週期表
來看「變成離子的難易度」

本頁透過兩張立體週期表來看變成離子的難易程度。

離子化傾向要看兩個指標：**一個是「游離能」，也就是轉移出1個電子變成陽離子時所需要的能量**；另一個則是**「電子親和力」，也就是接收1個電子變成陰離子時所釋放出的能量**。

舉例來說，觀察左右的立體週期表，可以發現氯（Cl）的電子親和力大（容易接收電子），容易變成陰離子；鈉的游離能小（容易奪取電子），容易變成陽離子。

透過這樣的性質能得知兩者如何結合。氯從鈉獲得一個電子變成氯離子（Cl⁻），鈉則失去一個電子變成鈉離子（Na⁺）。接著兩者結合在一起（離子鍵），形成氯化鈉（鹽）。

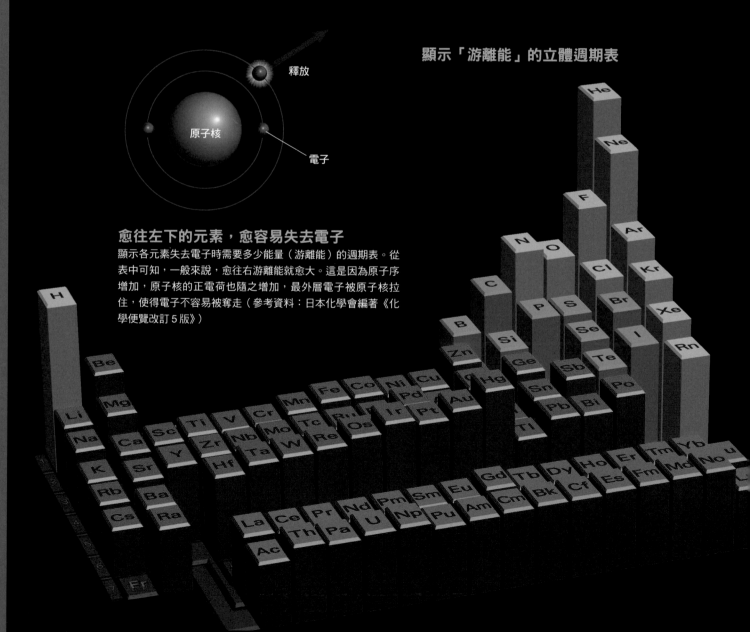

釋放

原子核

電子

顯示「游離能」的立體週期表

愈往左下的元素，愈容易失去電子

顯示各元素失去電子時需要多少能量（游離能）的週期表。從表中可知，一般來說，愈往右游離能就愈大。這是因為原子序增加，原子核的正電荷也隨之增加，最外層電子被原子核拉住，使得電子不容易被奪走（參考資料：日本化學會編著《化學便覽改訂5版》）

從這兩種性質可以知道些什麼呢？

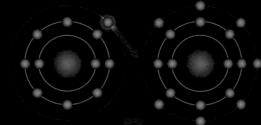

Na
鈉原子
容易釋出電子

Cl
氯原子
容易獲得電子

離子鍵

Na⁺
鈉離子

Cl⁻
氯離子

NaCL
氯化鈉

鹽的晶體

只要知道離子化傾向，就能知道原子之間該如何鍵結比較容易。氯獲得鈉的電子，兩者分別變成氯離子及鈉離子，並以離子鍵的形式結合，形成氯化鈉（鹽）。

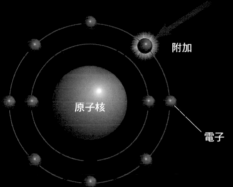

附加

原子核

電子

顯示「電子親和力」的立體週期表

愈往右上的元素愈容易獲得電子

這是根據接受1個原子所釋放出的能量（電子親和力）繪製的立體週期表。從表中可知，愈往右愈容易獲得電子（奪取電子），形成陰離子。（參考資料：《化學便覽改訂5版》）

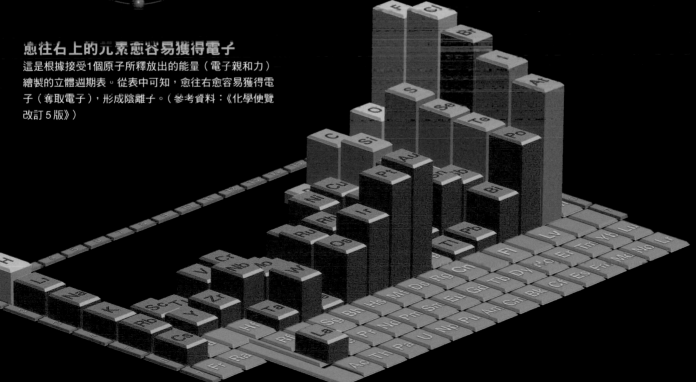

3 萬物的基礎 —— 元素

PART 2
了解元素
的性質

週期表把性質相似的元素縱向排列，這種縱向排列的元素群稱為「族」。PART2將介紹各族的特徵。而金屬就占了週期表的5分之4，因此也會介紹金屬的性質。同時還會介紹構成人體的元素，以及元素如何在宇宙中誕生。

協助
玉尾皓平／櫻井 弘／岡部 徹

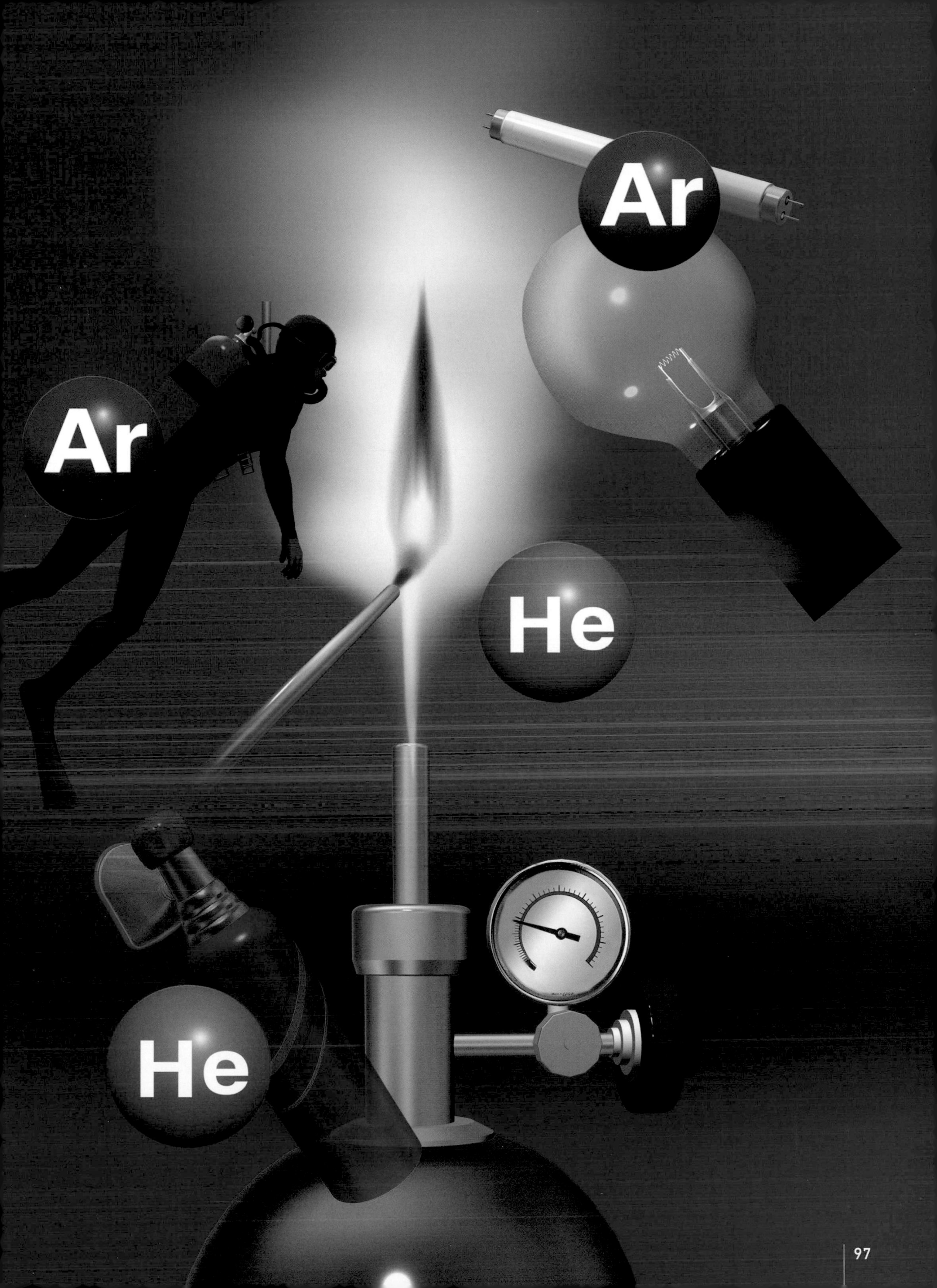
Ar
Ar
He
He

連碰到水都會產生反應的「鹼金屬」

鹼金屬

接 下來將根據週期表排列的族，來解讀元素的性質。

　　首先是最左側的族（鹼金屬族）中，鋰、鈉、鉀等金屬，具有質地柔軟、質量較輕的特徵。

　　舉例來說，鋰和鈉等雖然是金屬，卻能夠用玻璃刀或是竹刀切割（使用金屬刀可能會引起火花）。**鹼金屬的一大特徵，就是具有高度的反應性**。

　　那麼，具有高度反應性意味著什麼呢？例如，碰到水會產生爆炸般的反應。將鈉或鉀放在潮溼的紙張上，會竄出劇烈的火光。

　　有些人聽到與水反應並不覺得

鹼金屬與水的劇烈反應

將金屬擺在沾濕的紙上，觀察其反應。鹼金屬的原子序愈大，反應愈劇烈。銣與銫會發生爆炸性反應，相當危險，所以不會進行這樣的實驗。

鈉（Na）
放在沾濕的濾紙上，就會與少量的水反應並爆炸性起火，產生氫氣。鈉原子受熱時，能觀察到特有的黃色火焰。

鋰（Li）
與水溫和反應，不會起火。

鋰（Li）
比石油輕，會浮在石油上。放置於空氣中會與水分發生反應，因此保存在石油中或充滿惰性氣體的玻璃管裡。

鈉（Na）
鈉會與空氣中的水分發生反應，因此保存在石油裡。比石油重，會沉下去。

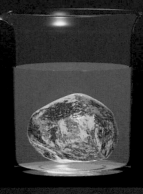

銣（Rb）
反應性高，保管於密封容器中。

有多危險，但實際上，就連空氣中的水分都會與之產生反應，因此必須非常小心處理。在保存鋰、鈉、鉀的時候不能直接放進試劑瓶，必須保存在石油裡。

至於原子序更大的銣與銫，甚至會與空氣中的水分及氧氣產生爆炸反應，因此不能保存在石油中，必須封在真空管或是充滿惰性氣體的玻璃管裡，嚴格保管以避免接觸到空氣。

為什麼會發生這樣的現象呢？**因為鹼金屬元素原子最外側的電子殼層只有一個電子，只要將這個電子轉移給其他原子，內側所有「空位」都填滿的電子殼層就會成為最外側的電子殼層，使其處在穩定的狀態**。化學反應就是透過電子的交換而進行，因此容易將電子轉移給其他原子，代表反應會在很短的時間內進行，容易產生爆炸般的劇烈現象。

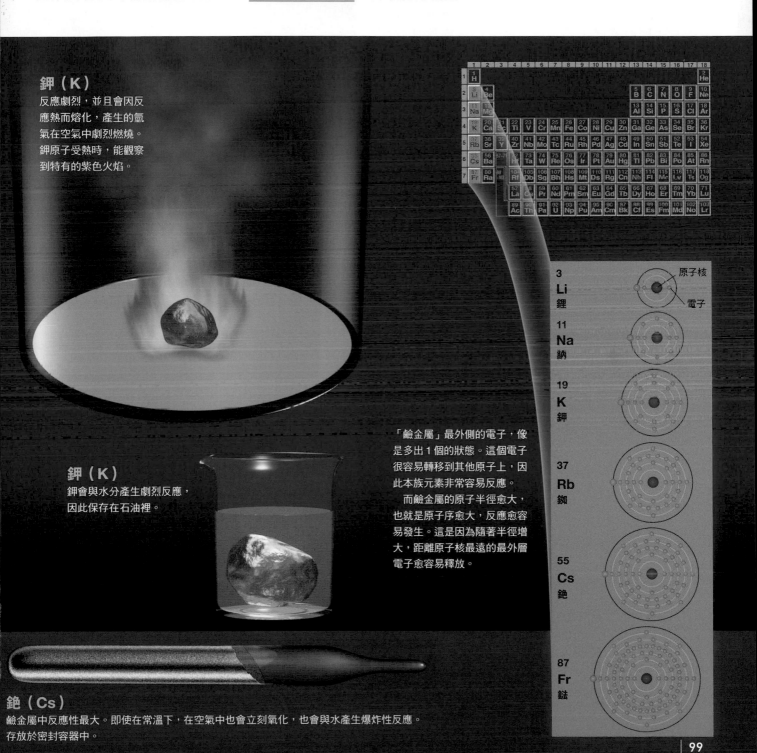

鉀（K）
反應劇烈，並且會因反應熱而熔化，產生的氫氣在空氣中劇烈燃燒。鉀原子受熱時，能觀察到特有的紫色火焰。

鉀（K）
鉀會與水分產生劇烈反應，因此保存在石油裡。

「鹼金屬」最外側的電子，像是多出1個的狀態。這個電子很容易轉移到其他原子上，因此本族元素非常容易反應。

而鹼金屬的原子半徑愈大，也就是原子序愈大，反應愈容易發生。這是因為隨著半徑增大，距離原子核最遠的最外層電子愈容易釋放。

原子核
電子

3
Li
鋰

11
Na
鈉

19
K
鉀

37
Rb
銣

55
Cs
銫

87
Fr
鍅

銫（Cs）
鹼金屬中反應性最大。即使在常溫下，在空氣中也會立刻氧化，也會與水產生爆炸性反應。存放於密封容器中。

碳與矽都擁有「4隻手」

碳和矽

週期表中有一族就存在於我們周遭的物質當中，並且扮演著重要角色，那就是第14族。

第14族的特徵是擁有四個價電子。換句話說，**它們可以使用4隻手與各式各樣的原子結合**（共價鍵，covalent bond）。第14族透過這種方式形成多樣化的物質，並呈現各種晶體形狀。舉例來說，碳可以與氧鍵結形成二氧化碳，也可以與氮等鍵結成胺基酸。許多對我們這些生命體而言不可缺少的物質，主要成分都是碳。

矽也同樣使用四隻手與其他原子鍵結。矽在自然界中的含量僅次於氧，是第二多的元素。然而，**矽並不是生命的主要成分**。為什麼呢？一般認為原因之一在於氧化物的性質不同。生物吸收氧氣，排出碳的氧化物二氧化碳。但是矽的氧化物二氧化矽是固體，很難順利排出。因此也有研究認為，這樣的性質差異使生物選擇了碳，而不是矽。

人類自古以來就使用矽形成的玻璃與陶土。自20世紀後半起，矽被使用於半導體（智慧型手機等）與太陽能電池。而碳則作為煤炭與石油等化石燃料使用，近年來成為奈米碳管帶動奈米科技發展。第14族的碳與矽應用在工業，支撐著我們的生活。

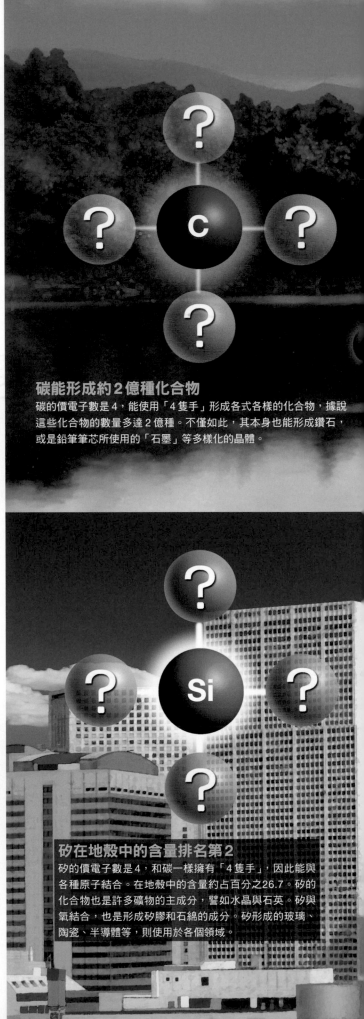

碳能形成約2億種化合物
碳的價電子數是4，能使用「4隻手」形成各式各樣的化合物，據說這些化合物的數量多達2億種。不僅如此，其本身也能形成鑽石，或是鉛筆筆芯所使用的「石墨」等多樣化的晶體。

矽在地殼中的含量排名第2
矽的價電子數是4，和碳一樣擁有「4隻手」，因此能與各種原子結合。在地殼中的含量約占百分之26.7。矽的化合物也是許多礦物的主成分，譬如水晶與石英。矽與氧結合，也是形成矽膠和石綿的成分。矽形成的玻璃、陶瓷、半導體等，則使用於各個領域。

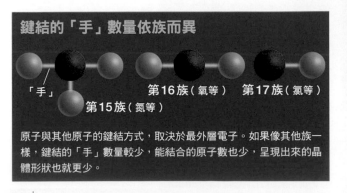

鍵結的「手」數量依族而異

「手」　　第15族（氮等）　　第16族（氧等）　　第17族（氮等）

原子與其他原子的鍵結方式，取決於最外層電子。如果像其他族一樣，鍵結的「手」數量較少，能結合的原子數也少，呈現出來的晶體形狀也就更少。

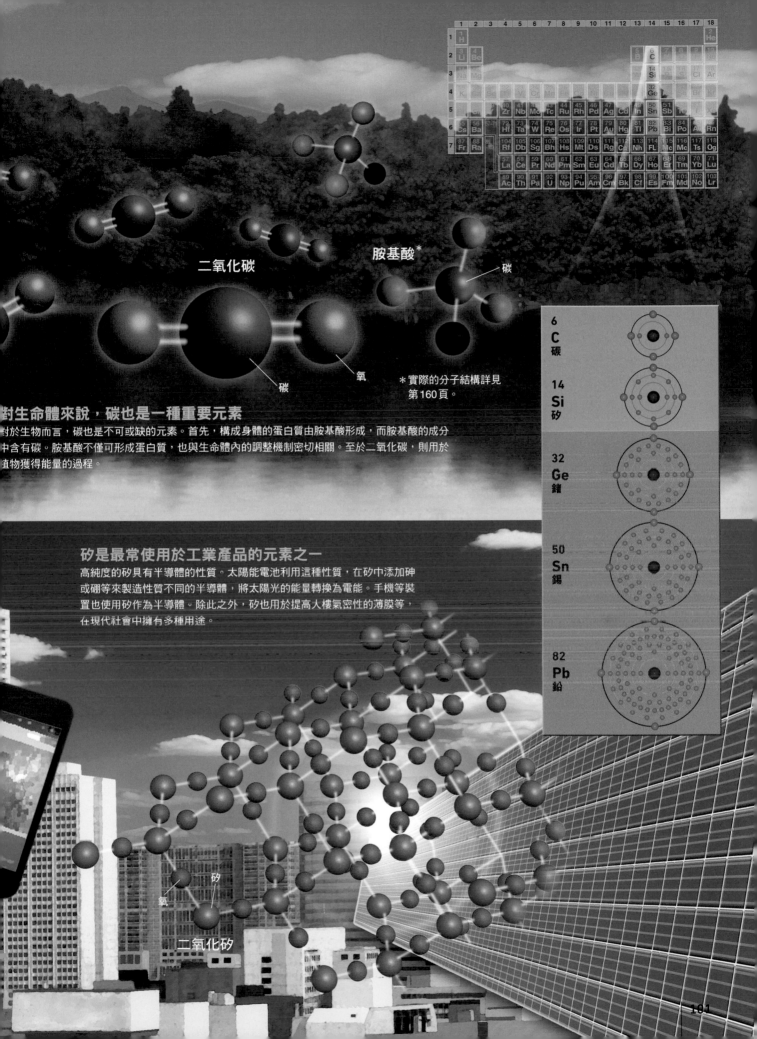

二氧化碳

胺基酸*

碳

碳

氧

＊實際的分子結構詳見
第160頁。

對生命體來說，碳也是一種重要元素

對於生物而言，碳也是不可或缺的元素。首先，構成身體的蛋白質由胺基酸形成，而胺基酸的成分中含有碳。胺基酸不僅可形成蛋白質，也與生命體內的調整機制密切相關。至於二氧化碳，則用於植物獲得能量的過程。

矽是最常使用於工業產品的元素之一

高純度的矽具有半導體的性質。太陽能電池利用這種性質，在矽中添加砷或硼等來製造性質不同的半導體，將太陽光的能量轉換為電能。手機等裝置也使用矽作為半導體。除此之外，矽也用於提高大樓氣密性的薄膜等，在現代社會中擁有多種用途。

氧

矽

二氧化矽

6
C
碳

14
Si
矽

32
Ge
鍺

50
Sn
錫

82
Pb
鉛

不與任何物質起反應的「惰性氣體」

週期表最右側的族**「惰性氣體」（稀有氣體），具有不容易與其他元素反應的性質，其原因就在於電子的配置**。惰性氣體的電子殼層中沒有「空位」，全部都已填滿電子。因此不需要釋放電子或奪取電子就已經非常穩定，沒有必要與其他原子反應。

氫氣是由兩個氫原子鍵結形成的分子。但惰性氣體只要1個原子就已經非常穩定，因此以單原子氣體的形式存在。惰性氣體的「分子間作用力」※非常小，具有不容易變成固態或液態的特徵。換句話說，就是其沸點與熔點都非常低。例如，氦的沸點為負268.934℃，是所有元素中最低的。

人們將惰性氣體難以反應的特質，應用在各種場合。舉例來說，比空氣輕的氦，即使靠近火源也不會燃燒，因此使用於飛船、熱氣球、氣球等。此外，**惰性氣體即使進入體內也不容易與體內的物質結合，不會對人體造成不良影響**。潛入深海時，身體受高壓影響，即使是平常不會產生影響的氮氣，也會溶於血液，並帶來不良的影響（潛水夫病）。因此，深海潛水用的氣瓶中混入了氦氣或氬氣，以預防潛水夫病的發生。

※：分子彼此結合的力。

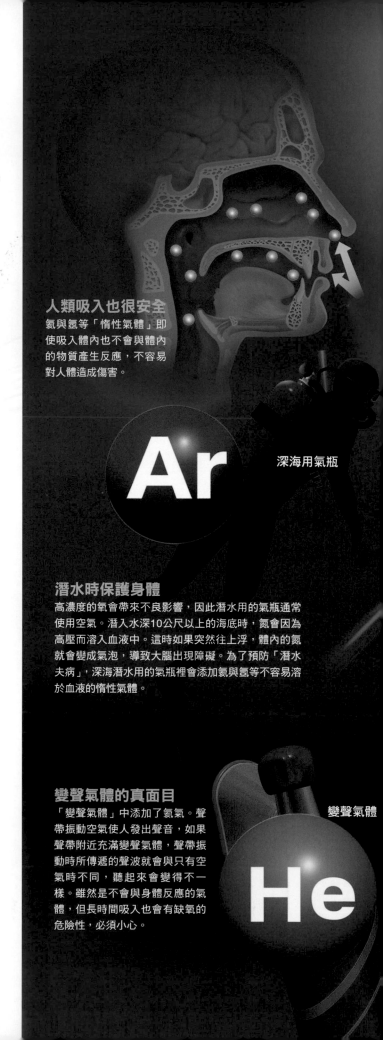

人類吸入也很安全
氦與氬等「惰性氣體」即使吸入體內也不會與體內的物質產生反應，不容易對人體造成傷害。

深海用氣瓶

潛水時保護身體
高濃度的氧會帶來不良影響，因此潛水用的氣瓶通常使用空氣。潛入水深10公尺以上的海底時，氮會因為高壓而溶入血液中。這時如果突然往上浮，體內的氮就會變成氣泡，導致大腦出現障礙。為了預防「潛水夫病」，深海潛水用的氣瓶裡會添加氦與氬等不容易溶於血液的惰性氣體。

變聲氣體的真面目
「變聲氣體」中添加了氦氣。聲帶振動空氣使人發出聲音，如果聲帶附近充滿變聲氣體，聲帶振動時所傳遞的聲波就會與只有空氣時不同，聽起來會變得不一樣。雖然是不會與身體反應的氣體，但長時間吸入也會有缺氧的危險性，必須小心。

變聲氣體

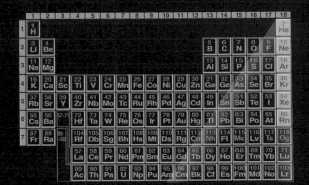

讓燈泡更耐用

燈泡因電流通過鎢絲，使鎢絲的溫度升高到約2000℃而發出光芒。但鎢與氧結合時，就會因熔點變低而蒸發。這時如果燈泡中充滿了氬氣，鎢變得不容易與氧結合，這麼一來就能預防鎢的蒸發。

螢光燈

氬氣即使接近火源也不會燃燒

Ar

He

白熾燈泡

氦不會燃燒

氦的反應性低，即使接近火源也不會燃燒。氦不與其他原子結合，因此不存在氦的化合物。此外，氦比空氣輕，所以也曾應用在熱氣球、飛船與氣球等。

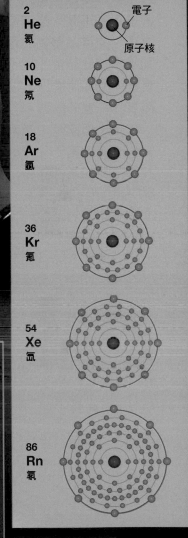

2
He
氦

電子

原子核

10
Ne
氖

18
Ar
氬

36
Kr
氪

54
Xe
氙

86
Rn
氡

填滿電子的殼層

「惰性氣體」的各電子殼層都填滿了電子。因此不需要釋放或奪取電子，也幾乎不與其他原子反應。

氫的性質與惰性氣體完全相反

爆炸的氫

H **H**

氫分子

H N H
H
氨

O
H H
水

氫會爆炸性燃燒

氫比氦輕，但反應性很高，因此以分子（H_2）的形式存在。在空氣中將火靠近氫會爆炸性燃燒。這是因為氫處在容易接收或釋放1個電子的狀態，因此相較於電子殼層已被填滿的氦，更容易與其他原子結合。因此，氫除了與氧、氮結合，形成水或氨之外，也幾乎能夠與惰性氣體以外的所有元素結合，形成多樣化的分子。

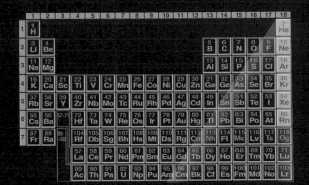

103

金屬為什麼能導電、變形？

觀察週期表就會發現，週期表中有5分之4屬於金屬元素。「金屬」到底是什麼呢？**金屬指的是多數原子透過「自由電子」（free electron）結合，呈現特殊性質的物質。**自由電子顧名思義，是能在多個金屬原子之間自由移動的電子。當金屬原子彼此結合，電子殼層就會重疊，變成所有原子的電子殼層都彼此相連的狀態。

當原子孤立時，原本存在於原子核周圍的電子，就會在晶體中沿著相連的電子殼層，在整個金屬中自由移動。原本分散的金屬原子，就因為這樣的特性而結合在一起。

自由電子的存在，讓金屬具備什麼樣的性質呢？舉例來說，**金屬具有因敲打而延展的性質**。從原子的尺度來思考，敲打金屬時，原子之間的位置便會發生偏移。但由於自由電子迅速地移動，即使原子位置發生偏移，依然能保持結合的狀態。換句話說，當以錘子等敲打金屬時，雖然使得許多原子因受力而位移、變形，但自由電子讓金屬得以延展，不會被敲碎。

焰色反應與金屬元素

將金屬溶解成離子的水溶液放入火焰中時，其中的元素會綻放該元素特有的光芒。這樣的現象稱作「焰色反應」（flame reaction），是分辨金屬元素的一個好方法。舉例來說，太陽所含有的元素種類，也是透過這樣的原理得知。

鋰、鈉、鉀等「鹼金屬」元素就經常被當成焰色反應的例子。因為即使是燃燒器的火焰溫度，也容易使這些元素產生反應，各自綻放出紅色、黃色、紫色等可見光。

焰色反應的發生原理

電子能透過獲得或釋放能量，在電子軌域上移動。發生焰色反應時，電子首先接收熱能，躍升到外側其他軌域上。但電子在躍升後處於不穩定的狀態，會試圖回到原本的軌域。當回到原本的軌域，能量就會以光的形式釋放，能量大小依元素而異，因此只要調查光的波長，就能知道含有的元素種類。

將金屬氯化物等的試劑水溶液塗抹在鉑線上，並插入燃燒器的火焰中時，就會顯示金屬特有的顏色（圖中為鈉）。

鈉發出黃色光芒

鍋子裡的湯汁在烹煮時溢出來，可能會使瓦斯爐的火焰變黃。這是因為鍋子裡的湯汁含有鈉（鹽：氯化鈉）。鈉的3s軌域只存在一個價電子。加熱時，這個價電子就會跳到3p軌域上（**1**）。當這個電子回到原位，就會綻放出強烈的黃色光芒（**2**）。雖然價電子有時也會跳到4p軌域（**1'**），但它回到原位時發出的是紫外光，所以我們肉眼看不見（**2'**）。

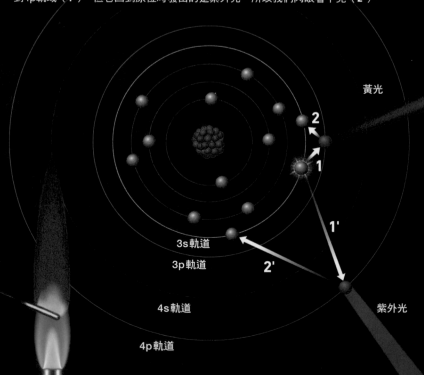

黃光

3s軌道

3p軌道

4s軌道

4p軌道

鉑

紫外光

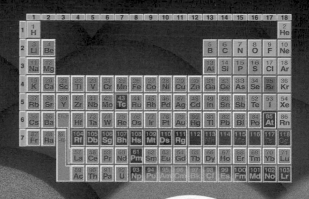

決定金屬性質的自由電子

圖中所示為多個金屬原子的電子殼層重疊在一起，彼此結合的模型。自由電子沿著相連的電子殼層，在原子之間自由移動。而金屬便因為自由電子而展現各種特有的性質。

自由電子

原子核

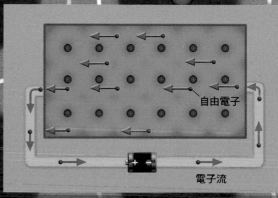

自由電子

電子流

電流為什麼能通過？

電流就是流動的電荷。由於帶負電的自由電子在金屬中四處移動，因此能將電荷從陰極運到陽極（電子流的方向與電流相反）。因此即使是固體也能導電。

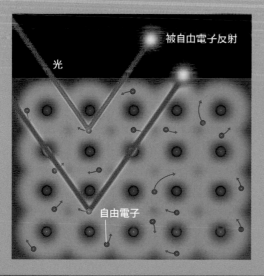

被自由電子反射

光

自由電子

金屬光澤的成因

金屬具有特殊的金屬光澤，是因為射入的可見光幾乎都被自由電子反射回來。實際上，自由電子集團會各自吸收不同波長的光再釋放出來，因此整個金屬看起來就像能反射光線。

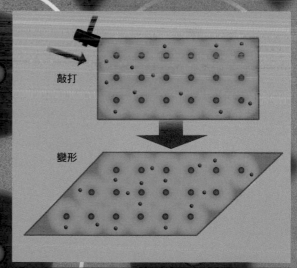

敲打

變形

因為敲打而變薄

對金屬施加外力時，自由電子會隨著原子移動，因此能在不切斷原子結合的情況下位移，這就是金屬能變形卻不破損的原因。這種性質最顯著的是金，據說金可以被壓薄到0.0001毫米，而1公克的金可以被拉伸成長達3000公尺的細線。

高科技產品不可缺少的稀土元素

第3族元素也被應用於天文學

稀土元素（rare earth element）是「第3族」（週期表左側數來第3行）中17種金屬元素的總稱，包含原子序21的鈧（Sc）、39的釔（Y），再加上從原子序57的鑭（La）到71的鎦（Lu）等15種元素（稱為鑭系元素）。**由於這15種鑭系元素的內部構造特殊，常被列於週期表之外**。

照理來說，電子應該會從靠近原子核的殼層依序填入。但也有元素明明內部的殼層還有「空位」，卻先填入外側的電子殼層，再填入往內一層的殼層。這些元素就是我們在第86頁看到的「過渡元素」。

鑭系元素的特殊之處就在於，電子不只填入往內一層的殼層，甚至還會填入更內側的空位。**電子填入從最外側數來，往內兩個殼層的元素，就是列於週期表之外的鑭系元素**※。雖然每種鑭系元素內部的電子數量不同，但涉及許多化學反應的「最外層電子數量」卻相同。當它們變成離子時，最外層的電子數量也相同，所以化學性質非常相似。

這種原子的內部結構賦予了鑭系元素獨一無二的性質。例如，釹（Nd）和鏑（Dy）之所以能成為強力磁鐵的材料，就是因為內部的電子殼層有空位。鐵原子的方向變化被限制，原子的方向難以變得散亂。此外，鑭系元素還具有發光的性質。當往內兩層的電子殼層中的電子接收到來自外部的強烈能量後，會被彈到同一個電子殼層的空位，當回到原位後就會發光（螢光）。人們就將鑭系元素的這個性質，使用於彩色電視螢光燈的發色材料。

望遠鏡的「高性能鏡片」
鑭系元素使用於望遠鏡內的鏡片，能抑制折射率因光的波長而改變的現象。

日常使用的稀土元素

※：位於鑭系元素下方的錒系元素，電子也會進入往內兩層的電子殼層。

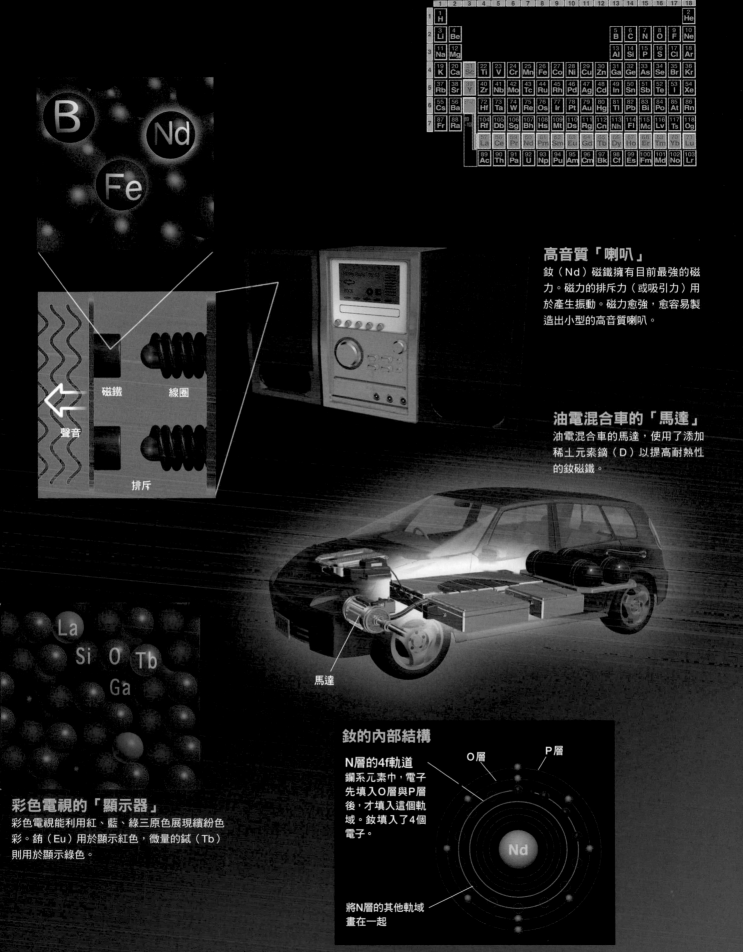

高音質「喇叭」

釹（Nd）磁鐵擁有目前最強的磁力。磁力的排斥力（或吸引力）用於產生振動。磁力愈強，愈容易製造出小型的高音質喇叭。

磁鐵　　線圈

聲音

排斥

油電混合車的「馬達」

油電混合車的馬達，使用了添加稀土元素鏑（D）以提高耐熱性的釹磁鐵。

馬達

B Nd Fe

La Si O Tb Ga

彩色電視的「顯示器」

彩色電視能利用紅、藍、綠三原色展現繽紛色彩。銪（Eu）用於顯示紅色，微量的鋱（Tb）則用於顯示綠色。

釹的內部結構

N層的4f軌道
鑭系元素中，電子先填入O層與P層後，才填入這個軌域。釹填入了4個電子。

O層　　P層

Nd

將N層的其他軌域畫在一起

構成人體和存在於宇宙的元素，所占比例是多少？

人體的98.5%僅由6種元素（氧、碳、氫、氮、鈣、磷）構成。我們體內的胺基酸、蛋白質、核酸（DNA等）、脂肪等成分，幾乎都是由這6種元素組成。

氧是構成水（H_2O）的要素，而水在人體中占了70%左右，

除此之外，氧也用於構成人體的蛋白質與核酸（DNA等）。

至於含量排名第2～4的元素，則分別是碳（C）、氫（H）、氮（N）。這些元素也是蛋白質與核酸等構成人體物質的材料。第5名是鈣（Ca），是骨骼的組成成分；第6名的磷（P）則是核酸的

主要成分。這前6名的元素，占了體重的98.5%。

人體也含有鐵（Fe）與鋅（Zn）等金屬，而且現在已知某些特定金屬對於維持人體正常運作不可或缺（詳見左頁表格）。

構成人體的元素列表

這是包含微量元素在內的詳細列表。表格根據元素含量分類，將其分為多量、少量、微量、超微量。表格中以黃字顯示的是人體所必須的元素。從表格中可以知道，有些元素儘管是超微量，對於人體而言依然不可或缺。

分類	元素名稱（黃色為必須元素）		比例	體重60kg中的含量
多量元素	O	氧	65 %	39 kg
	C	碳	18 %	11 kg
	H	氫	10 %	6.0 kg
	N	氮	3 %	1.8 kg
	Ca	鈣	1.5 %	900 g
	P	磷	1 %	600 g
少量元素	S	硫	0.25 %	150 g
	K	鉀	0.2 %	120 g
	Na	鈉	0.15 %	90 g
	Cl	氯	0.15 %	90 g
	Mg	鎂	0.05 %	30 g
微量元素	Fe	鐵	—	5.1 g
	F	氟	—	2.6 g
	Si	矽	—	1.7 g
	Zn	鋅	—	1.7 g
	Sr	鍶	—	0.27 g
	Rb	銣	—	0.27 g
	Br	溴	—	0.17 g
	Pb	鉛	—	0.10 g
	Mn	錳	—	86 mg
	Cu	銅	—	68 mg
超微量元素	Al	鋁	—	51 mg
	Cd	鎘	—	43 mg
	Sn	錫	—	17 mg
	Ba	鋇	—	15 mg
	Hg	汞	—	11 mg
	Se	硒	—	10 mg
	I	碘	—	9.4 mg
	Mo	鉬	—	8.6 mg
	Ni	鎳	—	8.6 mg
	B	硼	—	8.6 mg
	Cr	鉻	—	1.7 mg
	As	砷	—	1.7 mg
	Co	鈷	—	1.3 mg
	V	釩	—	0.17 mg

註：1 mg = 0.001 g

人體必須的微量元素

雖然在人體中的含量不到0.01%，卻是人體所必須的元素。

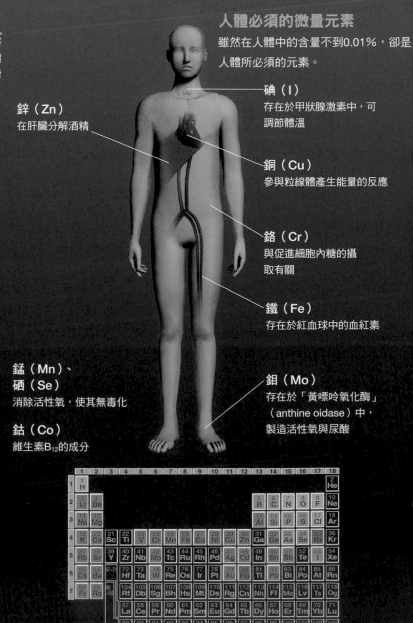

鋅（Zn）
在肝臟分解酒精

碘（I）
存在於甲狀腺激素中，可調節體溫

銅（Cu）
參與粒線體產生能量的反應

鉻（Cr）
與促進細胞內糖的攝取有關

鐵（Fe）
存在於紅血球中的血紅素

錳（Mn）、硒（Se）
消除活性氧，使其無毒化

鈷（Co）
維生素B12的成分

鉬（Mo）
存在於「黃嘌呤氧化酶」（anthine oidase）中，製造活性氧與尿酸

宇宙中99.9%的元素是氫與氦

構成人體的元素就和構成地球的元素一樣，追根究柢都是來自宇宙空間以及恆星誕生與死亡（爆炸）所產生的元素。

宇宙中存在的元素比例，稱為「宇宙（元素）豐度」（cosmic abundance）。氫與氦的相對含量遠高於其他元素，而隨著原子序增加，相對含量也逐漸變低。 氫與氦在所有元素中所占的比例，甚至高達99.9%。

氫與氦在宇宙中的含量如此之高，被視為宇宙從高溫、高密度的灼熱宇宙「大霹靂」（Big Bang）中誕生的其中一項證據（下圖）。推測電子與質子（氫原子核）、中子約是在大霹靂後的10萬分之1秒內誕生。約3分鐘後，宇宙的溫度下降到約10億℃，原本四散的質子與中子結合，產生了氦與鋰等較輕的原子核。接著約38萬年後，宇宙的溫度約下降到3000℃，四散的原子核與電子結合，產生了原子。

此外，質子數為偶數的元素，含量遠比相鄰的奇數元素還要多。這是因為質子兩兩成對較穩定，只有一個質子較容易發生變化。因此宇宙中的元素含量，受到質子性質的影響。

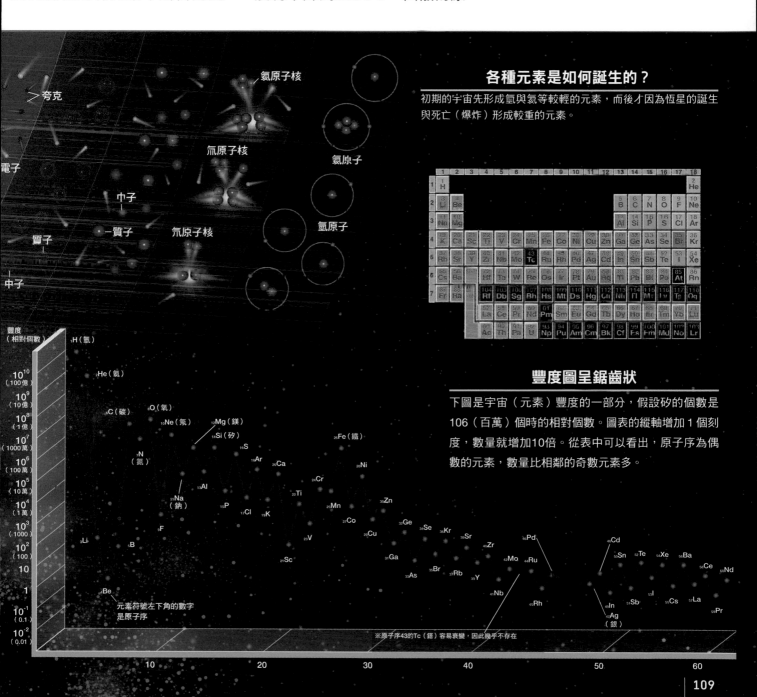

各種元素是如何誕生的？

初期的宇宙先形成氫與氦等較輕的元素，而後才因為恆星的誕生與死亡（爆炸）形成較重的元素。

豐度圖呈鋸齒狀

下圖是宇宙（元素）豐度的一部分，假設矽的個數是10⁶（百萬）個時的相對個數。圖表的縱軸增加1個刻度，數量就增加10倍。從表中可以看出，原子序為偶數的元素，數量比相鄰的奇數元素多。

元素符號左下角的數字是原子序

※原子序43的Tc（鎝）容易衰變，因此幾乎不存在

4

物質的結合

如同第 3 章所述，目前已知的元素只有 118 種，其中約 90 種元素創造出我們周遭的事物與自然界的許多物質。材料明明是相同的元素，為什麼會產生這樣的差異呢？

其祕密就在於「鍵結」與「化學反應」。原子以各種不同的方式結合，創造出分子，而分子再彼此結合，形成多樣化的物質。第 4 章就來看看，當原子與分子變化成各種不同的物質時，到底發生了什麼事呢？

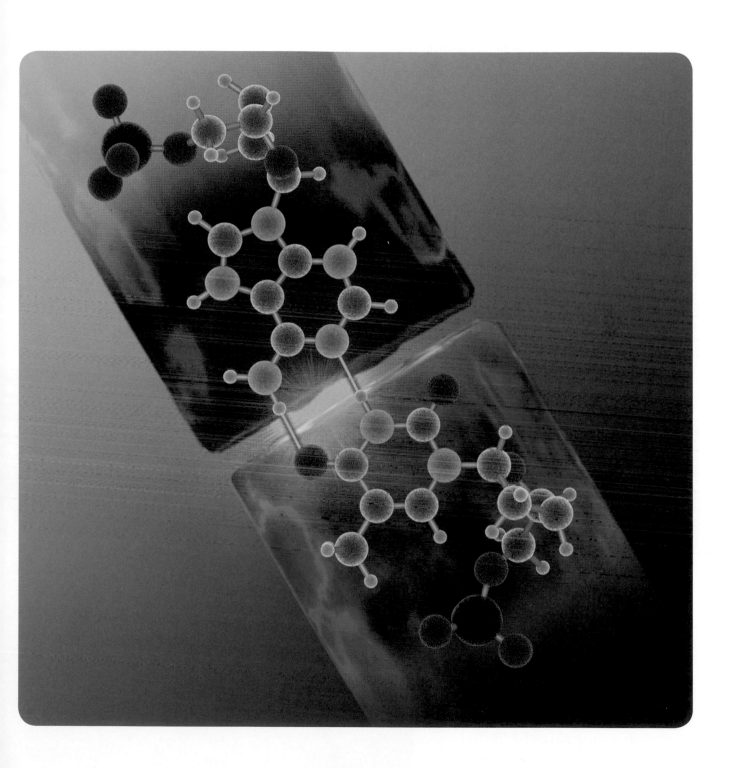

原子與原子的結合方式，賦予物質特殊的性質

本章將學習元素形成各種物質時的「鍵結」與「化學反應」，以及透過這種方式誕生的「有機化合物」。首先介紹其概要。

原子透過其電子的作用彼此結合。這種方式稱為「化學鍵」（chemical bond），並且依照鍵結方式分成「離子鍵」、「共價鍵」與「金屬鍵」（metallic bond）。

注意電子的作用！三種結合模式

最貼近生活的例子是食鹽，該原子就是透過「離子鍵」結合。食鹽的化學名稱是「氯化鈉」，由鈉原子（Na）與氯原子（Cl）結合而成。鈉原子失去電子後帶正電，形成「陽離子」；而氯原子則帶負電，形成「陰離子」，這兩者因電荷的吸引力而結合，這樣的鍵結方式就稱之為「離子鍵」。

而美麗且稀有的寶石——鑽石，就是原子之間透過「共價鍵」結合的例子。鑽石由大量的碳原子（C）構成。碳原子之間彼此共用最外層電子，藉此牢牢地結合在一起，這樣的鍵結方式就稱為「共價鍵」。

最後來看「金屬鍵」。黃金鑄錠（ingot）如金塊、金條，是許多金原子（Au）結合而成的晶體。每個金原子都擁有1個最外層電子，這些電子可以在多個原子之間自由移動（自由電子）。大量的金原子透過電子這

樣的行為，藉由「金屬鍵」結合在一起。

金屬鍵是整個晶體共享自由電子，因此不像離子鍵或共價鍵那樣，特定的原子只與固定的對象鍵結。就某方面來說，這樣的鍵結方式較為「鬆散」，因此金屬

具有能夠柔軟地變形（展性），或是壓到很薄（延性）的特質。

將於第120頁的PART1再次詳細介紹鍵結方式。

原子的結合方式

圖中整理出三種基本的化學鍵（原子之間的結合方式），以及將分子彼此結合的「氫鍵」。

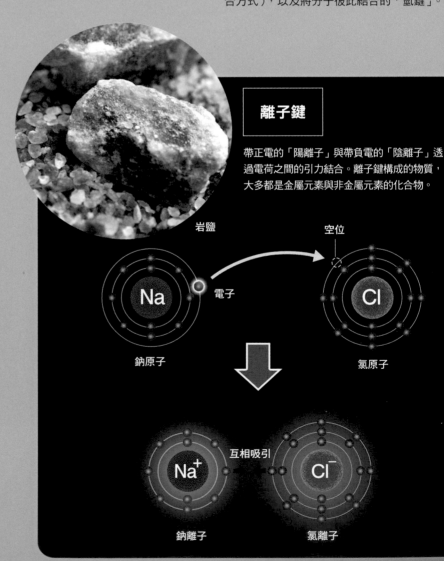

岩鹽

離子鍵

帶正電的「陽離子」與帶負電的「陰離子」透過電荷之間的引力結合。離子鍵構成的物質，大多都是金屬元素與非金屬元素的化合物。

空位

電子

Na

Cl

鈉原子　　　　　　　　　　氯原子

Na⁺　　互相吸引　　Cl⁻

鈉離子　　　　　　　　　　氯離子

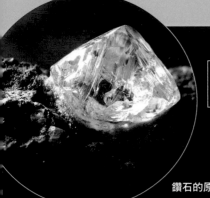

鑽石的原石

共價鍵

原子間透過共用電子互相結合。共用電子能將最外層的空位補滿。

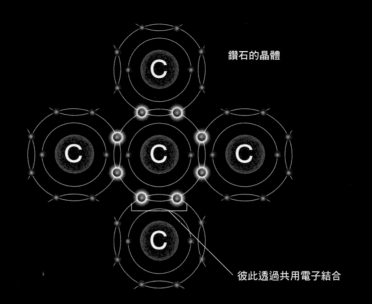

鑽石的晶體

空位

碳原子

L層的電子容納量是8個

彼此透過共用電子結合

腺嘌呤（A）

氫鍵

氫鍵

胸腺嘧啶（T）

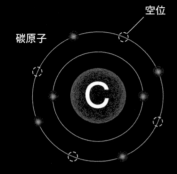

金

金屬鍵

金屬元素聚集在一起形成晶體的鍵結。所有的金屬元素共用各自的最外層電子。

自由電子

最外層電子

金原子

註：省略最外層以外的電子。

氫鍵

DNA中彼此相對的鹼基透過「氫鍵」結合在一起。氫鍵是因分子不均勻的電力，使分子之間產生輕微的吸引力所形成的鍵結。

DNA

只要理解分子的作用，就能了解「化學反應」的原理

各位聽到化學反應，腦中浮現的可能是在實驗室裡，將聽起來陌生的藥品混合在一起。但事實上，化學反應隨時都在我們身邊發生。舉例來說，人體內隨時都在發生維持生命所需的無數化學反應，譬如以消化液分解食物、將體內攝取的葡萄糖與氧反應以獲取能量等。

<u>化學反應指的是物質彼此碰撞後結合成另一種物質（合成），或是一個物質分離成兩種以上不同物質（分解）的反應。構成物質的原子組合在反應前後變得不同，使物質變得和原本不一樣。</u>

發生化學反應時，構成物質的原子之間會彼此交換電子。

從電子的移動來看氧化還原與中和反應

有些糕點的袋子裡會放進寫著「脫氧劑」的小袋子，這能利用「氧化還原」（redox reaction）這種化學反應減少氧氣，以避免破壞食物風味。

脫氧劑裡裝著鐵粉，鐵（Fe）

氧化還原反應

$$2Fe + O_2 \longrightarrow 2FeO$$

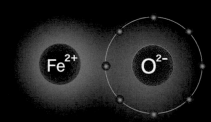

鐵原子釋放出2個電子（氧化）

氧化劑與還原劑

像鐵一樣，自己氧化使對方還原的物質稱為「還原劑」。相反地，自己還原，使對方氧化的物質則稱為「氧化劑」。

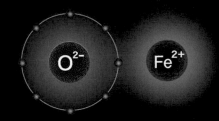

氧原子獲得電子（還原）

註1：脫氧劑也會產生氧化鐵 Fe_2O_3。
註2：省略最外層以外的電子。

周遭的化學反應

本頁介紹鐵與氧的化學反應作為「氧化還原反應」的例子；右頁則介紹檸檬酸與氨的化學反應作為「中和反應」的例子。

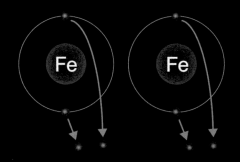

氧（O_2）

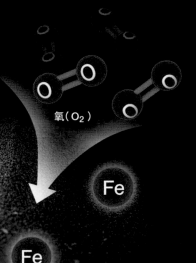

鐵粉（脫氧劑的內容物）

脫氧劑

鐵（Fe）

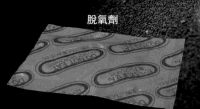

具有容易與氧氣（O_2）結合的性質，能去除周圍的氧氣。

鐵與氧結合時會失去電子，而失去的電子則由氧獲得。「失去電子」稱為「氧化」，「獲得電子」則稱為「還原」。

另一種大家熟知的化學反應是「中和」。廁所地板上的尿臭味（氨水味），能透過與檸檬酸的中和反應來去除。檸檬酸是大家所熟悉的物質，也就是檸檬的酸味成分。檸檬酸溶於水時，會釋放出氫離子（H^+）。像這種在水溶液中產生氫離子的物質被稱為

「酸」，而酸的水溶液所具有的性質就稱為「酸性」。

至於氨溶於水時會與水反應，產生氫氧根離子（OH^-）。在水溶液中產生氫氧根離子的物質被稱為「鹼」，而鹼的水溶液所具有的性質就稱為「鹼性」。

酸性物質檸檬酸遇到鹼性物質氨時，酸性與鹼性會互相抵消，稱為「中和反應」。這個中和反應能使氨變成一種名為「檸檬酸銨」的無臭物質。

酸與鹼的反應也與電子有關。美國化學家路易斯（Gilbert

Lewis，1875～1946）定義：**「獲得兩個電子（電子對）的物質是『酸』，提供的物質則是『鹼』」**。只要使用這個定義，即使不考慮水溶液，也可以決定酸和鹼。

將於第134頁的PART1再次詳細介紹提及的化學反應。

中和反應

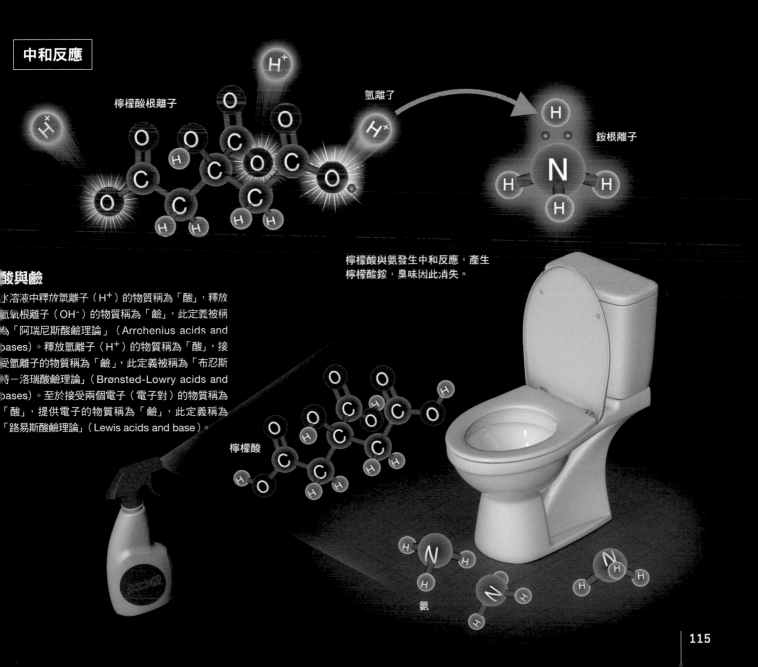

檸檬酸與氨發生中和反應，產生檸檬酸銨，臭味因此消失。

檸檬酸根離子

H^+

氫離子

銨根離子

N

酸與鹼

水溶液中釋放氫離子（H^+）的物質稱為「酸」，釋放氫氧根離子（OH^-）的物質稱為「鹼」，此定義被稱為「阿瑞尼斯酸鹼理論」（Arrhenius acids and bases）。釋放氫離子（H^+）的物質稱為「酸」，接受氫離子的物質稱為「鹼」，此定義被稱為「布忍斯特－洛瑞酸鹼理論」（Brønsted-Lowry acids and bases）。至於接受兩個電子（電子對）的物質稱為「酸」，提供電子的物質稱為「鹼」，此定義稱為「路易斯酸鹼理論」（Lewis acids and base）。

檸檬酸

氨

塑膠與合成纖維
都是由鍵結成長條狀的碳組成

塑膠、酒精、蛋白質與油脂……。這些物質全部都被稱為「有機物」或是「有機化合物」。

有機化合物是以碳（C）為骨架，並與氫（H）、氧（O）、氮（N）、硫（S）和磷（P）等鍵結而成的物質。有機物這個詞在過去是指「由生物產生的物質」，但現在也有許多是由人工製造的。

據說有機化合物有多達約2億種。之所以能產生如此多樣性的關鍵，就在於碳原子所具備的獨特性質。

碳所具備的「4隻手」創造出無數有機化合物

碳原子具有4隻「手」能連結其他原子。碳的最外層（L層）有4個電子，L層的電子容納量

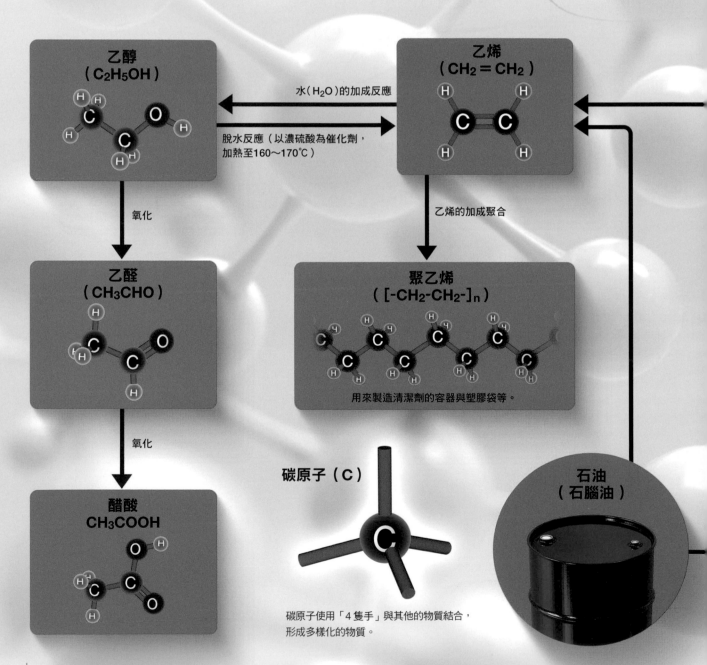

乙醇
（C_2H_5OH）

乙烯
（$CH_2 = CH_2$）

水（H_2O）的加成反應

脫水反應（以濃硫酸為催化劑，加熱至160～170℃）

氧化

乙烯的加成聚合

乙醛
（CH_3CHO）

聚乙烯
（$[-CH_2-CH_2-]_n$）

用來製造清潔劑的容器與塑膠袋等。

氧化

醋酸
CH_3COOH

碳原子（C）

石油
（石腦油）

碳原子使用「4隻手」與其他的物質結合，形成多樣化的物質。

是8個，只要再增加4個電子，L層就會被填滿，並且變得十分穩定。因此碳原子會想要與其他原子結合共用4個電子，這就是碳的「4隻手」。

碳原子能使用這「4隻手」彼此結合，形成鎖鏈般的長條狀有機化合物。此外也能形成有分枝的碳鎖鏈，或是由5個或6個碳原子形成環狀結構。碳就以這樣的方式，創造出多樣化的有機化合物。

塑膠與合成纖維等有機化合物，都是由石油（原油）製成。精煉原油時，會分離出被稱為「石腦油」的液體，與汽油相似，從中可提煉出「乙烯」和「苯」等有機化合物。透過以這些物質為原料的化學反應，就能製造出各式各樣的有機化合物。下圖呈現製造這些有機物的化學反應流程。

舉例來說，用於製造洗髮精容器的「聚乙烯」，就是由乙烯製成。乙烯透過被稱為「加成聚合」（addition polymerization）的化學反應，一個個連結起來。關於有機化合物，將從第150頁的PART2開始詳細介紹。

以石油為原料，製造出各式各樣的有機化合物

圖中呈現以石油（石腦油）為原料製造的各種有機化合物，以及其中一個化學反應流程的例子。

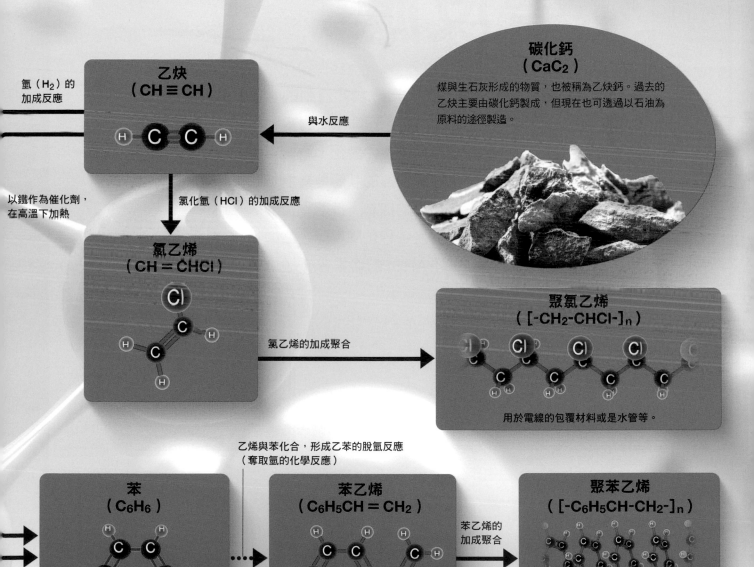

氫（H_2）的加成反應

乙炔
（ $CH \equiv CH$ ）

與水反應

碳化鈣
（ CaC_2 ）

煤與生石灰形成的物質，也被稱為乙炔鈣。過去的乙炔主要由碳化鈣製成，但現在也可透過以石油為原料的途徑製造。

以鐵作為催化劑，在高溫下加熱

氯化氫（HCl）的加成反應

氯乙烯
（ $CH = CHCl$ ）

氯乙烯的加成聚合

聚氯乙烯
（ $[-CH_2-CHCl-]_n$ ）

用於電線的包覆材料或是水管等。

乙烯與苯化合，形成乙苯的脫氫反應（奪取氫的化學反應）

苯
（ C_6H_6 ）

苯乙烯
（ $C_6H_5CH = CH_2$ ）

苯乙烯的加成聚合

聚苯乙烯
（ $[-C_6H_5CH-CH_2-]_n$ ）

用於製造保麗龍等。

4 物質的結合

PART 1
鍵結與
化學反應

世界上充滿了各式各樣的物質，譬如流動的水、堅硬的岩石等。此外，即使是同一種物質，只要改變溫度與壓力，也能使其狀態產生變化。物質由原子與分子等粒子組合而成。那麼物質的狀態差異靠什麼決定呢？就讓我們來了解化學鍵的機制，理解物質的形成與性質吧！日常生活也會發生各種化學反應，譬如物體燃燒、電池運作等等。在PART1的後半會介紹溶解與燃燒等化學反應的原理。

協助

櫻井 弘／松本正和／高橋邦夫／川那邊 洋／林 潤

原子之間是如何結合的呢？

原子之間靠著原子核（離子）的靜電力結合。其結合方式依照特徵，分別稱為「離子鍵」、「共價鍵」與「金屬鍵」等。

「離子鍵」是因為失去電子而帶正電的陽離子，與獲得電子而帶負電的陰離子，透過電荷彼此吸引而結合的鍵結方式。靠著離子鍵形成的物質，大多是金屬與非金屬的化合物。而離子鍵形成的物質中，最貼近生活的例子就是鹽（NaCl）。

「金屬鍵」則是電子在許多原子間自由移動的狀態。這種鍵結方式靠金屬原子最外側的電子在多個原子之間自由移動來結合。電子能運送電荷與熱能，因此金屬具有高度的導電性與導熱性。而自由移動的電子（自由電子）會反射電磁波（光，尤其是可見光），因此金屬具有光澤。黃金（Au）就是典型的例子。

「共價鍵」則是原子之間靠著彼此共用電子來結合的狀態。共用電子不是像金屬鍵那樣的自由電子，電子很難在原子之間移動，所以導電性與導熱性差，再加上原子的相對位置也很難改變，呈現出堅硬的性質，例如鑽石。至於只有一個原子提供電子時形成的共價鍵，則稱為「配位共價鍵」。

不過，原子核（離子）是透過電子互相吸引，因此「離子鍵」與「金屬鍵」也都可以說是「共用」電子。雖然能將「離子鍵」與「金屬鍵」的特徵，對應到參與鍵結的電子傾向與狀態，但有時候很難斷定屬於哪種鍵結，或者要說是哪種鍵結都可以。「離子鍵」、「共價鍵」與「金屬鍵」等名稱，誕生於處理電子波動性質的方法尚未確立的時代。多虧1981年獲得諾貝爾化學獎的福井謙一博士等人的貢獻，現在已經能詳細計算電子的狀態了。

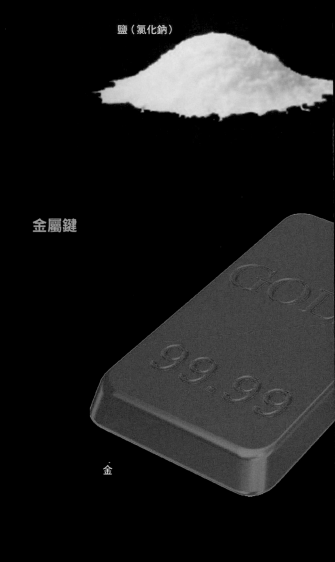

離子鍵

鹽（氯化鈉）

金屬鍵

金

共價鍵

氫分子

1H
氫原子

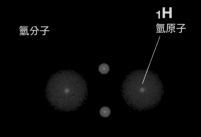

氫分子等許多分子都透過共價鍵結合。

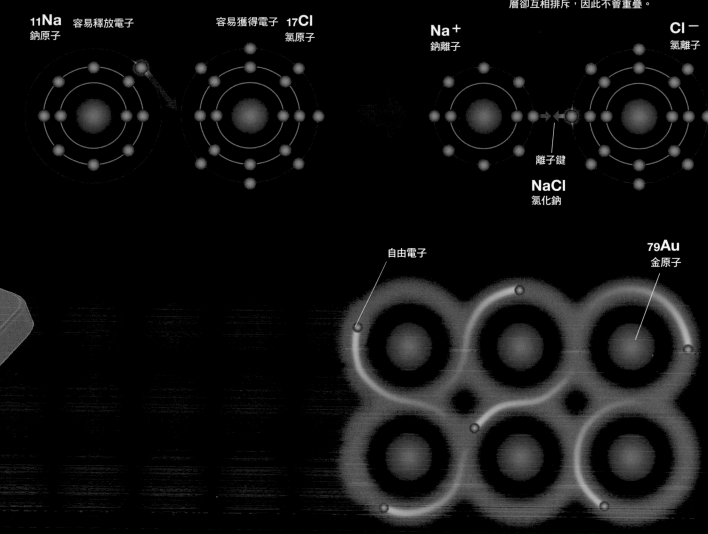

透過離子鍵的方式結合時，正負離子雖然互相吸引，但彼此的電子殼層卻互相排斥，因此不會重疊。

11Na 容易釋放電子　　容易獲得電子 **17Cl**
鈉原子　　　　　　　　　　　　　氯原子

Na＋
鈉離子

Cl－
氯離子

離子鍵

NaCl
氯化鈉

自由電子

79Au
金原子

最外層的電子在多個原子之間移動。

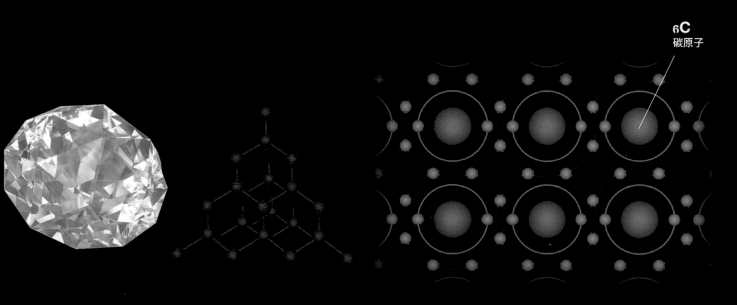

6C
碳原子

鑽石

鑽石的一個碳原子與四個碳原子共用電子。

結合分子與
分子的氫鍵

分 子是構成物質的最小粒子，由固定種類的原子以固定的數量結合，如果再進一步分割，將無法展現該物質特有的化學性質。

結合時，原子吸引電子的強度（稱為「電負度」，electronegativity）依原子種類而異。靠離子鍵結合的兩個原子，吸引電子的強度差異很大，因此電子在原子之間傳遞，使各原子都變成離子。但即使是彼此共用電子的共價鍵，當不同種類的原子結合時，共用的電子也會偏向其中一方，使其帶有些微正電或負電，稱為「極性」（polarity）。

舉例來說，水分子（H_2O）由一個氧原子（O）與兩個氫原子（H）透過共價鍵結合而成。氫與氧結合時，由於氧原子吸引電子的力道比氫原子更強，所以氧原子側帶有些微負電，氫原子側則帶有些微正電。再者，水分子呈現「ㄑ字」形的彎曲形狀，整個分子也是帶有極性的「極性分子」（polar molecule）[※]。

像冰與水這種水分子的集合體，透過在正電與負電間作用的靜電吸引力結合，稱為水分子的「氫鍵」。

不只水分子會形成氫鍵，只要分子中含有氧（O）、氮（N）或氟（F）等對電子的吸引力強的原子與氫原子間存在共價鍵，這個分子就能形成氫鍵。例如，氨（NH_3）與氟化氫（HF）等也能透過氫鍵結合。掌管生物遺傳的分子「DNA」（去氧核糖核酸），由2條具有相同結構的長鏈平行鍵結，形成螺旋狀構造，而連結這2條長鏈的也是氫鍵。

※：如果水分子是直線形，而非「ㄑ字」形，整個分子就會變成沒有極性的「無極性分子」，例如二氧化碳分子（CO_2）。

水分子透過「氫鍵」結合

雖然氣態水（水蒸氣）的水分子各自散開，但液態水與固態水（冰）的水分子都透過氫鍵彼此結合。

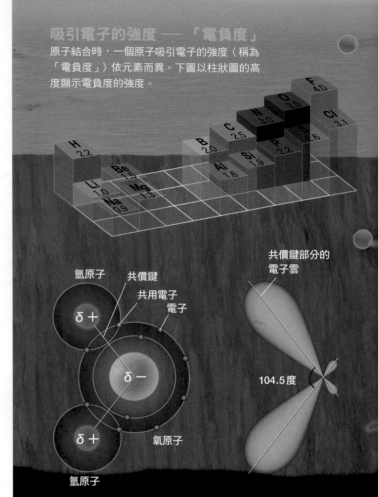

吸引電子的強度 ──「電負度」

原子結合時，一個原子吸引電子的強度（稱為「電負度」）依元素而異。下圖以柱狀圖的高度顯示電負度的強度。

氫原子　共價鍵
共用電子
電子
δ＋
δ－
氧原子
氫原子

共價鍵部分的
電子雲
104.5度

水分子具有「極性」

水分子是氧原子與2個氫原子共用電子，透過「共價鍵」結合而成。兩個共價鍵部分的電子雲（電子存在的範圍），最穩定的角度是104.5度，因此水分子的角度就是104.5度。此外，氧原子從氫原子吸引電子後，稍帶負電（δ－），氫原子則稍帶正電（δ＋），整個水分子屬於電荷偏向其中一側的極性分子。

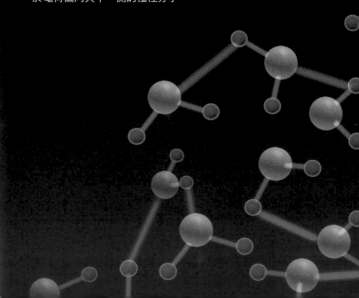

固態水（冰）透過氫鍵形成有許多空隙的六角形骨架
一個水分子透過氫鍵結合四個水分子，形成正四面體結構。這些正四面體結構彼此相連，形成具有六角形骨架的晶體。冰的結構與水相比空隙較多，因此會浮在水面上。

氫鍵

液態水一下形成氫鍵，一下又斷開
液態水的水分子與其他水分子一下形成氫鍵，一下又斷開，不斷地移動。純水在4℃時密度最大。

氫鍵

123

在各種分子間作用的凡得瓦力

冷 卻的氣體會變成液體或固體，這是因為冷卻後活動力變弱的分子，透過在分子之間運作的引力聚集在一起。

這個引力的來源，主要是在正電與負電之間作用的「靜電吸引力」。舉例來說，如同前頁所述，形成水分子（H_2O）的氧原子帶負電，氫原子帶正電，因此水分子間存在著靜電吸引力。氧原子從氫原子處吸引帶負電的電子，因此產生了「電荷偏移」。

那麼，看似沒有電荷偏移的氫氣或二氧化碳呢？這些氣體冷卻後，也會變成液態氫或是乾冰，這時運作的引力是什麼呢？這種**「在任何分子之間都會發揮作用的謎樣引力」稱為「凡得瓦力」**（van der Waals force）。由荷蘭物理學家凡得瓦（Johannes Diderik van der Waals，1837～1923）所提出。

「瞬間的」電荷偏移與「部分的」電荷偏移

現在已知凡得瓦力發生的主因是電荷偏移。那麼乍看之下電荷沒有偏移的分子，到底在哪裡出現偏移呢？

氫分子（H_2）由兩個氫原子共用電子，所以就分子而言看似沒有電荷偏移。但如果將時間暫停在某個瞬間，會發現兩個電子偏向左側或右側（**1**）。這種瞬間在所有分子都會發生，凡得瓦力便因此產生作用。

有些分子就整體來看沒有電荷偏移，但局部來看卻存在電荷偏移。舉例來說，在二氧化碳（CO_2）中，兩個氧原子都從中央的碳原子處吸引電子，使氧原子帶負電，碳原子帶正電。但由於電子同時被吸引至反方向，所以從遠處來看，二氧化碳看似沒有電荷偏移。像這種電荷偏移只存在於局部分子，在彼此十分接近時所產生的引力，也稱為凡得瓦力。

電荷偏移會使周圍的分子也產生同樣的電荷偏移（**2**）。也就是說，發生的電荷偏移會互相「傳染」，使得引力發揮作用。**凡得瓦力的真面目，就是瞬間的電荷偏移與局部的電荷偏移。**

凡得瓦力與電荷偏移

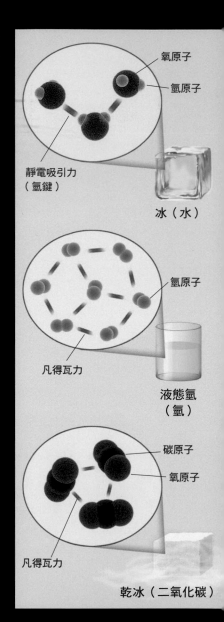

氧原子
氫原子
靜電吸引力（氫鍵）
冰（水）

氫原子
凡得瓦力
液態氫（氫）

碳原子
氧原子
凡得瓦力
乾冰（二氧化碳）

分子間運作的引力

構成固體或液體的分子，因為彼此吸引的力而結合在一起。冰的引力被歸類為靜電吸引力，氫與二氧化碳的引力則被歸類為凡得瓦力。追根究底，這兩種引力主要都來自電荷偏移。

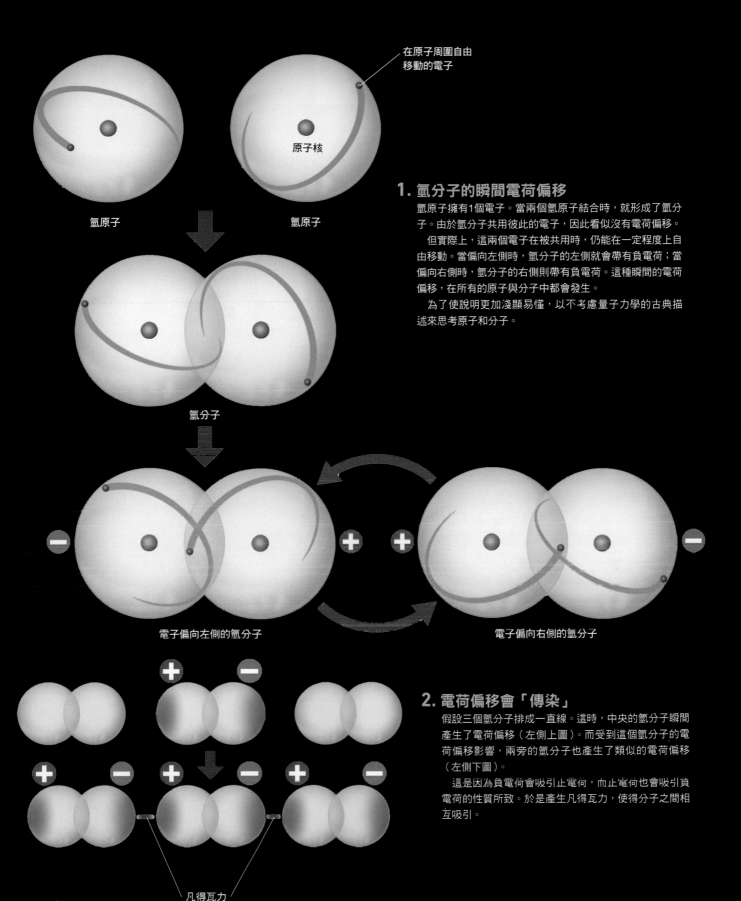

在原子周圍自由移動的電子

原子核

氫原子　　　氫原子

氫分子

電子偏向左側的氫分子　　　　電子偏向右側的氫分子

凡得瓦力

1. 氫分子的瞬間電荷偏移

氫原子擁有1個電子。當兩個氫原子結合時，就形成了氫分子。由於氫分子共用彼此的電子，因此看似沒有電荷偏移。

但實際上，這兩個電子在被共用時，仍能在一定程度上自由移動。當偏向左側時，氫分子的左側就會帶有負電荷；當偏向右側時，氫分子的右側則帶有負電荷。這種瞬間的電荷偏移，在所有的原子與分子中都會發生。

為了使說明更加淺顯易懂，以不考慮量子力學的古典描述來思考原子和分子。

2. 電荷偏移會「傳染」

假設三個氫分子排成一直線。這時，中央的氫分子瞬間產生了電荷偏移（左側上圖）。而受到這個氫分子的電荷偏移影響，兩旁的氫分子也產生了類似的電荷偏移（左側下圖）。

這是因為負電荷會吸引正電荷，而正電荷也會吸引負電荷的性質所致。於是產生凡得瓦力，使得分子之間相互吸引。

物體從氣態
變成液態、固態

原子與分子的運動劇烈程度（動能），通常稱之為「溫度」。換句話說，溫度愈高，分子的運動愈劇烈；溫度愈低，分子的運動則愈緩和。但即使溫度相同，也不代表所有的分子都以相同的速度運動。舉例來說，就算同樣都在20℃的空氣中，分子的速度也依然有快有慢（右下圖）。

　　一般來說，物質依照溫度由高到低，分別呈現氣態、液態與固態這三種狀態（物質三態）。

　　氣態是分子以猛烈速度飛來飛去的狀態。分子本身會旋轉、伸縮與振動。雖然密度也有影響，但氣態分子間通常會頻繁且反覆地碰撞。眼前空氣中的氧分子與氮分子，就以每秒數百公尺的速度飛來飛去、撞來撞去，只是我們平常不會發現而已。分子在彼此碰撞之間直線前進的距離，大約只有1萬分之1毫米左右。

　　當原子或分子彼此適度接近時，彼此的引力就會互相影響。一旦氣體的溫度降低，也就是分子速度減慢時，就會因引力而聚集，這種分子的集合就是液態。不過分子在液體當中尚能自由移動，本身亦能旋轉、伸縮，就和在氣態時一樣。

　　當溫度進一步降低，分子因為敵不過引力而無法自由移動，並停留在一處，這時就是固態。不過，**原子與分子在固態下也不是靜止不動，而是持續在該位置振動**。溫度愈高，振動愈激烈，即使是冷凍庫中的冰，就原子層級來看，水分子也是振動個不停。

　　原子與分子之間引力強度依物質而異，引力弱時，即使在低溫下也很難變成液態或固態（沸點或凝固點※較低）。眼前的物體是固體、液體還是氣體，就取決於構成這個物體的原子或分子的性質。

※：沸點是液體沸騰變成氣體的溫度。凝固點則是液體變為
　　固體的溫度。

物質三態

當原子或分子適度接近時，會受到彼此的引力影響。當原子或分子的運動非常劇烈（溫度較高）時，就可以擺脫引力，自由地飛來飛去（氣態）。當原子或分子的運動開始變得緩和（溫度下降）時，就會因引力作用而開始聚集（液態）。當原子或分子的運動變得更加緩和時，將無法自由移動，只能在原地振動（固態）。

　　物質在狀態變化時會伴隨熱量的出入。舉例來說，將冰熔化為水時，就需要熔化熱（heat of fusion）。

固態
原子與分子
在原地振動
的狀態。

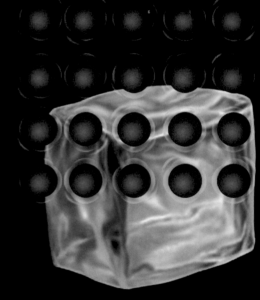

縱軸：分子數量（存在比例）

低溫

中程度的溫度

高溫

橫軸：分子的速度

即使溫度相同，分子的速度也有快有慢

這張圖顯示在各個溫度下，氣態分子的速度分布圖。溫度愈高，速度的平均值也變得愈大。除此之外，溫度愈高，速度的分布範圍（圖在水平方向的範圍）也愈廣。從圖中可以看到，即使在高溫之下，仍存在一些速度相當慢的分子。

註：圖為一般氣態、液態、固態的示意圖，不僅限於水。
單顆的球代表一般的原子或分子，而不是水。

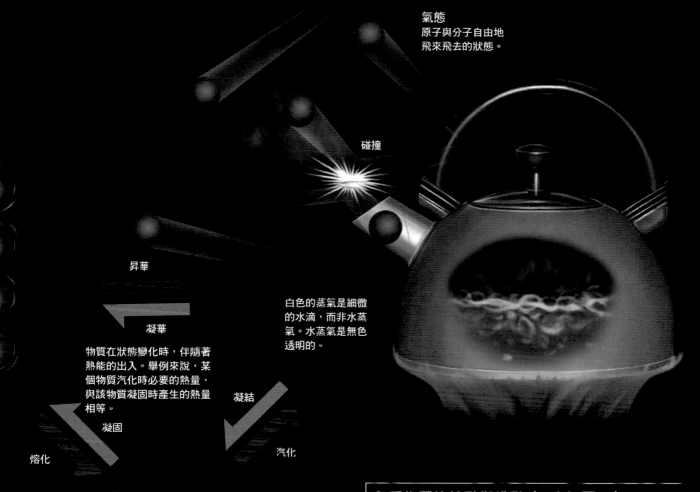

氣態
原子與分子自由地
飛來飛去的狀態。

碰撞

昇華

凝華

白色的蒸氣是細微
的水滴，而非水蒸
氣。水蒸氣是無色
透明的。

物質在狀態變化時，伴隨著
熱能的出入。舉例來說，某
個物質汽化時必要的熱量，
與該物質凝固時產生的熱量
相等。

凝結

凝固

熔化

汽化

液態
原子與分子聚集，但仍
能自由移動的狀態。

各種物質的熔點與沸點（1大氣壓下）

作用在原子或分子之間的力量大小，根據鍵結的種類呈現下列關係，共價鍵≳離子鍵，金屬鍵≫分子間作用力（氫鍵>凡得瓦力）。鍵結的力量愈大，物質的熔點與沸點也愈高。

氦（分子間作用力）
熔點：無（1大氣壓下
無法形成固態）
沸點：−268.928℃

液態氦在−271℃
之下，會發生黏性
阻力降為零的「超
流體」現象。

氫（分子間作用力）
熔點：−259.16℃
沸點：−252.879℃

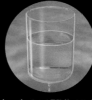

鐵（金屬鍵）
熔點：1538℃
沸點：2862℃

氯化鈉
（離子鍵）
熔點；801℃
沸點：1485℃

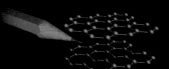

石墨（共價鍵）
昇華點：3825℃
（1大氣壓下無法成為液態）

熔點和沸點的數字引用自理科年表2020年

溫度與壓力使物體的狀態產生變化

18 世紀中旬左右，人們開始研究物質的狀態變化。當時將常溫常壓下，物體受熱汽化後所形成的物質稱為蒸氣。而常溫常壓下以氣體形式存在的物質則稱為某某氣，譬如氫氣。

1823年，英國的化學家兼物理學法拉第（Michael Faraday，1791～1867）發現，以高壓將氯壓縮，氯就能變成液體。人們因此發現，**原本以為總是以氣態形式存在的氯氣等氣體，也會因壓力而變成液體**。

接著到了1861年，英國科學家安德魯斯（Thomas Andrews，1813～1885）發現了「**臨界溫度**」（critical temperature）。法拉第的壓力實驗未能成功將氫與氦等氣體液化，但安德魯斯找到了將其液化的方法。他發現**氣體在高於一定溫度的情況下，無論施加多大的壓力都無法轉化成液體**。但反過來說，**只要氣體低於一定的溫度，就能因為改變壓力而液化**。這個溫度就是臨界溫度，**每種物質都有其固定的臨界溫度**。

1873年，荷蘭物理學家凡得瓦發表了描述分子間作用力的「**狀態方程式**」（equation of state）。如此一來，就能以數學公式呈現壓力、體積與溫度在氣體被壓縮成液體時的關係，奠定了解物質狀態的基礎。

但數學公式終究只能描述近似的狀況，各種物質在什麼樣的條件下會呈現何種狀態的實際情形，終究得靠實驗得知。描述在某個溫度與壓力下會呈現何種狀態的圖，就稱為「**相圖**」（phase diagram）。

右頁呈現的即是透過實驗得到的水的相圖。請解讀水在各個條件下會如何變化。

水的各種狀態

純物質的狀態取決於溫度與壓力。右頁是水的相圖。必須注意此圖的縱軸刻度是對數。

水的三態大致上可分為冰、水與水蒸氣。線條兩側的狀態在交界線上共存，至於三條線交會的點則是「三相點」（triple point），在這個點上三種狀態共存。

至於在遠離日常的溫度與壓力下，會出現我們不太熟悉的狀態。例如這裡所介紹的幾百℃的冰，或是同時具備液態與氣態性質的「超臨界流體」等狀態。

1 水的氣態、液態與固態三種狀態共存的「三相點」

水在0.01℃，大約0.006大氣壓下，會形成氣態（水蒸氣）、液態（水）和固態（冰）三者同時存在的三相點。純物質的三相點，溫度與壓力都是固定的。因此，單位的國際標準「國際單位制」（SI）的溫度單位克耳文（單位符號K），曾經以水的三相點溫度273.16K來定義絕對零度0K（國際單位制於2019年5月20日進行修訂，將波茲曼常數（Boltzmann constant）的值精確定義為1.380946×10^{-23}J/K，而克耳文則使用這個值進行定義）。

2 世界上也存在數百℃的「熱冰」

冰分子的排列方式隨著壓力與溫度的變化，形成16種不同的狀態（其中13種屬於穩定的結構）。右側的相圖呈現了其中的一部分。下圖則另外呈現出各種冰的晶體結構（圖片提供：樋本和大）。

在高壓的環境下，也存在100℃以上的冰。雖然高溫高壓的冰，在地球環境中無法自然存在，但可以推測宇宙中或許存在巨大的冰行星。當水分子的排列方式不同時，即使都是冰，其密度、硬度等性質也會變得不同。

關於冰改變狀態的臨界條件，以及各個狀態的性質等，還存在著一些不確定的部分。就連我們日常熟悉的水，也存在著許多未解之謎。

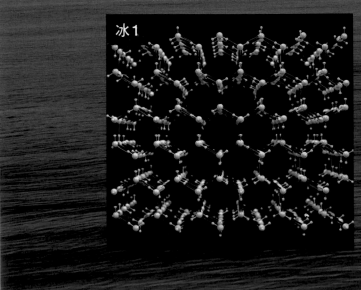

冰1

既非液體也非氣體的「超臨界流體」

在相圖中，當超過某個溫度（臨界溫度）時，區分氣態與液態的蒸氣壓曲線就會中斷。這個中斷的點稱為「臨界點」，而超過臨界點狀態的物質，就被稱為「超臨界流體」。

超臨界流體的密度像液體一樣小，但其分子卻如氣體般劇烈運動，因此同時具備溶液般易溶解物質的特性，也像氣體般容易擴散。當溫度與壓力改變時，這些性質也會大幅改變。

幾乎所有的物質都具備臨界點，但水和二氧化碳被廣泛應用於工業用途。

水在374℃、220.6大氣壓下達到超臨界點。超臨界狀態的水具有高度氧化力，用於分解灰燼中所含的有毒物質多氯聯苯（PCB）與戴奧辛。

二氧化碳的臨界點是31.0℃、73.7大氣壓，比水更接近常溫常壓，因此廣泛應用於工業上。例如，利用溶解度會隨著溫度與壓力大幅改變的性質，萃取咖啡中的咖啡因，或食品中的精華成分等。

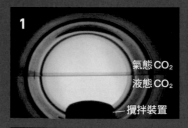

氣態CO₂
液態CO₂
攪拌裝置

二氧化碳的超臨界流體

上圖（提供：日本產總研化學流程研究部門）呈現的是在背後照光的情況下，將二氧化碳從氣態與液體共存的狀態（**1**），加熱到接近超臨界流體狀態的過程（溫度上升，分子的運動變得劇烈，因此壓力也跟著上升）。當接近臨界點時，產生的無數泡沫導致所有的光都被散射，看起來變得一片漆黑（**2**之後）。

接著達到臨界點，液面消失，液態與氣態變得無法區別。這一瞬間，形成了許多分子聚集的「分子團簇」，這是臨界點特有的現象。分子團簇使光線散射，只有波長較長的紅光能夠通過，因此呈現紅色，原理就和晚霞相同（**3**）。雖然圖中呈現紅色，但在這個狀態下從前方照光時，反射光會看來呈現白濁狀，因此被稱為「蛋白光」。

隨後，當變成超臨界流體時，紅、藍、綠等所有光線都能通過，色彩逐漸變得透明（**4**）。

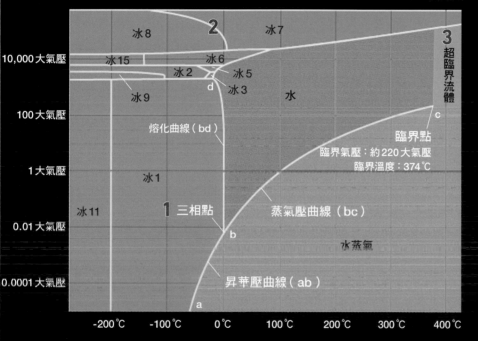

水的相圖

冰8　2　冰7
10,000大氣壓　冰15　冰6　冰5　冰2　冰3　3 超臨界流體
d
冰9
100大氣壓　水
熔化曲線（bd）　c
臨界點
臨界氣壓：約220大氣壓
臨界溫度：374℃
1大氣壓　冰1
蒸氣壓曲線（bc）
0.01大氣壓　冰11　1 三相點
b　水蒸氣
0.0001大氣壓
昇華壓曲線（ab）
a
-200℃　-100℃　0℃　100℃　200℃　300℃　400℃

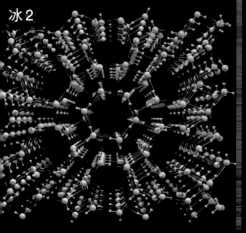

冰2

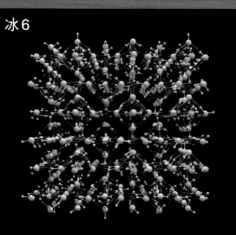

冰6

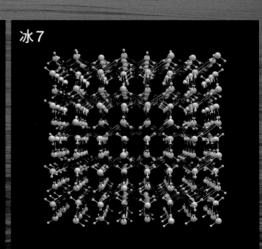

冰7

飛機內的零食袋
為什麼會膨脹？

你有沒有看過零食袋在飛機內或高山上，變得鼓鼓的樣子呢？愈往上空，空氣愈稀薄，氣壓也變得愈低。雖然飛機內的氣壓經過調整，依然只有地面上的0.7倍左右。零食袋因為承受的壓力變小，從外部擠壓袋中氣體的力道變弱，於是袋中氣體往外擠壓的力道就相對變得較大，袋子就膨脹起來了。

有一個公式可以呈現當壓力等條件發生變化時，氣體的改變情形，這個公式就是「**理想氣體方程式：$PV=nRT$**」。理想氣體方程式（ideal gas equation）描述的是氣體的壓力（P）、體積（V）與溫度（T）之間的關係（其中 n 是物質的量，R 是氣體常數），封閉的氣體會遵守這項公式。

以零食袋為例，假設起飛前的地面與飛機內部的溫度（T）相同，公式的右側就會保持不變。當飛機飛上高空，內部氣壓降低時，袋子就會膨脹，體積（V）也會增大。至於袋內的氣體壓力（P）則隨之減少。換句話說，當一個值改變時，為了滿足這個方程式，其他的值也會跟著改變。

該如何正確展現
實際的氣體狀態？

使用這個理想氣體方程式所計算出來的值，在日常大部分情況下都具有足夠的正確性，但在低溫或高壓等特殊條件下，就會產生偏差。原因在於這個公式成立的前提條件是「公式中的氣體屬於『理想氣體』（ideal gas）」。

「理想氣體」是一種虛構的氣體，忽略了實際氣體（真實氣體）的分子體積與分子之間的引力。理想氣體方程式就因為省略掉這些要素，才能歸納成簡潔的形式。

實際上，分子當然有體積，引力也在彼此間作用。當這些要素的影響無法再被忽略時，「$PV=nRT$」的計算值就會與實際值產生極大的誤差。舉例來說，分子間的距離因為非常大的壓力而拉近，或是因為低溫而使分子容易互相吸引時，誤差就會無法忽視。

物理學家凡得瓦在19世紀後半提出了新的方程式，能計算出更接近實際氣體的值，這個公式就是<u>**「凡得瓦方程式」**</u>（van der Waals equation）。

比較插圖左右兩邊的公式，就會發現凡得瓦方程式在理想氣體方程式中，加入了修正壓力與體積的計算。這個公式考慮到實際氣體的壓力會因為分子之間的吸引而減少，氣體體積會因為分子的體積而增加。需要更正確的模擬時，就必須使用這樣的公式。

**零食袋在
飛機內膨脹**

如果將袋裝零食帶上飛機，零食袋就會在升空後變得鼓鼓的。這是因為周圍的氣壓下降，使得零食袋中的空氣膨脹。

起飛前的零食袋

**袋內壓力（P）：大
袋子體積（V）：小**

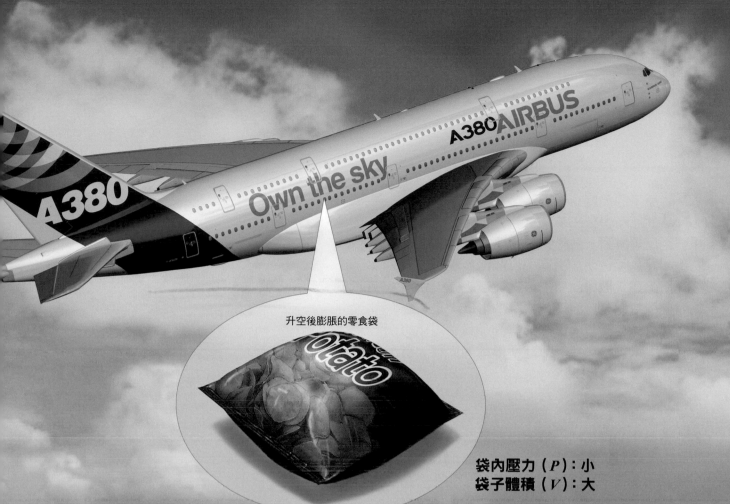

升空後膨脹的零食袋

袋內壓力（P）：小
袋子體積（V）：大

理想氣體方程式

呈現氣體的壓力、體積與溫度之間關係的公式。

$$PV = nRT$$

P：壓力［Pa］
V：體積［L］
n：物質的量［mol］
R：氣體常數［Pa・L／（K・mol）］
T：絕對溫度［K］

凡得瓦方程式

a，b：凡得瓦常數
（不同氣體的常數不同）

$$\left\{P + a\left(\frac{n}{V}\right)^2\right\}(V-bn) = nRT$$

加上修正的壓力　　減去修正的體積

波以耳－查理定律

固定量（n為定值）的理想氣體，遵守「體積與壓力成反比，與絕對溫度成正比」的法則，稱為「波以耳－查理定律」（Boyle-Charlie's law）。但實際氣體在低溫或是高壓下，就無法正確地呈正比或反比（大幅偏離下圖的曲面）。

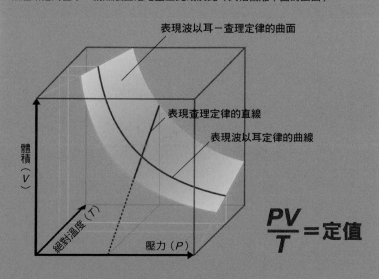

表現波以耳－查理定律的曲面

表現查理定律的直線

表現波以耳定律的曲線

體積（V）

絕對溫度（T）

壓力（P）

$$\frac{PV}{T} = 定值$$

岩石與鐵等金屬是由晶體構成

從原子的尺度來看固體，會發現多數固體的原子與分子等都具有方向性，並且有規則地反覆排列，這樣的狀態稱為「晶體」。

例如水晶呈透明並由多邊形的面所包圍。無論什麼晶體，面與面所形成的角度總是一致。晶體之所以總是呈現這種規律的形狀，是因為原子與分子在整個晶體內的排列都具有規律的方向性，**像這種由單一晶體所形成的固體，稱為「單晶體」（single crystal）。**

實際的固體多數是不透明的，有如用粉末壓緊而成。若使用顯微鏡觀察，就會發現每顆粉末都是微小的單晶體。**這種由單晶體聚集而成的結構就稱為「多晶體」（polycrystal）。**

例如方解石聚集而成的大理石，或是由長石、雲母、石英（即水晶）等聚集而成的花崗岩，都是多晶體。就連一般容易被誤以為是單晶體的銅與鐵等金屬，其實也是由許多微小單晶體聚集而成的多晶體。

使原子與分子結合構成晶體的化學鍵，有離子鍵、金屬鍵、共價鍵、分子間作用力等。而晶體則根據鍵結的種類，稱為「**離子晶體**」（ionic crystal）、「**金屬晶體**」（metallic crystal）、「**共價晶體**」（covalent crystal）或「**分子晶體**」（molecular crystal）。例如，冰（第128頁）就是靠氫鍵結合而成的分子晶體。

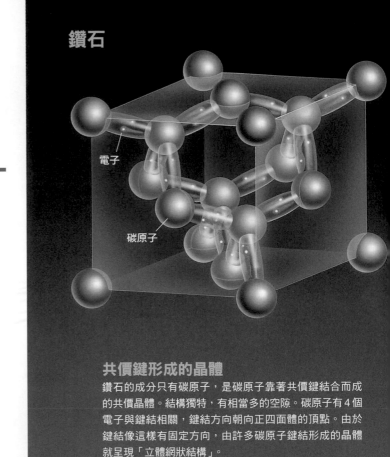

鑽石

電子

碳原子

共價鍵形成的晶體

鑽石的成分只有碳原子，是碳原子靠著共價鍵結合而成的共價晶體。結構獨特，有相當多的空隙。碳原子有4個電子與鍵結相關，鍵結方向朝向正四面體的頂點。由於鍵結像這樣有固定方向，由許多碳原子鍵結形成的晶體就呈現「立體網狀結構」。

單晶體與多晶體

這是黃鐵礦的單晶體，外形呈12面體，非常特別。多晶體通常不保留單晶體時的形狀，但黃鐵礦的單晶體形狀，在多晶體時相對保留了較多。

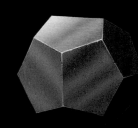

黃鐵礦的單晶體

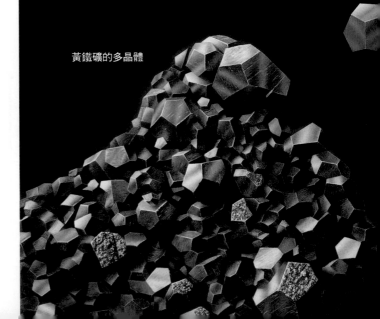

黃鐵礦的多晶體

氯化鈉

金

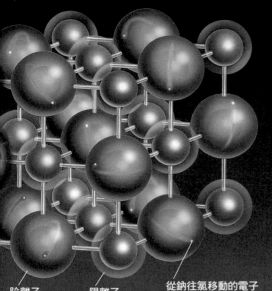

體心立方
堆積結構
（體心立方結構）

立方最密
堆積結構
（面心立方結構）

六方最密
堆積結構

陰離子
（Cl⁻）　陽離子
（Na⁺）　從鈉往氯移動的電子

金原子　自由電子

離子鍵形成的晶體

食鹽是「離子晶體」。陽離子Na⁺吸引其鄰近的陰離子Cl⁻，Cl⁻也吸引Na⁺，這種電荷引力沒有方向性。一般而言，陽離子與陰離子的大小並不相同。陰離子Cl⁻在食鹽中形成「面心立方結構」，陽離子Na⁺則填入其內部空隙，使Cl⁻與Na⁺有規則地交互排列。

金屬鍵形成的晶體

金呈現「面心立方結構」。金屬晶體完全由相同大小的金屬原子組成，且負責鍵結的電子不受特定金屬陽離子束縛，鍵結沒有方向性，因此會盡可能密集地堆積。因為這樣的緣故，金屬呈「體心立方結構」、「六方最密結構」或「面心立方結構」。

金屬的晶體結構

晶體由粒子集合而成，這些粒子以穩定的方式排列。假設粒子都是相同大小的球，將球密集堆積就會形成「六方最密堆積結構」與「立方最密堆積結構」。同時，也可能形成略帶空隙的「體心立方堆積結構」。

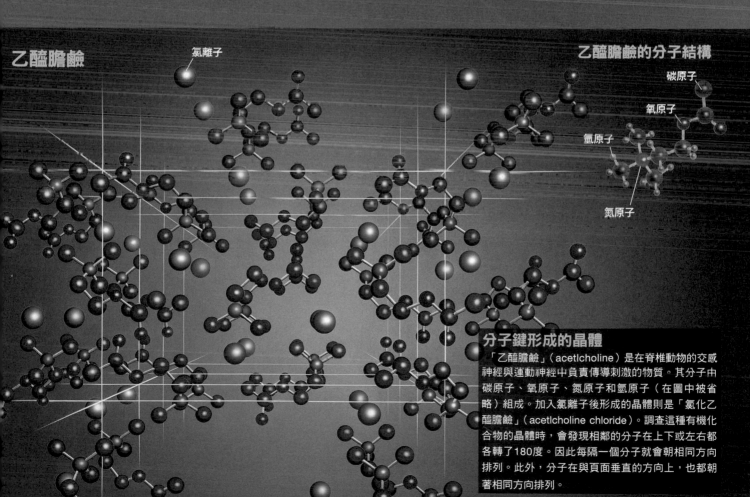

乙醯膽鹼

氯離子

乙醯膽鹼的分子結構

碳原子

氧原子

氫原子

氮原子

分子鍵形成的晶體

「乙醯膽鹼」（acetlcholine）是在脊椎動物的交感神經與運動神經中負責傳導刺激的物質。其分子由碳原子、氧原子、氮原子和氫原子（在圖中被省略）組成。加入氯離子後形成的晶體則是「氯化乙醯膽鹼」（acetlcholine chloride）。調查這種有機化合物的晶體時，會發現相鄰的分子在上下或左右都各轉了180度。因此每隔一個分子就會朝相同方向排列。此外，分子在與頁面垂直的方向上，也都朝著相同方向排列。

化學反應就是
改變原子的配置

化學反應是分子與分子互相碰撞、釋放出原子、與其他原子鍵結、改變化學鍵的現象。因此**構成分子的原子組合會改變，形成與反應前性質不同的分子**。但冰融化成水，改變的只有分子結合的強度，水分子本身沒有變化，因此不會稱之為化學反應。

舉例來說，將氧分子和氫分子混合並給予熱能或電能，就會發生爆炸性反應，產生「水」這種性質不同的分子。將這個反應以化學反應式表現如下[※]：

$$2H_2 + O_2 \rightarrow 2H_2O$$

這樣的反應就屬於化學反應。

化學反應在日常生活中也很常見。物質燃燒屬於物質與氧結合的化學反應，而我們的呼吸也是吸入氧氣，燃燒體內的葡萄糖等養分的化學反應。

由於化學反應是透過分子的碰撞引起的，所以加熱會使分子運動加劇，使反應開始進行，或是加快反應速度。

此外，發生化學反應時，儲存在分子中的能量，也會隨著原子的結合方式而改變，因此必定會伴隨熱能的進出。像這樣釋放熱能，使反應物質溫度上升的反應稱為「**放熱反應**」（exothermic reaction）；而吸收熱能，使反應物質溫度下降的反應則稱為「**吸熱反應**」（endothermic reaction）。

由於物質有趨向低能量穩定狀態的性質，自然界中「放熱反應」較「吸熱反應」常見。

※從氫與氧生成水的實際過程相當複雜（如圖所示）。舉例來說，氫分子因高溫或點火等而吸收能量時，會分裂成兩個原子。如此一來，下列反應就會連續且反覆發生：

$$H + O_2 \rightarrow HO + O$$
$$O + H_2 \rightarrow HO + H$$
$$HO + H_2 \rightarrow H_2O + H$$

上述反應稱為「基本反應」（elementary reaction）。化學反應通常是連續兩個以上的基本反應。

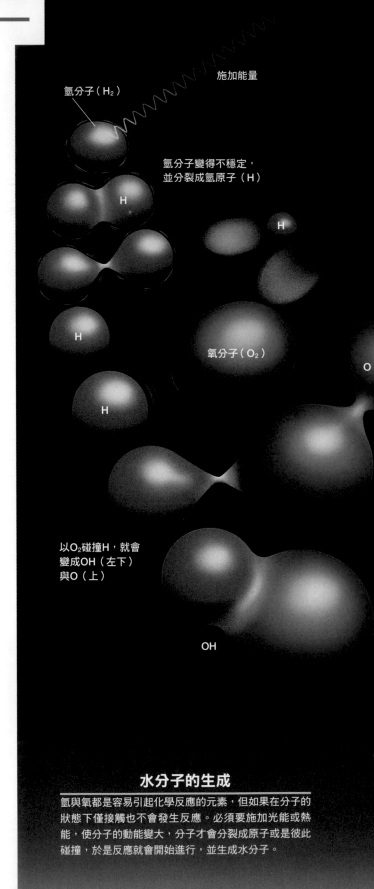

施加能量

氫分子（H_2）

氫分子變得不穩定，
並分裂成氫原子（H）

H

H

H

氧分子（O_2）

H

O

H

以O_2碰撞H，就會
變成OH（左下）
與O（上）

OH

水分子的生成

氫與氧都是容易引起化學反應的元素，但如果在分子的狀態下僅接觸也不會發生反應。必須要施加光能或熱能，使分子的動能變大，分子才會分裂成原子或是彼此碰撞，於是反應就會開始進行，並生成水分子。

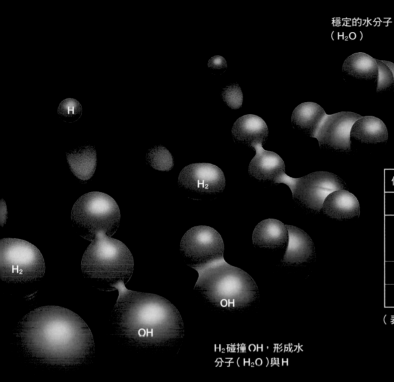

化學反應式的閱讀方式

下列化學反應式呈現2個氫分子與1個氧分子，生成2個水分子的過程。由此可知，如果有2n個氫分子與n個氧分子發生反應，就能生成2n個水分子。換言之，2莫耳的氫分子與1莫耳的氧分子反應，能夠形成2莫耳的水分子。此外，從反應式可以看出，物質的質量和在反應前後保持不變（1774年，由法國化學家拉瓦節透過實驗所提出的「質量守恆定律」（law of conservation of mass））。至於在氣體反應中，分子式或實驗式的係數，顯示的就是其體積比。

化學反應式	2H$_2$	+	O$_2$	→	2H$_2$O
分子數	2分子		1分子		2分子
莫耳數	2n個分子 =2莫耳		n個分子 =1莫耳		2n個分子 =2莫耳
質量	2公克×2		32公克		18公克×2
體積	22.4公升×2		22.4公升		22.4公升×2

（表格中氫與氧的原子量，分別設為1與16）

穩定的水分子（H$_2$O）

H$_2$ 碰撞 OH，形成水分子（H$_2$O）與H

H$_2$ 碰撞 O，形成 OH 與 H

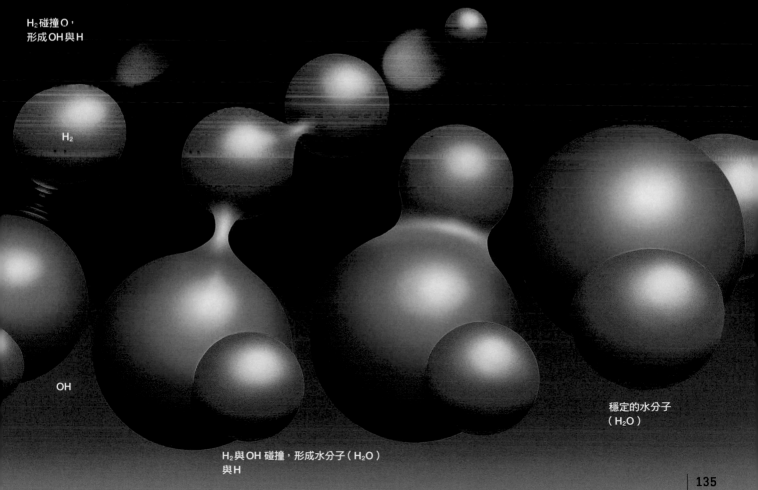

H$_2$ 與 OH 碰撞，形成水分子（H$_2$O）與H

穩定的水分子（H$_2$O）

晶體因為被水分子「帶走」而溶解

將鹽（氯化鈉：NaCl）倒入水中，原本的顆粒漸漸溶進水裡，最終失去蹤影。

物質溶於水意指物質與水分子均勻混合。鹽是由帶正電荷的鈉離子（Na⁺）與帶負電荷的氯離子（Cl⁻）交互排列形成的晶體，這兩種離子因正負電荷互相吸引而結合在一起（離子鍵）。然而，當鹽被倒入水中時，原本結合的2種離子就會分開來。

離子之所以會分離，是因為水的「極性」（第122頁）。1個水分子有帶微弱正電的部分，與帶微弱負電的部分。因此當鹽倒入水中時，帶正電的鈉離子就會與水分子帶負電部分、帶負電的氯離子則會與水分子帶正電的部分互相吸引。**一個離子被多個水分子包圍，將離子從鹽的固體中拉出來。**

像鹽這種**在水中會分解成離子的物質稱為「電解質」（electrolyte）**。反之，**在水中不會分解成離子的物質則稱為「非電解質」（non-electrolyte）**。非電解質雖然不會在水中形成離子，卻不表示不溶於水。如果是葡萄糖或砂糖等，像水分子一樣具有極性的分子，也會像離子一樣，以同樣的原理溶於水。

溶解物質的水不容易結凍

冬天如果道路上的水結凍，汽車就會打滑，為了防止這種情況，路面上會噴灑防凍劑※。鹽也會被用來當成防凍劑。

這是利用鹽水不容易結凍的原理。舉例來說，將鹽溶進水裡直到不能再溶解為止（飽和水溶液），鹽水結凍的溫度（凝固點）就會下降到負21℃，這個現象稱為「凝固點下降」。

糖水也會發生凝固點下降的現象。但如果將相同分子數的鹽與糖溶於水，鹽水的凝固點下降幅度會較大，這是因為鹽水所溶解的粒子數較多。現在已知凝固點下降的幅度與分子數成正比，與物質的種類無關。

※常用的防凍劑是氯化鈣（CaCl₂）。

溶解的粒子數愈多，凝固點下降幅度愈大

砂糖與鹽不同，砂糖直接以糖分子的形式溶於水中，所以當1個砂糖分子溶於水時，水中溶解的粒子數就是1個。然而，當1個鹽分子溶於水時會分解成鈉離子與氯離子，因此溶解的粒子數就增加為2個。溶解較多粒子數的鹽水，需要更低的溫度才會結凍。換句話說，凝固點下降的幅度，與水（溶劑）溶解的物質（溶質）種類無關，與溶液的濃度（莫耳濃度）成正比。附帶一提，凝固點下降的分子機制，至今依然無法完全說明，仍是一個未解之謎。

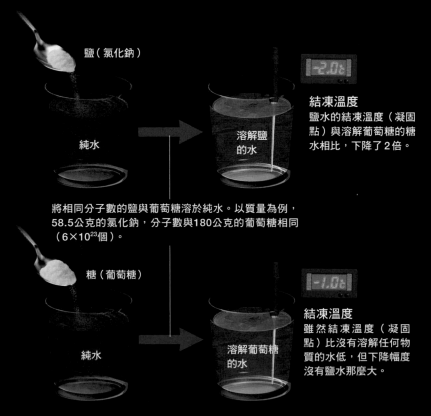

鹽（氯化鈉）

純水

溶解鹽的水

-2.0℃

結凍溫度
鹽水的結凍溫度（凝固點）與溶解葡萄糖的糖水相比，下降了2倍。

將相同分子數的鹽與葡萄糖溶於純水。以質量為例，58.5公克的氯化鈉，分子數與180公克的葡萄糖相同（6×10²³個）。

糖（葡萄糖）

純水

溶解葡萄糖的水

-1.0℃

結凍溫度
雖然結凍溫度（凝固點）比沒有溶解任何物質的水低，但下降幅度沒有鹽水那麼大。

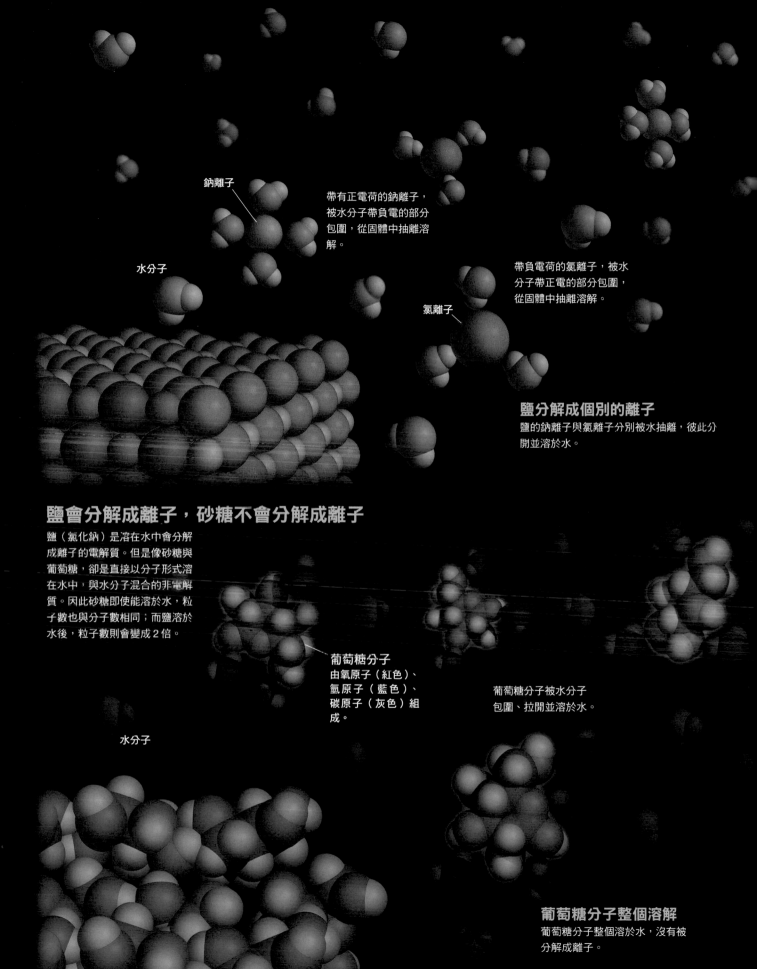

鈉離子

水分子

帶有正電荷的鈉離子，
被水分子帶負電的部分
包圍，從固體中抽離溶
解。

帶負電荷的氯離子，被水
分子帶正電的部分包圍，
從固體中抽離溶解。

氯離子

鹽分解成個別的離子

鹽的鈉離子與氯離子分別被水抽離，彼此分
開並溶於水。

鹽會分解成離子，砂糖不會分解成離子

鹽（氯化鈉）是溶在水中會分解
成離子的電解質。但是像砂糖與
葡萄糖，卻是直接以分子形式溶
在水中，與水分子混合的非電解
質。因此砂糖即使能溶於水，粒
子數也與分子數相同；而鹽溶於
水後，粒子數則會變成2倍。

葡萄糖分子
由氧原子（紅色）、
氫原子（藍色）、
碳原子（灰色）組
成。

葡萄糖分子被水分子
包圍、拉開並溶於水。

水分子

葡萄糖分子整個溶解

葡萄糖分子整個溶於水，沒有被
分解成離子。

酸味與苦味
來自離子的運作

檸檬之所以帶有酸味，是因為含有檸檬酸這種「酸」的物質。酸帶有酸味，與金屬反應會生成氫。

這種**酸的性質（酸性）來自「氫離子」（H+）**。酸溶於水時，會從酸的分子分離出氫離子（解離）。**酸之所以帶有酸味，**是因為酸所產生的氫離子會刺激舌頭的味覺偵測器。

溶於水時，幾乎所有分子都會解離出氫離子的酸稱為「強酸」，譬如鹽酸與硫酸都屬於強酸。至於醋酸與檸檬酸等「弱酸」，則只有部分的分子會解離出氫離子。

「鹼」則是帶有苦味，並且會與酸反應的物質。鹼溶於水會產生「氫氧根離子」（OH-）。鹼的水溶液性質（鹼性），就來自這個氫氧根離子。

酸與鹼反應所生成的「鹽」，為這兩者反應所生成的化合物總稱。舉例來說，硫酸（酸）與氫

酸、鹼是什麼？

左頁是根據「阿瑞尼斯酸鹼理論」所繪製的酸鹼示意圖。酸與鹼除了根據氫離子與氫氧根離子來定義之外，也會使用電子在化學反應時的轉移來定義（路易斯酸鹼理論）。而離子是因為原子釋放電子或獲得電子，而帶正電或負電的粒子。右頁呈現的是中和反應的機制與pH的定義。

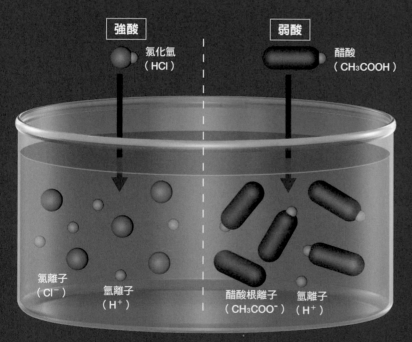

強酸
氯化氫（HCl）

弱酸
醋酸（CH₃COOH）

氯離子（Cl⁻）　氫離子（H⁺）

醋酸根離子（CH₃COO⁻）　氫離子（H⁺）

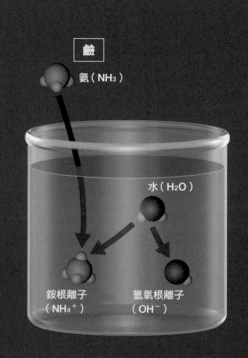

鹼
氨（NH₃）

水（H₂O）

銨根離子（NH₄⁺）　氫氧根離子（OH⁻）

強酸與弱酸的差異，在於氫離子的濃度

酸是溶於水時，會產生氫離子的物質。像氯化氫水溶液（即鹽酸）這樣的強酸（上圖左），幾乎所有的分子都會解離出氫離子，氫離子的生成量相對較多。反之，像醋酸這樣的的弱酸（圖的右側），只有部分的分子會解離出氫離子。酸性的強弱差異，就源自於這種氫離子的濃度差異。

鹼產生氫氧根離子

鹼是溶於水時，產生氫氧根離子的物質。舉例來說，氫氧化鈉（NaOH）溶於水時，會解離出氫氧根離子，展現出鹼性。但另一方面，也有像氨這種雖然分子中不含羥基（－OH），卻依然呈現鹼性的物質。這是因為與氨反應的水分子會失去1個氫離子，轉變為氫氧根離子（參照上圖）。

氧化鋇（鹼）反應時，就會形成硫酸鋇這種鹽，而酸的氫離子也會與鹼的氫氧根離子結合並生成水。相同數量的**酸與鹼反應並生成鹽，稱為「中和」。當中和反應發生時，由於氫離子和氫氧根離子互相抵消，酸性與鹼性也會消失。**

阿瑞尼斯酸鹼理論認為可以透過氫離子與氫氧根離子說明酸與鹼的性質，但這個定義只適用於水溶液。

至於水溶液以外的場合，則使用其他定義。2種物質反應時，「布忍斯特－洛瑞酸鹼理論」將釋放出氫離子的物質定義為酸，接收氫離子的物質則定義為鹼。這個定義無論是氣體之間的中和反應，還是溶於水以外的液體都適用。

水溶液酸鹼性的高低以「pH」為單位。pH7是中性，低於這個值代表酸性，高於這個值則代表鹼性。p是「power」（指數），H是「hydrogen ion」（氫離子）的字首，所以pH值即代表氫離子濃度。舉例來說，pH1就意味著1公升的水溶液中，含有約0.1（10^{-1}）莫耳的氫離子。

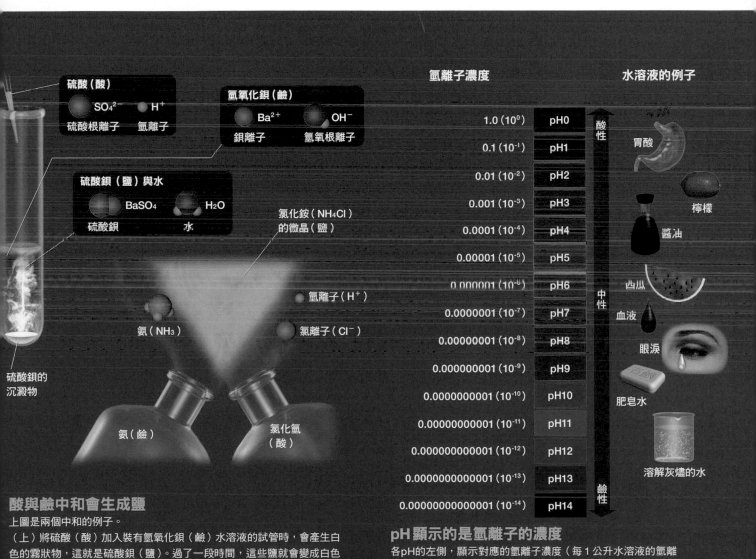

氫離子濃度

水溶液的例子

硫酸（酸）
SO_4^{2-}　H^+
硫酸根離子　氫離子

氫氧化鋇（鹼）
Ba^{2+}　OH^-
鋇離子　氫氧根離子

硫酸鋇（鹽）與水
$BaSO_4$　H_2O
硫酸鋇　水

氯化銨（NH_4Cl）的微晶（鹽）

氫離子（H^+）
氯離子（Cl^-）
氨（NH_3）

硫酸鋇的沉澱物

氨（鹼）　氯化氫（酸）

氫離子濃度	pH
1.0（10^0）	pH0
0.1（10^{-1}）	pH1
0.01（10^{-2}）	pH2
0.001（10^{-3}）	pH3
0.0001（10^{-4}）	pH4
0.00001（10^{-5}）	pH5
0.000001（10^{-6}）	pH6
0.0000001（10^{-7}）	pH7
0.00000001（10^{-8}）	pH8
0.000000001（10^{-9}）	pH9
0.0000000001（10^{-10}）	pH10
0.00000000001（10^{-11}）	pH11
0.000000000001（10^{-12}）	pH12
0.0000000000001（10^{-13}）	pH13
0.00000000000001（10^{-14}）	pH14

酸性　中性　鹼性

胃酸
檸檬
醬油
西瓜
血液
眼淚
肥皂水
溶解灰燼的水

酸與鹼中和會生成鹽
上圖是兩個中和的例子。
（上）將硫酸（酸）加入裝有氫氧化鋇（鹼）水溶液的試管時，會產生白色的霧狀物，這就是硫酸鋇（鹽）。過了一段時間，這些鹽就會變成白色沉澱物。除了鹽之外，也會生成水。
（下）也有不生成水的中和反應。氨氣與氯化氫氣體同時釋放時，氣體混合之處會生成白煙。這個白煙就是鹽，是氯化銨的微晶（crstallite）。氯化銨是由氯化氫（酸）所釋放出的氫離子，被氨氣（鹼）接收後所形成的物質。

pH顯示的是氫離子的濃度
各pH的左側，顯示對應的氫離子濃度（每1公升水溶液的氫離子量［莫耳］）。右側列出的是常見水溶液的例子。pH值顯示的是氫離子濃度為「10的負幾次方」。

清潔劑為何要標示「危險！請勿混用」？

如 同前頁所述，酸與鹼反應生成鹽的過程稱為「中和」。那麼，如果在酸與鹼反應所生成的鹽當中，再加入更多酸，會發生什麼事呢？

許多氯系清潔劑都含有「次氯酸鈉」這種物質。次氯酸的氧化力強，通常用於漂白等，而次氯酸鈉就是由酸性物質次氯酸（由次氯酸根離子與氫離子組成）與鹼性物質氫氧化鈉反應後所形成的鹽。如果在裡面加入以鹽酸為主成分的酸性清潔劑，將會引起劇烈的化學反應。

當酸遇到鹼⋯⋯

當酸遇到鹼時，會形成既非酸又非鹼的鹽。以插圖為例，鹽酸與氫氧化鈉混合，會形成氯化鈉與水。

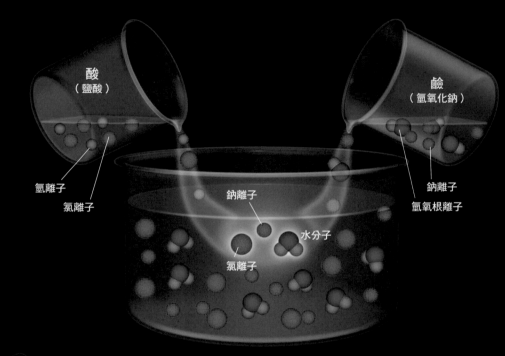

酸
（鹽酸）

鹼
（氫氧化鈉）

氫離子

氯離子

鈉離子

水分子

氯離子

鈉離子

氫氧根離子

當弱酸遇到鹼⋯⋯

弱酸與鹼反應也會形成鹽。但如果在形成的鹽裡面再加入強酸，弱酸就會分離，強酸則與鹼反應形成鹽。以插圖為例，當弱酸的醋酸與氫氧化鈉混合時，會形成名為「醋酸鈉」的鹽。接著將強酸的鹽酸加入醋酸鈉，於是醋酸鈉分離，生成鹽酸與氫氧化鈉反應時產生的鹽「氯化鈉」。

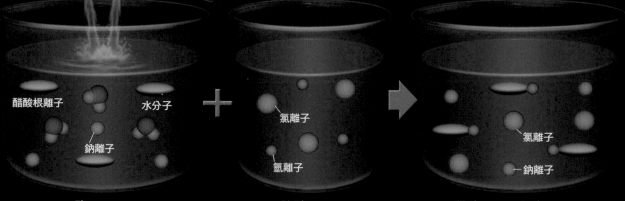

弱酸
（醋酸）

醋酸

鹼
（氫氧化鈉）

醋酸根離子

水分子

鈉離子

氯離子

氫離子

氯離子

鈉離子

鹽（醋酸鈉）

強酸（鹽酸）

弱酸（醋酸）和鹽（氯化鈉）

兩者混合會生成氯化鈉（鹽）與次氯酸。**在弱酸（此指次氯酸）與鹼（氫氧化鈉等）形成的鹽中，再加入強酸（此指鹽酸），弱酸（次氯酸）將分離出來**，形成強酸與鹼性的鹽（氯化鈉）。

而分離出來的**次氯酸具有非常容易分解的性質，會被鹽酸的氫離子分解成水和氯氣**。

這個反應在一瞬間發生。氯氣對人體來說非常危險，一旦吸入便會立刻失去意識，如果不及時處理，甚至可能導致死亡。因此，這類具有危險性的氯系清潔劑和酸性清潔劑都會標示「危險！請勿混用」的警語。

麻煩的是，只要是比次氯酸更酸的物質都會引起反應，就連醋都具有危險性。如果不小心在灑了醋的廚房水槽，或是在才剛使用酸性清潔劑打掃的廁所使用氯系清潔劑，都可能導致危及生命的事故。

危險！清潔劑會生成氯氣

氯系清潔劑次氯酸鈉，與酸性清潔劑鹽酸混合，會生成氯氣。首先，次氯酸鈉與鹽酸混合，分離出弱酸次氯酸（1）。接著鹽酸進一步作用（2），分解出氯氣與水分子（3）。急遽生成的氯氣，變成泡泡釋放到空氣中。

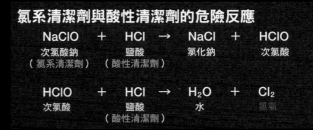

氯系清潔劑與酸性清潔劑的危險反應

$$NaClO + HCl \rightarrow NaCl + HClO$$

次氯酸鈉　　　　　鹽酸　　　　　氯化鈉　　　　　次氯酸
（氯系清潔劑）　（酸性清潔劑）

$$HClO + HCl \rightarrow H_2O + Cl_2$$

次氯酸　　　　　鹽酸　　　　　　水　　　　　　氯氣
　　　　　　（酸性清潔劑）

⚠ 非常危險，絕對不要嘗試進行實驗

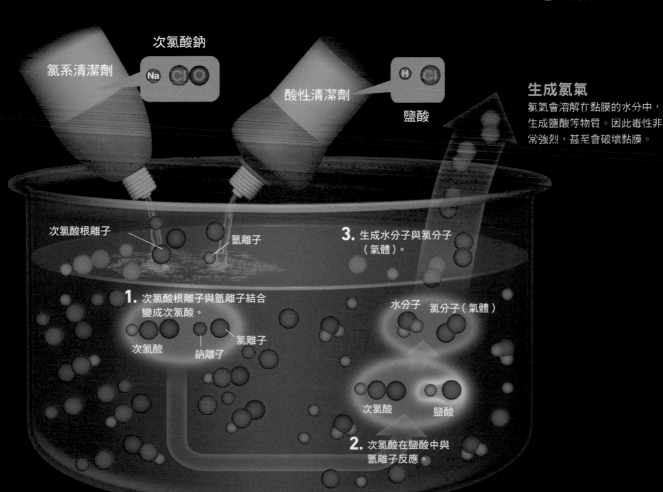

氯系清潔劑　　次氯酸鈉

Na　ClO

酸性清潔劑

H　Cl

鹽酸

生成氯氣

氯氣會溶解在黏膜的水分中，生成鹽酸等物質。因此毒性非常強烈，甚至會破壞黏膜。

次氯酸根離子　　　　氫離子

3. 生成水分子與氯分子（氣體）。

1. 次氯酸根離子與氫離子結合變成次氯酸。

水分子　氯分子（氣體）

次氯酸　鈉離子　氯離子

次氯酸　鹽酸

2. 次氯酸在鹽酸中與氫離子反應。

金屬生鏽是與氧結合的「氧化」反應

生活中常見的金屬生鏽，全部都與「氧化」現象有關。氧化是什麼呢？

發生在我們身邊的氧化，指的多半是物質「與氧原子結合」。舉例來說，在氧氣（O_2）中加熱銅（Cu），就會變成下圖**1**的氧化銅（CuO）。

至於與「氧化」相反的現象，則稱為「還原」。舉例來說，邊加熱氧化銅（CuO）邊噴灑氫氣（H_2），氧化銅就會失去氧氣，如下圖**2**恢復成銅。這時就會說氧化銅被還原了。

但有些反應即使不涉及氧氣的交換，仍稱為氧化或還原。例如，將加熱的銅（Cu）與氯氣（Cl_2）反應，生成氯化銅（$CuCl_2$）的過程，也被稱為氧化還原反應。為什麼呢？

實際上，**廣義的「氧化」意指「失去電子」，「還原」則指「獲得電子」。**

本文最前面舉例的銅與氧氣反應的氧化現象（右頁下圖），所形成的氧化銅（CuO），由失去兩個電子的銅離子（Cu^{2+}），與獲得兩個電子的氧離子（O^{2-}）組成。廣義來看，失去電子的銅被氧化了，而獲得電子的氧則被還原。

由此可知，氧化與還原總是同時發生。下圖**2**還原氧化銅的反應，也伴隨著氫的氧化。

鐵從流出離子開始生鏽

至於日常生活中的生鏽現象則與加熱實驗不同，反應更加複雜一點。

當雨水等水分附著於鐵時，首先會將鐵離子（Fe^{2+}）溶出。同時，水分子（H_2O）與溶於水中的氧氣（O_2）則吸收電子，與鐵離子結合，變成紅色的「氫氧化鐵」（$Fe(OH)_3$）。這就是水流過生鏽鐵管時，會變成紅色的原因之一。

氫氧化鐵接著與水中的氧氣反應，變成「氧化鐵」（Fe_2O_3），附著於金屬表面。這就是形成紅色鐵鏽的原因，也說明了為什麼紅色鐵鏽的體積會比原本的鐵還要大。

鐵的氧化反應在我們生活周遭中很多場合都會發生。舉例來說，暖暖包就是利用鐵急速氧化所產生的熱。

交換氧的氧化還原反應

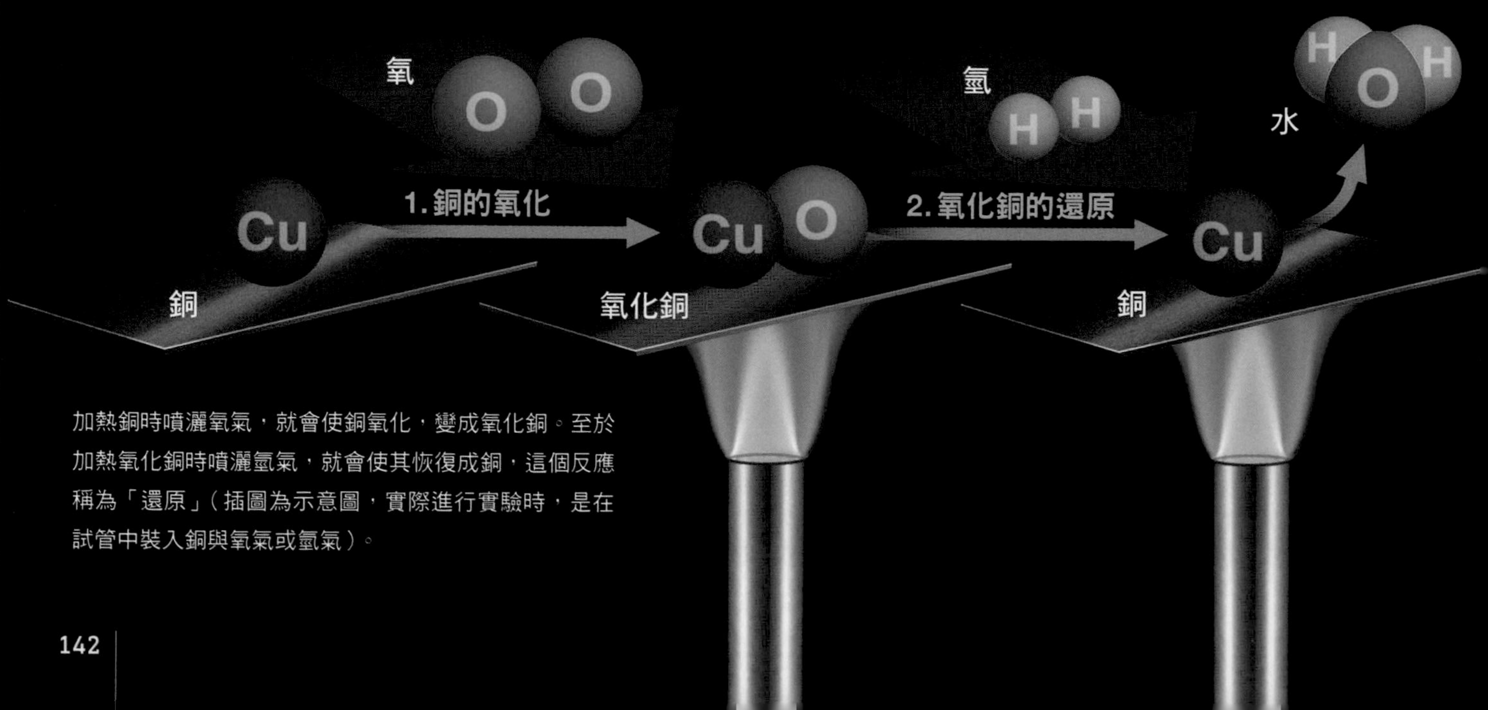

氧　O O
氫　H H
水　H O H

Cu　1.銅的氧化　→　Cu O　2.氧化銅的還原　→　Cu
銅　　　　　　　　　氧化銅　　　　　　　　　銅

加熱銅時噴灑氧氣，就會使銅氧化，變成氧化銅。至於加熱氧化銅時噴灑氫氣，就會使其恢復成銅，這個反應稱為「還原」（插圖為示意圖，實際進行實驗時，是在試管中裝入銅與氧氣或氫氣）。

鐵的生鏽反應出乎意料地複雜

溶於水中的氧分子與水分子從鐵中奪取電子，形成亞鐵離子（Fe^{2+}）與氫氧根離子（OH^-）（1）。新形成的亞鐵離子立刻與氫氧根離子反應，變成紅色的氫氧化鐵（$Fe(OH)_3$），部分附著於鐵板上。氫氧化鐵進一步與氧反應，變成氧化鐵（Fe_2O_3）（2），這就是紅色鐵鏽的本體。

$$Fe + H_2O + O_2 \rightarrow Fe(OH)_3 \rightarrow FeOOH \rightarrow Fe_2O_3$$

（以上並非精確的化學反應式，只是簡單呈現鐵鏽形成的順序）

也有利用生鏽物質的加工

鋁光是放在空氣中就會與氧產生反應，表面會很快覆蓋上一層氧化鋁（Al_2O_3）。這麼一來，其下方的鋁就無法再與氧反應。這種在金屬表面形成的薄膜狀氧化物，稱為「氧化薄膜」（oxide film）。而金屬被氧化薄膜覆蓋、保護的狀態則稱為「鈍化」（passivation），使用於智慧型手機外裝等的陽極處理，或是將鉻加入鐵中形成的合金「不鏽鋼」（stainless steel）等，都運用了氧化薄膜的原理。

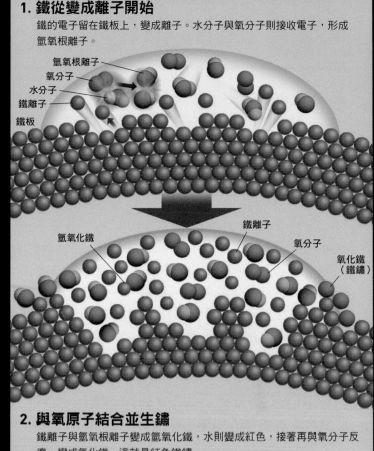

1. 鐵從變成離子開始

鐵的電子留在鐵板上，變成離子。水分子與氧分子則接收電子，形成氫氧根離子。

氫氧根離子
氧分子
水分子
鐵離子
鐵板

氫氧化鐵　　　　　鐵離子　　氧分子　　氧化鐵（鐵鏽）

2. 與氧原子結合並生鏽

鐵離子與氫氧根離子變成氫氧化鐵，水則變成紅色，接著再與氧分子反應，變成氧化鐵，這就是紅色鐵鏽。

廣義的氧化還原反應，是電子的交換

廣義來說，氧化指「失去電子」（交出電子），還原指「獲得電子」。

銅變成氧化銅的過程中，銅原子被氧化，失去了兩個電子；氧原子則被還原，獲得了兩個電子。這樣的反應可透過下列反應式呈現：

銅原子氧化：$2Cu \rightarrow 2Cu^{2+} + 4e^-$

氧分子還原：$O_2 + 4e^- \rightarrow 2O^{2-}$（$e^-$代表電子）　　反應：$2Cu^{2+} + 2O^2 \rightarrow 2CuO$

整體的反應：$2Cu + O_2 \rightarrow 2CuO$

銅和氯氣的反應，也如以下反應式所呈現的，銅原子失去兩個電子，而兩個氯原子則各自獲得一個電子，這也是氧化還原反應。

銅原子氧化：$Cu \rightarrow Cu^{2+} + 2e^-$

氯分子還原：$Cl_2 + 2e^- \rightarrow 2Cl^-$　　反應：$Cu^{2+} + 2Cl^- \rightarrow CuCl_2$

整體的反應：$Cu + Cl_2 \rightarrow CuCl_2$

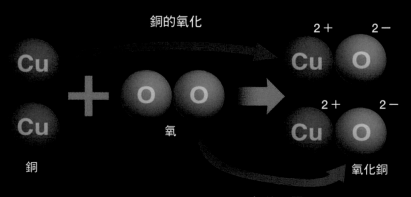

銅的氧化

Cu
Cu
銅

＋

O　O
氧

→

$2+$　$2-$
Cu　O

$2+$　$2-$
Cu　O
氧化銅

氧的還原

明亮的光源，是微小的碳粒子

蠟燭與瓦斯爐的「火焰」雖然常見，其機制卻意外地複雜。

燃燒的只有火焰表面

接著以蠟燭為例，介紹火焰的詳細原理。

蠟是由碳（C）與氫（H）組成的物質，在常溫下是固態。蠟經過加熱熔化後，傳遞到燭芯，再進一步加熱就會變成氣態的蠟。**氣態的蠟與大氣中的氧（O_2）急速發生化學反應，生成二氧化碳（CO_2）與水蒸氣（H_2O）。在此時產生光與熱的現象，就稱為「燃燒」。**

就蠟燭而言，像燃燒這樣的化學反應，其實只在氣態蠟接觸到空氣的部位發生，範圍只有火焰表面的薄薄一層（右頁圖）。這個範圍產生高溫的熱，並往周圍擴散。

來自周圍空氣的氧，幾乎在火焰表面發生的燃燒便使用殆盡，抵達不了火焰內部。但火焰表面產生的高熱卻能抵達內部，因此火焰內部的氣態蠟，其實處在類似「悶燒」的狀態，這種情況下生成的物質就是「碳微粒」。

碳微粒在火焰中變得愈來愈大，當受熱而溫度升高時，綻放出強烈的光芒。其原理就和白熾燈泡的燈絲在溫度升高時會發光相同（熱輻射）。蠟燭的火焰之所以會綻放明亮的黃橙色光芒，就是因為碳微粒在發光。不過至今仍未能充分了解，氣態的蠟如何生成固態的碳微粒。

火焰表面發出藍色的光

現在已知當氣態蠟與氧發生化學反應時，能在瞬間製造出各式各樣的物質，且會立刻變成二氧化碳與水蒸氣。這些物質當中，**「CH」與「C_2」等部分不穩定的分子，在高溫氣體中會發出藍綠色的光**。碳微粒少，氧較充足的蠟燭火焰底部，可看到這些分子發出的光呈現藍綠至藍色。實際上，蠟燭的火焰表面全部都會發出這種藍色的光，只不過因為碳微粒太過明亮，看不見藍色。

這種藍色就和瓦斯爐火焰的顏色相同（右上表格）。瓦斯爐的火焰，是將氧與燃料混合燃燒所形成。而燃料的主成分使用「甲烷」等分子較小的物質，因此較難生成碳微粒，這麼一來就能看見不穩定的分子發出藍色光芒。

火焰的原理

圖中所示為蠟燭的火焰。蠟燭的火焰是「擴散燃燒」（diffusion combustion）形成的火焰範例，詳見右上表。

發出明亮光芒的火焰

高溫的碳微粒綻放明亮的光芒，其光芒比表面的藍光還要亮。

碳微粒

碳微粒在火焰中逐漸變大。微粒也會像葡萄串一樣聚集在一起，但幾乎所有的碳微粒都會在火焰中燃燒殆盡。

燭芯周圍較暗

燭芯周圍有許多變成氣態的蠟，看起來較暗。

底部呈藍色

大量空氣（氧）進入火焰下方，使燃燒持續進行，因此底部沒有碳微粒，能看見不穩定的分子所發出的藍色光芒。

蠟燭的芯

透過毛細現象將液態蠟往上吸。

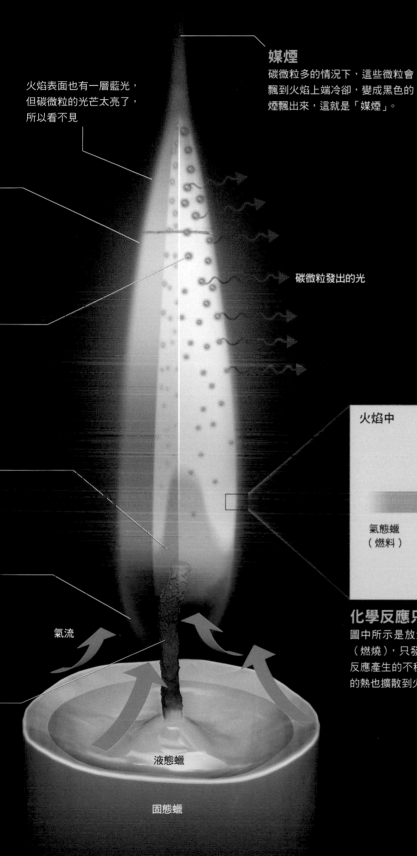

火焰表面也有一層藍光，
但碳微粒的光芒太亮了，
所以看不見

媒煙
碳微粒多的情況下，這些微粒會
飄到火焰上端冷卻，變成黑色的
煙飄出來，這就是「媒煙」。

碳微粒發出的光

氣流

液態蠟

固態蠟

形成火焰的燃燒種類

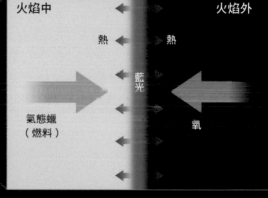

擴散燃燒	預混燃燒
燃料與氧分別來自不同的地方。火焰內部形成碳微粒，因此會綻放明亮光芒。	在燃料與氧預先混合的狀態下發生的燃燒。難以生成碳微粒，火焰呈現藍色。
例：燭火　篝火	例：瓦斯爐　瓦斯槍

火焰中　　　　　　　　火焰外

熱　　　熱

藍光

氣態蠟
（燃料）　　　　　　氧

化學反應只發生在火焰表面
圖中所示是放大後的火焰表面。氣態蠟與氧的化學反應
（燃燒），只發生在火焰表面薄薄一層的範圍。這個化學
反應產生的不穩定分子會發出藍色的光。此外，這裡產生
的熱也擴散到火焰的內側與外側。

離子在電池中
創造電流

離 子在乾電池及手機電源的
電池中，創造出電流。

　**將2種金屬以導線連接，浸泡
在電解液（含有離子的液體）
中，電流就會以這2種金屬為正
負極，在導線中流動。** 舉例來

說，以導線連接鋅（Zn）板和
銅（Cu）板，並浸泡在稀硫酸
（H_2SO_4）中，導線就會通電
（左頁下圖）。

　將金屬浸泡在電解液裡，金屬
就會釋放出電子，變成陽離子。

　不同金屬變成陽離子的傾向也不
同（下方柱狀圖）。**因此，以導
線連接鋅板與銅板並浸入稀硫酸
時，容易成為陽離子的鋅會釋放
出電子，變成鋅離子（Zn^{2+}），
並溶解在電解液中。至於從鋅板
釋放出的電子則流向銅板。**

　不過，如果將以導線連接的2
種金屬，浸入不含離子的液體，
導線中也不會有電流通過。當帶
負電的電子在導線中朝正極移動

電池的基本原理與
錳乾電池（右頁）

右側柱狀圖是「金屬的離子化傾向圖」，根據金
屬容易變成陽離子的順序排列。下圖是義大利物
理學家伏打（Anastasio Volta，1745～1827）
在1800年發明的「伏打電池」（voltaic cell）。右
頁則是最早普及的「錳乾電池」。

金屬的離子化傾向圖
根據形成陽離子的難易度排列金
屬，就會形成右圖。愈往左的金
屬愈容易形成陽離子。金屬的離
子化傾向，是以氫氣的離子化傾
向為基準測定，因此金屬的離子
化傾向圖中也含有氫。

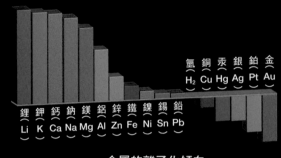

鋰　鉀　鈣　鈉　鎂　鋁　鋅　鐵　鎳　錫　鉛　　　氫　銅　汞　銀　鉑　金
(Li)(K)(Ca)(Na)(Mg)(Al)(Zn)(Fe)(Ni)(Sn)(Pb)　　(H_2)(Cu)(Hg)(Ag)(Pt)(Au)

金屬的離子化傾向

伏打電池

伏打電池是一種以鋅（Zn）板為負極、
銅（Cu）板為正極，稀硫酸（H_2SO_4）為
電解液的電池。

　當鋅板與銅板用導線連接並浸入水中
時，負極鋅板上的鋅原子
會釋出電子，變成鋅離
子（Zn^{2+}）並溶解於電
解液中。至於負極釋出
的電子則會流向正極。

　另一方面，正極的銅板
則會接收氫離子（H^+），
變成氫原子（H），而且氫
原子會彼此結合，形成氣
態的氫分子（H_2）。

　在電解液中，氫離子會
往正極方向移動，硫酸根
離子（SO_4^{2-}）則往負極的
方向移動，使導線中產生電
流。

　附帶一提，「離子」（ion）
的名稱源自於希臘語的「行
走」。離子會往電極移動
（行走），因此而得名。

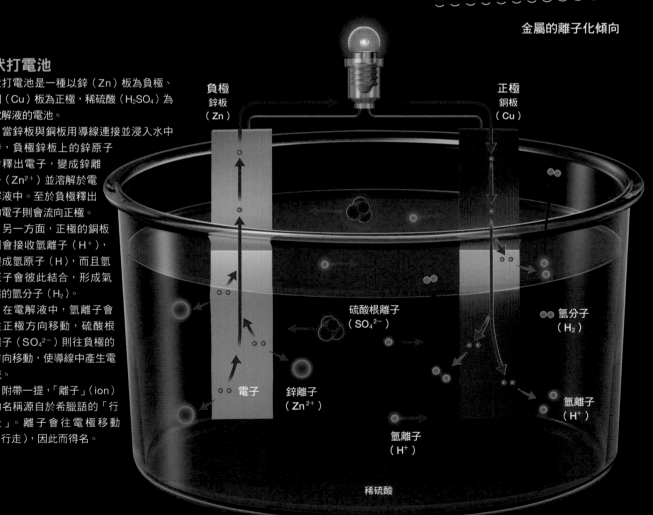

負極
鋅板
（Zn）

正極
銅板
（Cu）

硫酸根離子
（SO_4^{2-}）

●● 氫分子
（H_2）

電子

鋅離子
（Zn^{2+}）

氫離子
（H^+）

氫離子
（H^+）

稀硫酸

時，液體中帶負電的陰離子也必須同時朝負極移動，帶正電的陽離子則必須朝正極移動，以保持液體的電中性※。

下圖所示的「錳乾電池」（manganese dry cell）是最早普及的乾電池。這種電池使用鋅與二氧化錳（MnO_2）作為電極，以氯化鋅（$ZnCl_2$）和氯化銨（NH_4Cl）水溶液作為電解液。之所以稱為「乾」電池，是

因為電解液以黏合劑製成糊狀，並與二氧化錳及石墨（C）粉一起固化，變得不容易漏液。當負極的鋅與正極的二氧化錳透過導線連接時，鋅離子就會溶於電解液中，導線於是就有電流通過。

由此可知，電池的基本原理是共通的，都是由離子產生電流。

※：在由鋅板、銅板以及稀硫酸組成的電池中，鋅板產生的電子會透過導線移動，並在銅板表面傳遞給氫離子。這是因為銅板表面比鋅板表面更容易將電子傳遞給氫離子。但如果鋅板形成的所有電子，都在鋅板表面就被傳遞給氫離子，導線中就不會產生電流了。電流是否能通過導線，也與金屬表面的性質有關。

錳乾電池

錳乾電池以鋅（Zn）為負極、二氧化錳（MnO_2）為正極，電解液則是氯化鋅（$ZnCl_2$）與氯化銨（NH_4Cl）水溶液。負極為鋅製成的容器，正極的二氧化錳和電解液就裝在這個容器裡。

以導線連接錳乾電池的正極與負極時，鋅原子（Zn）在負極釋放電子，形成鋅離子（Zn^{2+}），並溶於電解液中。至於在負極釋放的電子則流向正極，溶於電解液的鋅離子則與水分子（H_2O）反應，形成氫氧化鋅（$Zn(OH)_2$）和氫離子（H^+）。

至於在正極，電子則與二氧化錳（MnO_2）及氫離子反應，形成偏氫氧化錳(III)（$MnO(OH)$）。

而在電解液中，鋅離子和銨根離子（NH_4^+）往正極方向移動，氯離子（Cl^-）則往負極方向移動。

這麼一來，以導線連接錳乾電池的正極與負極時，就會在導線上形成電流。

不過，當正極的二氧化錳全部變成偏氫氧化錳(III)時，正極就沒有可以接收電子的物質，這時導線上的電流就會停止流動，電池也到了使用壽命。

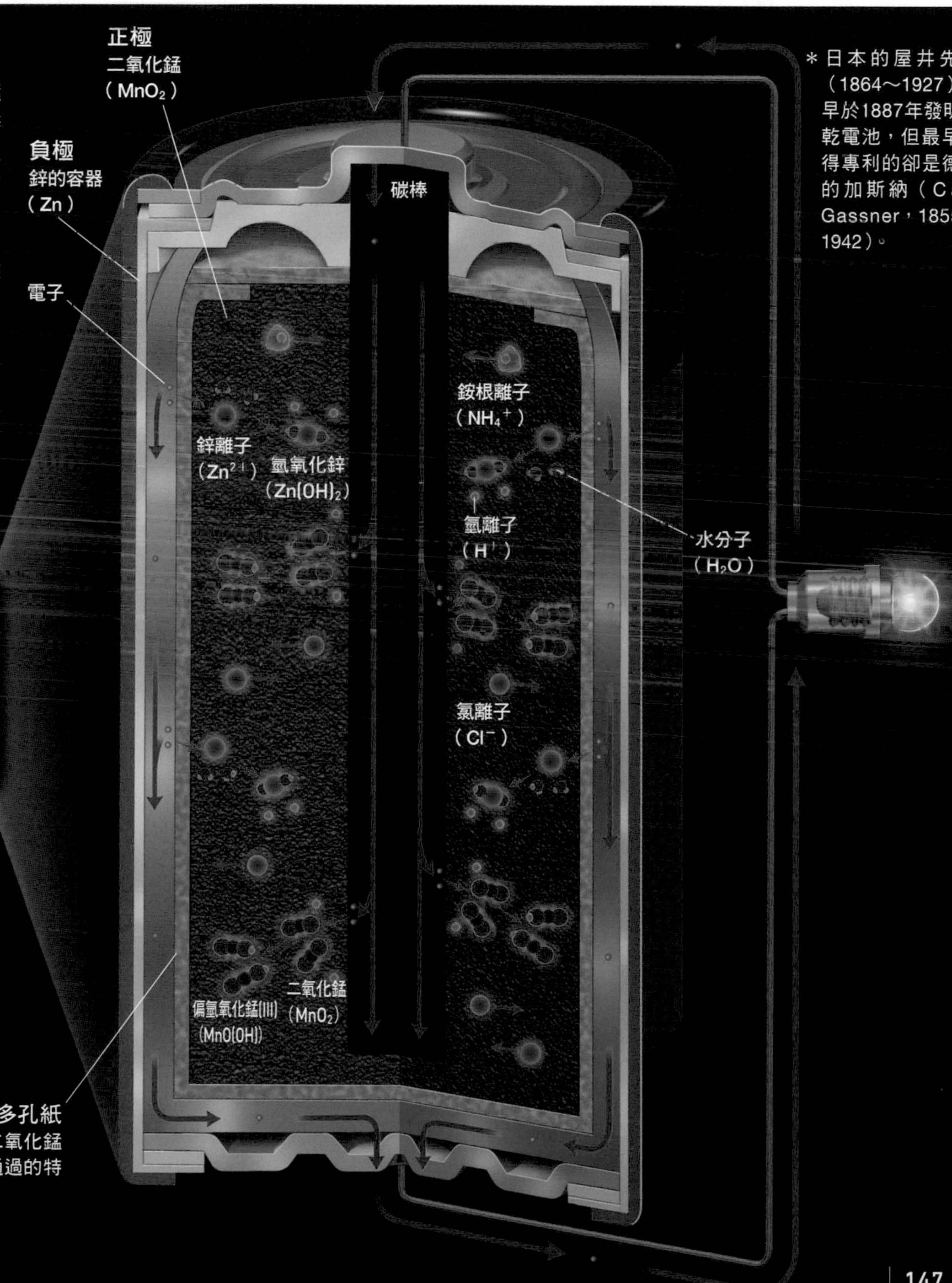

* 日本的屋井先藏（1864～1927）最早於1887年發明了乾電池，但最早取得專利的卻是德國的加斯納（Carl Gassner，1855～1942）。

正極
二氧化錳（MnO_2）

負極
鋅的容器（Zn）

電子

碳棒

鋅離子（Zn^{2+}）　氫氧化鋅（$Zn(OH)_2$）

銨根離子（NH_4^+）

氫離子（H^+）

水分子（H_2O）

氯離子（Cl^-）

偏氫氧化錳(III)（$MnO(OH)$）　二氧化錳（MnO_2）

多孔紙
為了避免負極的鋅容器與正極的二氧化錳直接接觸，但能讓電解液與離子通過的特殊紙。

4 物質的結合

PART 2
碳所創造的
有機化學

化 學大致可分為「無機化學」與「有機化學」。無
機化學對半導體等精密儀器的發展帶來貢獻，
有機化學則在石油化學與藥品開發中扮演重要角色。據
說有機物的種類遠比無機物多，而掌握其關鍵的就是
「碳」。接著就來看看有機化學的奧祕！

協助
中村榮一／伊藤 章／中坪文明

有機化學的關鍵在於碳原子

化學大致可以分為「有機化學」（organic chemistry）與「無機化學」（inorganic chemistry），據說這樣的區分始於18世紀後半。當時的化學家將動植物和以其為原料製成的酒與染料等「從生物獲得的產物」稱為「有機物」。除此之外的岩石、水、鐵與金等則稱為「無機物」。

目前已知的118種元素所形成的化合物，幾乎都是無機物。**無機物的性質會隨元素種類以及所含比例而改變**。舉例來說，是否導電、是否溶於水，都取決於元素的種類與其比例。因此無機化學的研究者會藉由嘗試新的元素組合，創造出新的物質並加以研究。

至於**有機物的性質，則主要取決於元素的結合方式**。18世紀末發現，有機物由碳、氫、氧、氮等少數幾種元素形成，其性質差異並非來自元素種類，而是元素不同的結合方式。

儘管有機物由極少數的元素形成，但種類遠遠多過於無機物，而掌握其關鍵的就是碳原子。研究碳所生成的各種物質的化學，便稱為「有機化學」。

有機物不是「生物活動產生的物質」？

過去的有機化合物，指的是生命活動產生的特殊化合物。然而，德國科學家烏勒（Friedrich Wöhler，1800～1882）於1828年在進行合成假說中的物質「氰酸銨」（CH_4N_2O）實驗時，偶然成功合成出擁有相同元素組成的有機物「尿素」（CH_4N_2O）。這代表有機物不只能透過生命活動產生，現在將有機物（有機化合物）定義為「以碳原子為骨架的化合物」。

有機物的例子

肥皂（月桂酸鈉）
氫 碳 氧 鈉

紅色素（氯化天竺葵素）

無機物的例子

食鹽（氯化鈉） 鈉 氯
水晶（二氧化矽） 氧 矽 氧

※文章中的分子插圖，幾乎都由日本科學溝通師本間善夫先生協助製作。網站：「生活環境化學小屋」（http://www.ecosci.jp/）

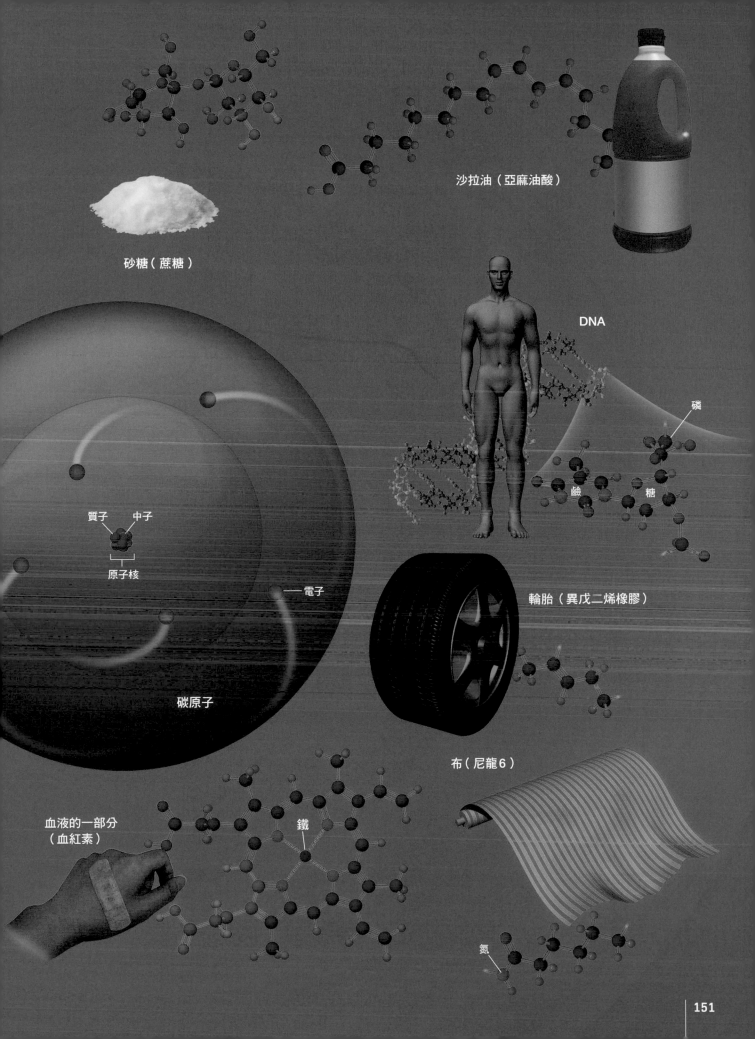

沙拉油（亞麻油酸）

砂糖（蔗糖）

DNA

磷

鹼　　糖

質子　　中子

原子核

電子

輪胎（異戊二烯橡膠）

碳原子

布（尼龍6）

血液的一部分
（血紅素）

鐵

氮

碳的「強項」就是與無數物質結合

碳為什麼能形成無數的有機物呢？因為碳有兩個強項。熟知有機化合物性質的日本東京大學中村榮一教授表示：

「這兩個強項都能從碳在週期表上的『位置』說明。」**第一個強項：如果只看週期表由上往下數的第二列，碳位於中央。**

碳的第1層軌域有2個電子，第2層軌域有4個電子。只要再來4個電子，就能填滿第2層軌域，使其穩定。或者只要釋放出4個電子，就會剩下所有空位都已填滿的第1層軌域，也能變得穩定。

不過，釋放4個電子，或是奪取4個電子，對碳而言並不容易，取而代之的是與其他原子共

3	4	5	6	7	8	9	10
Li	**Be**	**B**	**C**	**N**	**O**	**F**	**Ne**
鋰	鈹	硼	碳	氮	氧	氟	氖

傾向釋放電子，只留下第1層軌域的元素

鋰原子與鈹原子的第2層軌域，電子數只有1～2個，有許多空位。以鋰為例，只要釋出1個電子，就只剩2個內側軌域的電子，遂能變得穩定。

難以填滿軌域的元素

硼的原子有3個電子和5個空位，可以用這3個電子來形成共價鍵，填滿3個空位（就像有3隻手）。剩下的2個空位，只從其他特定元素獲得電子才能填滿。

能填滿軌域的元素

氮、氧、氟分別有5～7個電子與3～1個空位，這些原子有1～3隻「手」。只要各個空位都被填滿，就能填滿第2層的軌域，形成和氖相同的狀態。

軌域填滿的穩定元素

氖的第2層軌域填滿8個電子是非常穩定的元素。由於沒有手，無法形成分子，以單一原子的狀態存在。

橫看週期表？「碳有四隻手」

碳的第2層軌域有4個「電子」與4個「空位」。碳為了填滿這4個空位，由「四隻手」發揮作用。

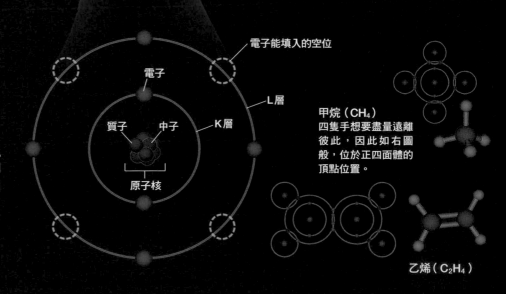

電子能填入的空位

電子

L層

質子　中子　K層

原子核

甲烷（CH$_4$）
四隻手想要盡量遠離彼此，因此如右圖般，位於正四面體的頂點位置。

乙烯（C$_2$H$_4$）

用電子對的鍵結。換句話說，**碳原子具有能與其他原子結合的「四隻手」，因此能夠形成多種鍵結。**

碳原子彼此能透過雙鍵、三鍵鍵結

第二個強項：碳是擁有四隻手的元素當中，週期表上位置最高的。除了碳之外，矽（Si）、鍺（Ge）、錫（Sn）、鉛（Pb）等元素也擁有四隻手。

將碳與其下方的鉛原子比較，兩者都靠著最外側軌域的電子與其他原子鍵結。鍵結的強度取決於電子與原子核互相吸引的力，原子核與電子的距離愈近，這個力就愈大。而碳的原子核即與外側軌域的距離較近，因此能確實保持鍵結，使電子不至於逃逸。

由於鍵結的力道強，碳原子彼此能以雙鍵或是三鍵鍵結。雙鍵的分子形成三叉結構，三鍵的分子則形成直線結構，分子的多樣性便由此而生。

縱看週期表？「碳能牢牢拉住四隻手」

觀察週期表會發現，碳下方的矽（Si）、鍺（Ge）、錫（Sn）、鉛（Pb）都是有四隻手的元素。碳能形成各種鍵結的最大原因，就是在這些元素當中，碳能形成最強的鍵結。

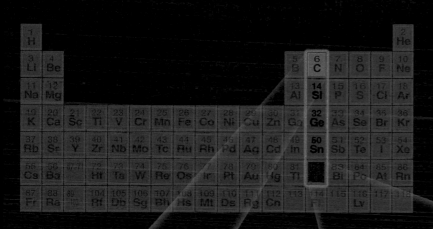

碳

吸引外側電子的力道強
碳的原子核與外側的電子距離近，因此彼此能強烈地互相吸引。

鉛

吸引外側電子的力道弱
鉛原子位在由碳往下數第四個位置，有82個電子，最外側的電子距離較遠，與原子核互相吸引的力道較弱，因此外側的電子有時也會脫離軌域。

與矽形成官能基的「聚矽氧」

「矽」（Si）在週期表中的位置，就在碳的正下方，通常存在於岩石中，是地球上含量最多的元素。人們自1940年代開始，就將矽與其他元素結合，製造出各式各樣的物質。舉例來說，既耐高溫也耐低溫的矽膠、能長期存放的油、樹脂等，也被應用於電子產品當中。

矽能與氧（O）交互鍵結，形成「……Si-O-Si-O-Si-O-……」這樣的分子結構。以矽與氧鍵結形成的長鏈分子為「骨架」，再結合各種元素或有機物的官能基綴飾所形成的分子，稱為「聚矽氧」（silicone）。隨著綴飾的成分不同，聚矽氧可以形成油、橡膠、樹脂等各種不同的物質，骨架比有機物牢固，又像有機物一樣具有各種功能，是備受期待的材料。附帶一提，矽原子的英文是「silicon」，雖然與聚矽氧相似，卻是兩種不同的物質。

有機物的形態取決於碳的鍵結方式

許多有機化合物的分子，都像碳的長鏈般結合在一起，或是以環狀結合在一起。

「鏈狀結構」最具代表性的，就是碳與碳透過單鍵連結成一長條分子的「脂肪族」（aliphatic compound）。脂肪族的碳利用2隻「手」與相鄰的碳鍵結，剩下的2隻「手」則各自與氫鍵結。氫的位置能替換成其他原子，可

說碳的長鏈就是形成有機物的「骨架」。

現在已經知道鍵結的碳原子個數會影響這種碳鏈的性質。當碳原子的數量為1～4個時，在室溫下為氣體；連結15～20個時，會變成蠟燭的蠟。而且碳原子的數量愈多，就愈不容易燃燒。當數萬至數十萬個碳原子鍵結在一起時，就成了塑膠袋的原料「聚乙烯」。

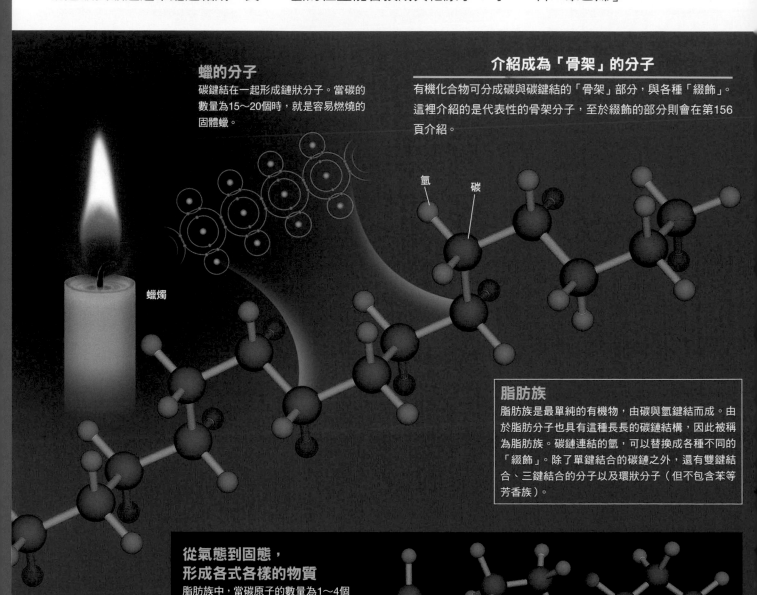

蠟的分子
碳鍵結在一起形成鏈狀分子。當碳的數量為15～20個時，就是容易燃燒的固體蠟。

蠟燭

介紹成為「骨架」的分子
有機化合物可分成碳與碳鍵結的「骨架」部分，與各種「綴飾」。這裡介紹的是代表性的骨架分子，至於綴飾的部分則會在第156頁介紹。

氫　碳

脂肪族
脂肪族是最單純的有機物，由碳與氫鍵結而成。由於脂肪分子也具有這種長長的碳鏈結構，因此被稱為脂肪族。碳鏈連結的氫，可以替換成各種不同的「綴飾」。除了單鍵結合的碳鏈之外，還有雙鍵結合、三鍵結合的分子以及環狀分子（但不包含苯等芳香族）。

從氣態到固態，形成各式各樣的物質
脂肪族中，當碳原子的數量為1～4個時，在室溫下是氣體；5～17個時是液體；超過這個數量就是固體。用於製造白色塑膠袋等的聚乙烯，是由多條長分子鏈規則排列而成。由於分子間的力作用，塑膠袋即使輕薄，依然堅固。

甲烷（CH_4）
天然氣的主要成分。

乙烷（CH_3CH_3）
石油中分離出來的氣體之一，也包含在天然氣中。兩個以上相連時，手的方向依然保持不變。

丙烷（$CH_3CH_2CH_3$）
在冷卻為液態的狀態下保存。作為燃料使用。

至於環狀結構的分子代表，則是在19世紀廣泛使用的煤氣燈中，從煤氣發現的「苯」（benzene）。剛發現後不久，人們還不清楚苯的形狀，因此有許多研究者提出了各種關於形狀的假設。最後由德國化學家克古列（August Kekulé，1829～1896）※闡明了苯的結構。

克古列認為，苯的6個碳透過單鍵與雙鍵連結，形成環狀結構，而且每個碳都連結1個氫，這些氫和脂肪族一樣，可以被其他原子取代。

後來製造的染料與藥物等有機化合物，幾乎都是含有苯的「芳香族化合物」（aromatic compound），因此芳香族的化學急速發展。德國化學家何夫曼（August Hofmann，1818～1892）曾感嘆：「在苯這棵驚人大樹上所開出的花朵，範圍有多麼廣大呢？」（摘自《化學的歷史I》W.H.布洛克著，朝倉書店）。

※：提出1個碳原子最多可與4個原子結合，且碳原子之間以鏈狀結構鍵結的也是克古列。

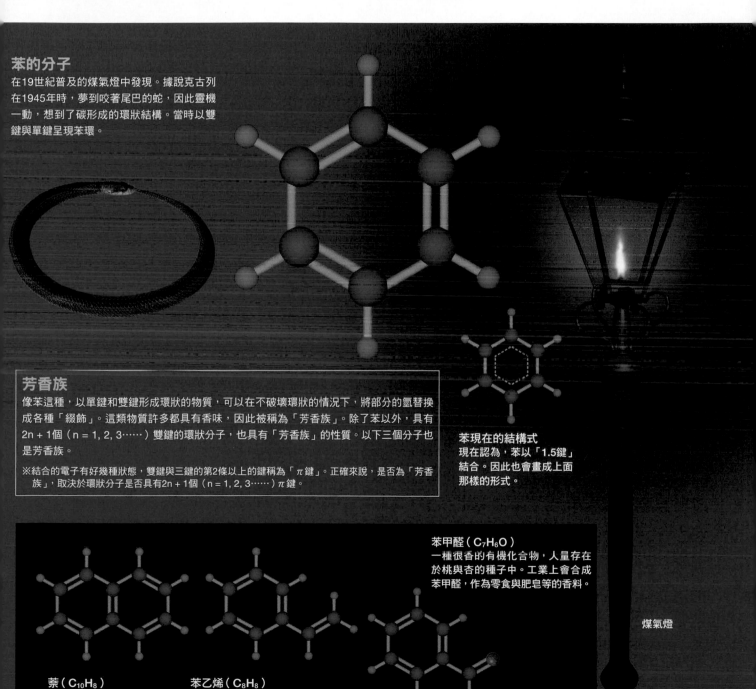

苯的分子
在19世紀普及的煤氣燈中發現。據說克古列在1945年時，夢到咬著尾巴的蛇，因此靈機一動，想到了碳形成的環狀結構。當時以雙鍵與單鍵呈現苯環。

芳香族
像苯這種，以單鍵和雙鍵形成環狀的物質，可以在不破壞環狀的情況下，將部分的氫替換成各種「綴飾」。這類物質許多都具有香味，因此被稱為「芳香族」。除了苯以外，具有2n + 1個（n = 1, 2, 3……）雙鍵的環狀分子，也具有「芳香族」的性質。以下三個分子也是芳香族。

※結合的電子有好幾種狀態，雙鍵與三鍵的第2條以上的鍵稱為「π鍵」。正確來說，是否為「芳香族」，取決於環狀分子是否具有2n + 1個（n = 1, 2, 3……）π鍵。

苯現在的結構式
現在認為，苯以「1.5鍵」結合。因此也會畫成上面那樣的形式。

苯甲醛（C_7H_6O）
一種很香的有機化合物，人量存在於桃與杏的種子中。工業上會合成苯甲醛，作為零食與肥皂等的香料。

萘（$C_{10}H_8$）
常用於防蟲劑。

苯乙烯（C_8H_8）
保麗龍的原料。

煤氣燈

決定有機物
特質的「機制」

家 用瓦斯使用的「丙烷」氣體，是由3個碳原子與8個氫原子組成。如果將其中一個氫原子，替換成由氫與氧組成的綴飾「羥基」，就會變成名為「丙醇」的液體。而丙醇是化妝品與墨水等的材料。

原本的丙烷完全不溶於水，但丙醇可以溶於水。這是因為羥基具有與水類似的「-O-H」結構。

另一方面，丙醇仍保留了與丙烷相似的易燃性。由此可知，**有機化合物的性質，取決於該化合**

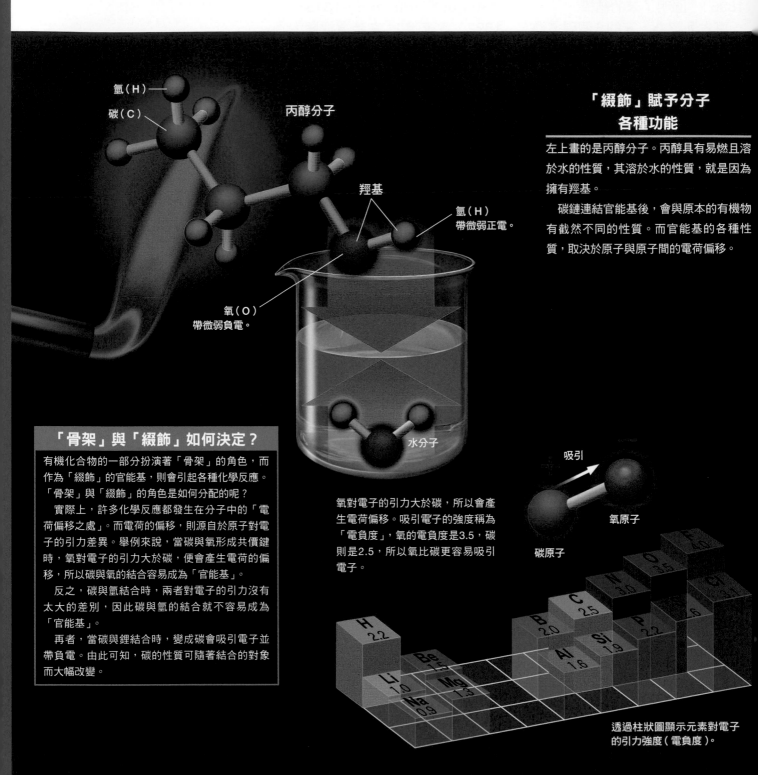

氫（H）
碳（C）
丙醇分子
羥基
氫（H）
帶微弱正電。
氧（O）
帶微弱負電。
水分子

「綴飾」賦予分子各種功能

左上畫的是丙醇分子。丙醇具有易燃且溶於水的性質，其溶於水的性質，就是因為擁有羥基。

碳鏈連結官能基後，會與原本的有機物有截然不同的性質。而官能基的各種性質，取決於原子與原子間的電荷偏移。

「骨架」與「綴飾」如何決定？

有機化合物的一部分扮演著「骨架」的角色，而作為「綴飾」的官能基，則會引起各種化學反應。「骨架」與「綴飾」的角色是如何分配的呢？

實際上，許多化學反應都發生在分子中的「電荷偏移之處」。而電荷的偏移，則源自於原子對電子的引力差異。舉例來說，當碳與氧形成共價鍵時，氧對電子的引力大於碳，便會產生電荷的偏移，所以碳與氧的結合容易成為「官能基」。

反之，碳與氫結合時，兩者對電子的引力沒有太大的差別，因此碳與氫的結合就不容易成為「官能基」。

再者，當碳與鋰結合時，變成碳會吸引電子並帶負電。由此可知，碳的性質可隨著結合的對象而大幅改變。

氧對電子的引力大於碳，所以會產生電荷偏移。吸引電子的強度稱為「電負度」，氧的電負度是3.5，碳則是2.5，所以氧比碳更容易吸引電子。

吸引
氧原子
碳原子

透過柱狀圖顯示元素對電子的引力強度（電負度）。

物擁有何種「綴飾」。這些綴飾稱為「官能基」（functional group），意思是賦予功能的部分。

為什麼羥基具有這種能力呢？這是因為吸引電子的能力依原子而異。舉例來說，當像羥基這樣，氫與氧鍵結並共用電子時，電子就會被兩個原子拉扯。

氧比氫更能吸引電子，因此氧帶微弱的負電，氫帶微弱的正電。這種電荷的偏移，賦予有機物能溶於水，或是進行化學反應的性質。其他的官能基也因為電荷的偏移，而產生了各式各樣的功能。

附帶一提，帶有香味的物質幾乎都是有機化合物。即使是具有相同官能基的有機化合物，香味也會隨著碳的數量而改變。

8種代表性的官能基

形成醇類【羥基】

氫（H）
氧（O）
碳（C）

酒中所含的「酒精」（乙醇）分子所具備的官能基。因其「OH」部分與水分子（H_2O）類似，因此含羥基的分子易溶於水。糖分子（詳見第158頁）也有多個羥基，因此糖也易溶於水。
（化學式是【−OH】）

溶解不溶於水的有機物【醚基】

「乙醚」是一種廣為人知的麻醉劑，此外也用於溶解各種試劑的「溶劑」。因為對大多數的試劑不反應，是一種穩定的物質。
（化學式是【−O−】，O的兩側是碳）

形成對人體有害的物質【羰基】

醛基　酮基

酒中所含的「乙醇」在體內分解時，會產生導致宿醉的「乙醛」。製作生物標本時使用的「甲醛」（福馬林）也是一種醛類水溶液，對人體有害。
（化學式是【−COH】、【−CO−】）

溶於水，呈強酸性【磺酸基】

硫（S）

結構與硫酸分子類似的官能基。含有磺酸基的分子易溶於水，呈現強酸性。
（化學式是【−SO_2(OH)】）

形成醋等有機酸【羧基】

形成醋酸等有機酸。現在已知酸類可以從醛類變化而來。舉例來說，引起宿醉的乙醛氧化後就會變成醋酸。
（化學式是【−COOH】）

形成各種香味【酯基】

含有酯基的小分子，存在於花朵與果實的香氣分子中。此外，聚酯纖維也是由帶有酯基的長鏈分子所構成的素材。
（化學式是【−COO−】）

反應劇烈，可能爆炸【硝基】

氮（N）

「TNT火藥」的正式名稱是「三硝甲苯」（trinitrotoluene），含有多個硝基。像這種含有多個硝基的分子，都具有爆炸性質。
（化學式是【−NO_2】）

吸引氫，呈鹼性【胺基】

氮帶負電，並試圖再吸引一個氫離子（具鹼性）。形成蛋白質的胺基酸，是帶有胺基和羧基的分子。
（化學式是【−NH_2】）

上表整理出一般的官能基。原子周圍帶紅暈者，會強烈吸引鍵結對象的電子，帶有負電。擁有多種上述官能基的有機化合物，其性質會隨著官能基的相互作用與骨架形狀而產生複雜的變化。

有機物
在自然界中
千變萬化

有機物能透過各種化學反應逐漸改變其分子，因此有機物的種類，可說是藉由這種方式無窮無盡地增加。自然界中，也有許多分子逐漸改變形態，最終變成完全不同物質的例子。

蜂蜜、馬鈴薯與樹幹，這幾種物質乍看之下毫不相干，但其實都由類似的分子組成。馬鈴薯中所含的澱粉、支撐大樹的堅固樹幹，以及蜂蜜中所含的糖分子，都擁有相似的分子。

蜂蜜中含有稱為「葡萄糖」的糖分子（正確來說是D-葡萄糖）。現在已知葡萄糖中有2種形態的分子共存，這2種乍看相同，但仔細觀察就會發現，有個羥基位置不一樣，兩者的關係是「立體異構物」（第34頁）。這兩種形態類似的分子，也存在於馬鈴薯的澱粉，以及樹幹的纖維中。

形成馬鈴薯澱粉的「直鏈澱粉」，分子長鏈呈不規則的螺旋狀。加以觀察後會發現，這是由兩種葡萄糖其一的 α-葡萄糖所連結成。至於樹幹，則由稱為「纖維素」的直線分子聚集而成。仔細觀察會發現，是由蜂蜜中所含的另一種葡萄糖 —— β-葡萄糖連結成一長條。

這些纖維素的長分子，朝著相同的方向集結成束，形成「纖維素奈米纖維」。這時強烈的引力在纖維素的分子之間運作，使纖維素奈米纖維變得堅韌，得以支撐樹幹。

直鏈澱粉與纖維素的差異，在於葡萄醣分子的結合方式。**各式各樣的有機物就這樣從微小的差異中誕生**。

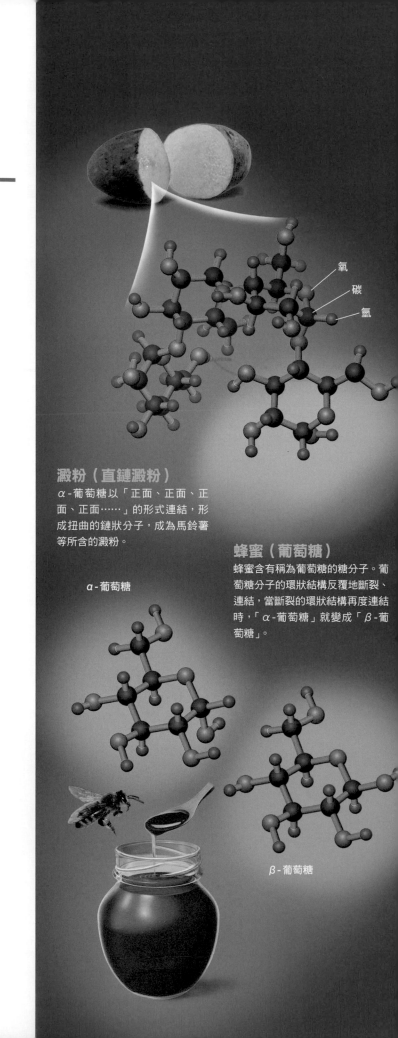

氧
碳
氫

澱粉（直鏈澱粉）
α-葡萄糖以「正面、正面、正面、正面……」的形式連結，形成扭曲的鏈狀分子，成為馬鈴薯等所含的澱粉。

蜂蜜（葡萄糖）
蜂蜜含有稱為葡萄糖的糖分子。葡萄糖分子的環狀結構反覆地斷裂、連結，當斷裂的環狀結構再度連結時，「α-葡萄糖」就變成「β-葡萄糖」。

α-葡萄糖

β-葡萄糖

這裡所繪的樹幹、馬鈴薯的澱粉以及蜂蜜，都擁有
相似的分子，僅彼此連結方式有微小的差別。

樹幹（纖維素）

$β$-葡萄糖以「正面、反面、正面、反面……」的順
序連結，形成筆直的分子。相鄰分子間的氫（H）和
羥基（OH）相對，彼此強烈吸引。這種結合方式稱
為「氫鍵」，讓纖維素分子匯聚成束，形成纖維（纖
維素奈米纖維），成為堅固的樹幹，支撐著樹木。

樹木的導管※部分
（纖維素）

從根將水送向枝、葉的導管部分。
導管是由纖維素的細纖維排列而
成的薄壁，層層疊在一起。纖維素
的纖維（纖維素奈米纖維）形成的
薄壁，能支撐樹木好幾十年。牛仔
褲的棉纖維也是由纖維素製成，具
有很高的強度。

※：像銀杏這樣的裸子植物，或是杉
　　木、檜木等代表性針葉樹則稱為
　　「假導管」（管胞），至於栗木、
　　楢木、櫻木、欅木等闊葉木則稱
　　為「導管」或「纖維假導管」（纖
　　維管胞）。

纖維素奈米纖維
排列的方向

導管

日常應用的例子

纖維素與直鏈澱粉應用在許多地方。舉例來說，奶茶裡面的珍珠，是
一種薯類的加工食品，由直鏈澱粉製成。又譬如由木質醋酸菌製成的
椰果，則是由含有大量水分的纖維素添加風味後製成，即使吃下肚也
無法消化。

銀杏樹

以碳為中心，組成生命的構造

不只人類，就連所有的生命體都是由結構極度複雜的立體構造「細胞」組成。**由磷脂質、具有雙股螺旋結構的DNA，以及如精密機械般的蛋白質等材料組合起來，構成細胞。**

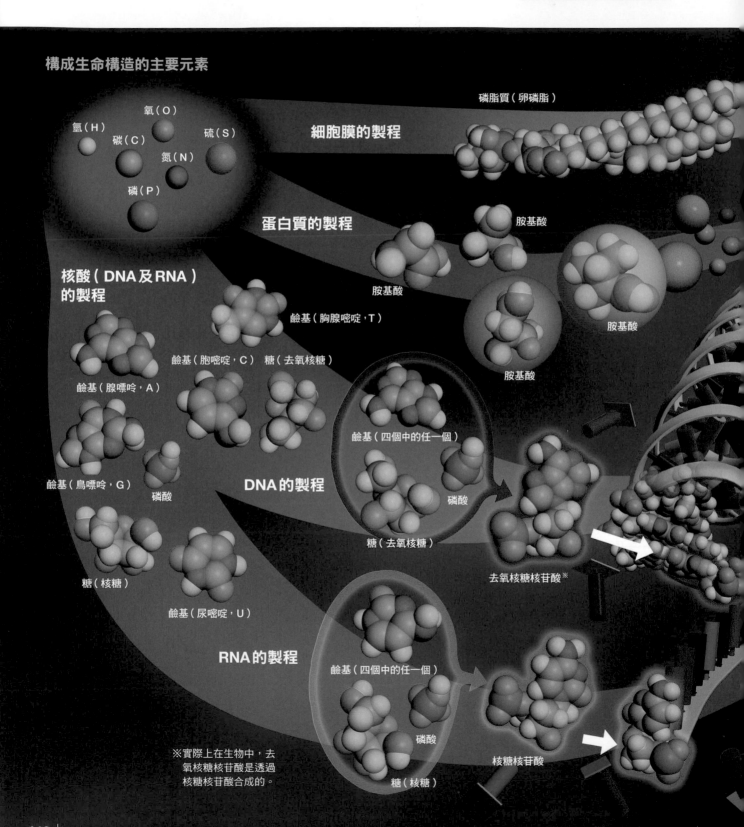

構成生命構造的主要元素

氧（O）
氫（H）
碳（C）
硫（S）
氮（N）
磷（P）

細胞膜的製程

磷脂質（卵磷脂）

蛋白質的製程

胺基酸

核酸（DNA及RNA）的製程

鹼基（胸腺嘧啶，T）

鹼基（胞嘧啶，C）　糖（去氧核糖）

鹼基（腺嘌呤，A）

胺基酸

胺基酸

鹼基（四個中的任一個）

鹼基（鳥嘌呤，G）　磷酸

DNA的製程

磷酸

糖（去氧核糖）

糖（核糖）

去氧核糖核苷酸※

鹼基（尿嘧啶，U）

RNA的製程

鹼基（四個中的任一個）

※實際上在生物中，去氧核糖核苷酸是透過核糖核苷酸合成的。

磷酸

核糖核苷酸

糖（核糖）

DNA有4種「鹼基」，能攜帶遺傳訊息。DNA的遺傳訊息被複製到RNA，成為蛋白質的設計圖。據說在人體內運作的蛋白質大約有10萬種。而令人驚訝的是，這些蛋白質僅由20多種胺基酸構成[※]。

蛋白質扮演萬能的角色，能建立各式各樣的生命活動，或是構成生命的身體。磷脂質則能在水中排列整齊，形成細胞膜。

這些複雜的生命構造全部都以碳為中心，並以氫、氧、氮等少數幾種元素為基礎組合而成。

※：據說自然界有數百種胺基酸，但構成絕大多數蛋白質的基本胺基酸只有20種。不過，除此之外，還發現了另外2種構成某些蛋白質的胺基酸，並在人體內發現其中一種。

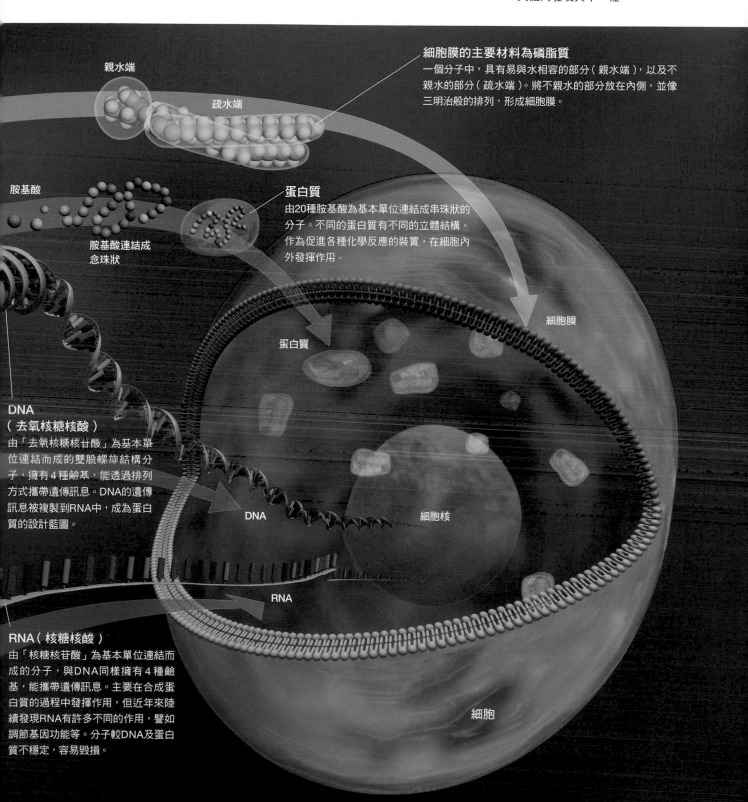

親水端

疏水端

細胞膜的主要材料為磷脂質
一個分子中，具有易與水相容的部分（親水端），以及不親水的部分（疏水端）。將不親水的部分放在內側，並像三明治般的排列，形成細胞膜。

胺基酸

胺基酸連結成念珠狀

蛋白質
由20種胺基酸為基本單位連結成串珠狀的分子。不同的蛋白質有不同的立體結構。作為促進各種化學反應的裝置，在細胞內外發揮作用。

細胞膜

蛋白質

DNA（去氧核糖核酸）
由「去氧核糖核苷酸」為基本單位連結而成的雙股螺旋結構分子，擁有4種鹼基，能透過排列方式攜帶遺傳訊息。DNA的遺傳訊息被複製到RNA中，成為蛋白質的設計藍圖。

DNA

細胞核

RNA

RNA（核糖核酸）
由「核糖核苷酸」為基本單位連結而成的分子，與DNA同樣擁有4種鹼基，能攜帶遺傳訊息。主要在合成蛋白質的過程中發揮作用，但近年來陸續發現RNA有許多不同的作用，譬如調節基因功能等。分子較DNA及蛋白質不穩定，容易毀損。

細胞

我們在有機物的環繞下生活

我們生活周遭有許多長鏈狀分子「聚合物」（高分子，macromolecule）所組成的物品，例如塑膠袋與寶特瓶，而「聚酯纖維」與「尼龍」也是一例。除此之外，聚合物也能製成黏著劑、耐高壓水槽壁等各種材料（詳見右頁表格）。

聚合物是人類在20世紀發明出來的有機物。畢竟在19世紀初，有機物對化學家而言仍是「由生命所創造出來的物質」。然而百年後，**人們已經能以人工方式操控這些有機物**。

聚合物的製造方式首先做出小分子（單體，monomer），再將數萬至數十萬個小分子連結起來，形成長鏈狀分子（聚合物，polymer）。單體的「單」（mono）代表「1」，聚合物的「聚」（poly）代表「多」，所以聚合物就是「連結許多分子的物質」。早期的聚合物中，最廣為人知的就是美國化學家卡諾瑟（Wallace Carothers，1896〜1937）在1931年所合成出來的世界最早人造橡膠「聚氯平」（polychloroprene），以及他在1935年合成的，世界最早合成纖維「尼龍」（nylon）。

聚合物與砂糖和植物一樣，都是有機化合物。但許多聚合物即使經過長時間仍無法分解，留存在自然界中，這是因為自然界不存在能分解這些人造物質的生物。**不過近年來已開發出可被自然界分解的材料，而回收技術也逐漸普及**。

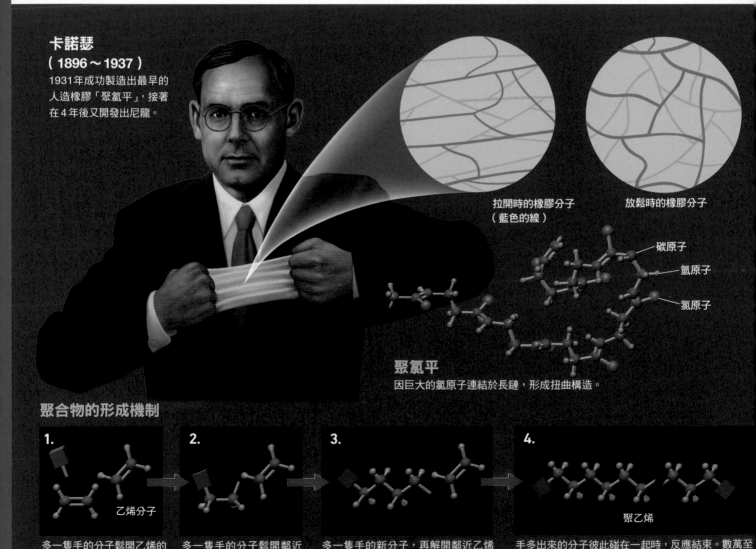

卡諾瑟
（1896〜1937）
1931年成功製造出最早的人造橡膠「聚氯平」，接著在4年後又開發出尼龍。

拉開時的橡膠分子（藍色的線）

放鬆時的橡膠分子

碳原子
氫原子
氯原子

聚氯平
因巨大的氯原子連結於長鏈，形成扭曲構造。

聚合物的形成機制

1.
乙烯分子

2.

3.

4.
聚乙烯

多一隻手的分子鬆開乙烯的雙鍵，並與之結合。

多一隻手的分子鬆開鄰近乙烯的雙鍵，並與之結合。

多一隻手的新分子，再解開鄰近乙烯的雙鍵，並與之結合。

手多出來的分子彼此碰在一起時，反應結束。數萬至數十萬個碳原子在反應結束前結合，形成長鏈狀分子。

日常生活中的各種聚合物

除了尼龍與寶特瓶之外，聚合物也用在日常生活中的各種地方。下方表格為其中的一些例子。

產品	使用的聚合物名稱	聚合物的性質
塑膠袋	聚乙烯	最為單純的聚合物。回收標誌上寫著PE。
水族館的水槽壁	聚甲基丙烯酸甲酯	非常堅固，透明。用於承受巨大水壓的大型水槽。
保麗龍	聚苯乙烯	內部產生無數氣泡後變成保麗龍。體積的98%是空氣。
黏著劑	環氧樹脂	混合兩種物質後產生化學反應，變成堅固的樹脂。
水管等	聚氯乙烯	燃燒後會產生戴奧辛。現在已開發出能減少戴奧辛的焚化方法。
CD-ROM	聚碳酸酯	較其他塑膠透明且耐衝擊。
不沾鍋	聚四氟乙烯（鐵氟龍）	又稱為氟樹脂。用於製造耐化學藥品與高溫的薄膜。
橡皮筋、輪胎	聚異戊二烯	從橡膠樹採集的天然橡膠，也由聚異戊二烯構成。兩者皆廣為使用。

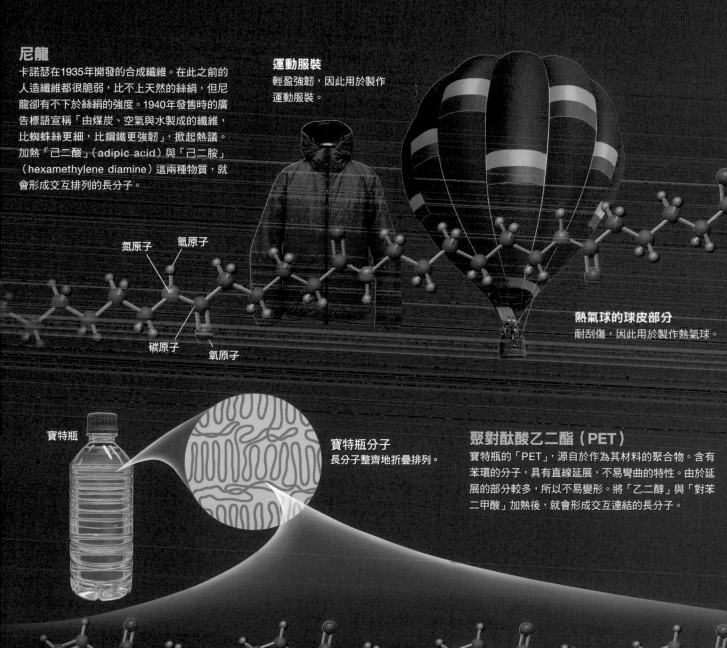

尼龍

卡諾瑟在1935年開發的合成纖維。在此之前的人造纖維都很脆弱，比不上天然的絲絹，但尼龍卻有不下於絲絹的強度。1940年發售時的廣告標語宣稱「由煤炭、空氣與水製成的纖維，比蜘蛛絲更細，比鋼鐵更強韌」，掀起熱議。加熱「己二酸」（adipic acid）與「己二胺」（hexamethylene diamine）這兩種物質，就會形成交互排列的長分子。

運動服裝
輕盈強韌，因此用於製作運動服裝。

氮原子　氫原子

碳原子　氧原子

熱氣球的球皮部分
耐刮傷，因此用於製作熱氣球。

寶特瓶

寶特瓶分子
長分子整齊地折疊排列。

聚對酞酸乙二酯（PET）

寶特瓶的「PET」，源自於作為其材料的聚合物。含有苯環的分子，具有直線延展，不易彎曲的特性。由於延展的部分較多，所以不易變形。將「乙二醇」與「對苯二甲酸」加熱後，就會形成交互連結的長分子。

石油為什麼會成為許多物品的原料？

　　有機化學的發展，在20世紀之後大幅改變了我們的生活。舉例來說，可利用石油製造出各式各樣的物質，譬如汽油、塑膠、尼龍等纖維、瀝青、橡膠等。這些都是支撐生活且不可或缺的物質。

　　以石油為原料製成的物質，也是由碳、氫、氧等組成的有機化合物，照理來說，應該也能透過水與二氧化碳合成。既然如此，為什麼會使用石油作為原料呢？

從原油製造出聚乙稀的過程

此處所示為從原油製造出聚乙稀，接著燃燒產生水與二氧化碳的過程。生活中常見的塑膠袋等有機化合物，都是從原油製成。如果試圖使用二氧化碳製造，就必須提供和燃燒時產生的光和熱同等的能量。

燃料氣
作為家用燃料使用。

石腦油
較小分子的混合物。在2.中進一步分解成更小的分子。

原油
一般認為，原油是微生物的屍骸在海底或湖沼中堆積，長時間承受地熱及岩層壓力所形成。從原油提煉出來的製品統稱「石油」。

煤油
作為暖爐等的燃料使用。

2. 將石腦油的一部分轉換成乙烯
將石腦油加熱到高溫時，會分解成小分子。而後逐漸冷卻，將小分子根據種類進一步分離。右頁將分離出的物質，大致上按照分子由小到大的順序，由上而下排列。除了氫以外，都有碳與碳的鍵結。

輕油
作為某些汽車引擎（柴油引擎）的燃料使用。

1. 從原油分離出各種分子
原油中含有各種有機物，因此必須先將其一一分離出來。先將原油全部加熱成氣體，而後慢慢冷卻，就能根據凝結溫度的高低，依序將變成液體的有機物分離出來。從原油中可分離出煤油、石腦油、天然氣等。

常壓殘餘油
將原油依物質分離後剩下的油。再進一步分離可製成瀝青等的材料。

熟悉石油化學的日本東京工業大學伊東章教授如此回答：「**這是因為石油比二氧化碳具備『更高的能量』**。」

更高的能量是什麼意思呢？事實上石油的能量，就儲存在碳與碳的鍵結中。舉例來說，石油燃燒時除了會產生二氧化碳與水之外，還會釋放熱與光。因為此時碳與碳的鍵結斷開，轉變成其他種類的鍵結，因此多餘的能量就變成光與熱釋放出來。所以如果要從二氧化碳與水製造塑膠，就必須提供與釋放的熱與光相等的大量能量。

塑膠分子所具備的能量也與石油差不多高。因此從二氧化碳製造塑膠時，也需要大量的能量。

如果以本身就具備高能量的石油作為原料，就能以較少的能量製造出塑膠等物品。

附帶一提，「石油」是指從「原油」提煉出來的產品總稱。

氫
除了作為石油化學產品的原料使用之外，也是備受矚目的環保能源。

甲烷
天然氣的主要成分，是一種無味無色且易燃的氣體。為了在外洩時能察覺，供應時通常會添加臭味。

乙烯
除了製造聚乙烯外，也是製造酒精和醋酸的原料。

乙烷
除了作為燃料外，也用作為乙烯的原料使用。

丙烯
塑膠與各種石油化學產品的原料。

液化石油氣
也稱為「LPG」。作為家庭與汽車燃料使用。會先經過壓縮液化再儲存或運送。

丁烷、丁烯
燃料以及石油化學產品的原料。

裂解汽油
作為汽車等的燃料使用。用來稱呼重質油分解而成的汽油。

重質油
尤其可分解為汽油等。

3.
由乙烯製成聚乙烯
乙烯的分子連結起來，製造出聚乙烯（詳見第162頁「聚合物的形成機制」）。聚乙烯是由數萬到數十萬個乙烯分子連結而成。

4.
聚乙烯燃燒
聚乙烯分子經過燃燒，會分解成二氧化碳與水。這時聚乙烯所具有的碳與碳鍵結，以及碳與氫的鍵結會斷裂，轉變成碳與氧、氫與氧的鍵結。多出來的龐大能量，就會以光與熱的形式釋放出來。

聚乙烯
使用於日常活中的物品，如「塑膠袋」等。

二氧化碳、水
燃燒後成為氣體，釋放到空氣中。

5. 如何用二氧化碳和水製造塑膠？
照理來說，只要給予二氧化碳與水龐大的能量，就能製造出塑膠。但效率遠比利用原油製造要來得差。

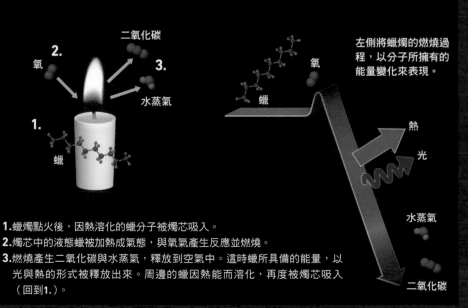

分子的能量是什麼？來看看蠟燭的機制
蠟燭點火後，除了從燭芯冒出火焰之外，蠟也會逐漸減少。那麼火焰的光與熱，是如何生成的呢？

二氧化碳
氧
2.
3.
水蒸氣
1.
蠟

左側將蠟燭的燃燒過程，以分子所擁有的能量變化來表現。

蠟
氧
熱
光
水蒸氣
二氧化碳

1.蠟燭點火後，因熱溶化的蠟分子被燭芯吸入。
2.燭芯中的液態蠟被加熱成氣態，與氧氣產生反應並燃燒。
3.燃燒產生二氧化碳與水蒸氣，釋放到空氣中。這時蠟所具備的能量，以光與熱的形式被釋放出來。周邊的蠟因熱能而溶化，再度被燭芯吸入（回到1.）。

在研究室合成
可作為藥物的有機物

人類自3500年前就已經發現、使用各種藥草。到了19世紀末，開始為了獲得藥物而栽培各種植物。

如果能以人工方式合成所需的成分，就不需要栽培植物，且能在更短的時間內製造出藥物。**進入20世紀後，隨著有機化學的發展，人們研究出各種天然有機化合物的結構，並在實驗室中合成出來。**

常用的止痛藥「阿斯匹靈」（aspirin），以及熱帶傳染病瘧疾的特效藥「奎寧」（quinine），都是實驗室合成出來的代表性藥物。至於近期的例子，治療流感的藥物「克流感」（tamiflu），是利用八角果實提煉出來的分子，重新組合所製成。除此之外，在整個20世紀中都有各種自然界物質經過人工方式合成，或分子重組的方式，改良成更有效的藥物。

20世紀的藥學，是透過調查、改良生物製造的藥物分子，並於實驗室製造所發展起來。然而近年來，則發展出**利用超級電**

阿斯匹靈[※1]
（乙醯柳酸）
1897年改良柳苷（下）後所製成的成分。減弱了柳苷傷腸胃的副作用，並廣泛普及。最近才終於研究出這種成分為什麼會有止痛作用。

柳樹
柳樹的樹皮自古以來就作為止痛藥使用。插圖中畫的是垂柳，但柳苷（salicin）也能從其他品種的柳樹中提煉出來。

柳苷
1828年從柳樹的樹皮中提煉出來的止痛成分。19世紀時作為藥品使用，但具有傷腸胃的副作用。

自然界生成的各種有機化合物

進入20世紀後，全世界開始研究有機化學，而研究各地區特有物質的「天然物化學」也逐漸發展。研究對象包含自古以來熟悉的食材與生物。

作用、用途	名稱	性質等
紅色染料	茜素	茜草（茜草科的藤蔓植物）製成的染料。1868年由德國的利伯曼（Carl Liebermann，1842～1914）和英國的珀金（William Perkin，1838～1907）合成。
味之素[3]（味精）	麩胺酸鈉	昆布等食材的「鮮味」成分。1908年由池田菊苗（1864～1936）從昆布中發現，後來以人工方式合成出來，並作為調味料販賣。
漆	漆酚	漆的主成分，固化後形成非常堅固的膜。1906年由三山喜三（1873～1945）和真島利行（1874～1962）發現。現在也可以合成出來了。
毒	河豚毒素	河豚所含的劇毒。1964年由平田義正（1915～2000）、津田恭介（1907～1999）和伍德沃德（Robert Woodward，1917～1979）等人闡明其分子結構。現在也可以合成出來了。

腦，從頭開始製造新藥的方法。 首先在超級電腦上根據傳統的藥物資訊，計算出數百萬種可能對疾病有效的新化合物，而後鎖定有希望的物質，實際進行合成與試驗。這種研發藥物的新方法正逐步實用化。

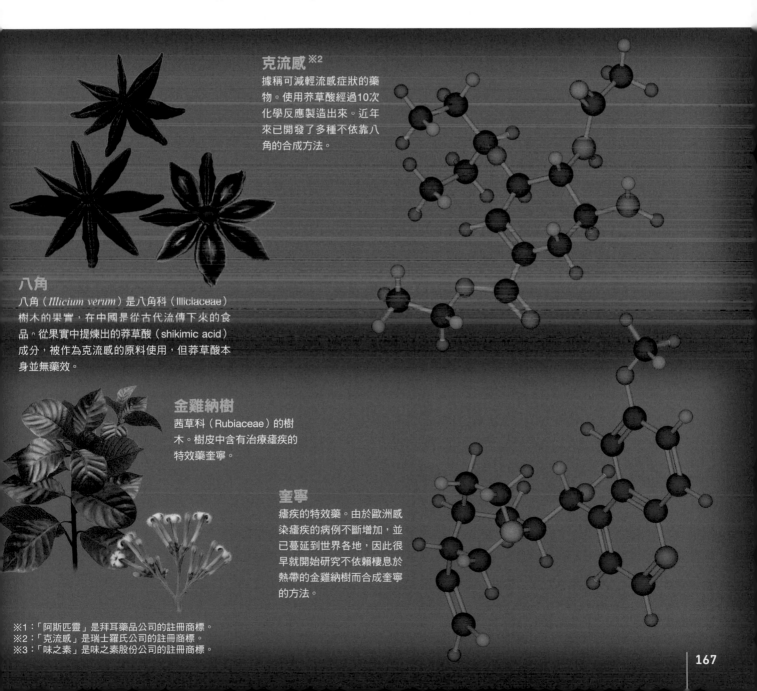

克流感[2]
據稱可減輕流感症狀的藥物。使用莽草酸經過10次化學反應製造出來。近年來已開發了多種不依靠八角的合成方法。

八角
八角（*Illicium verum*）是八角科（Illiciaceae）樹木的果實，在中國是從古代流傳下來的食品，從果實中提煉出的莽草酸（shikimic acid）成分，被作為克流感的原料使用，但莽草酸本身並無藥效。

金雞納樹
茜草科（Rubiaceae）的樹木。樹皮中含有治療瘧疾的特效藥奎寧。

奎寧
瘧疾的特效藥。由於歐洲感染瘧疾的病例不斷增加，並已蔓延到世界各地，因此很早就開始研究不依賴棲息於熱帶的金雞納樹而合成奎寧的方法。

※1：「阿斯匹靈」是拜耳藥品公司的註冊商標。
※2：「克流感」是瑞士羅氏公司的註冊商標。
※3：「味之素」是味之素股份公司的註冊商標。

有機電致發光、超分子……，
有機化學邁向新時代

自從拉瓦節在18世紀末提出元素的概念後，有機化學在19世紀的這100年間逐步確立。接著進入20世紀，有機化學開始應用於各式各樣的物品，譬如塑膠等石油產品、藥品、液晶顯示器等。

但另一方面，大量生產的塑膠在20世紀帶來的垃圾問題，含有異構物的藥品產生對人體造成危害的問題。針對垃圾問題，現在已經開發出各種對策，譬如可被微生物分解的「生物可分解塑膠」、更加普及的回收技術等。至於藥品方面，現在也正在研究製造與區分各種異構物的方法。

有機化學在日後將會如何發展呢？現在已**逐漸能使用電腦透過分子的結構，預測設計出來的分子會有什麼樣的性質，也能根據目的，實際設計、製造出分子。**

除了創造分子之外，將好幾種創造出來的分子組合在一起的「**超分子**」（supermolecule）化學也備受期待。只捕捉特定分子的感測器、將微量的藥物包裹起來送到患處的膠囊等，各種應用都將成為可能。有機化合物只由四種左右的元素組成，但有機化學的可能性今後將持續擴大。🪐

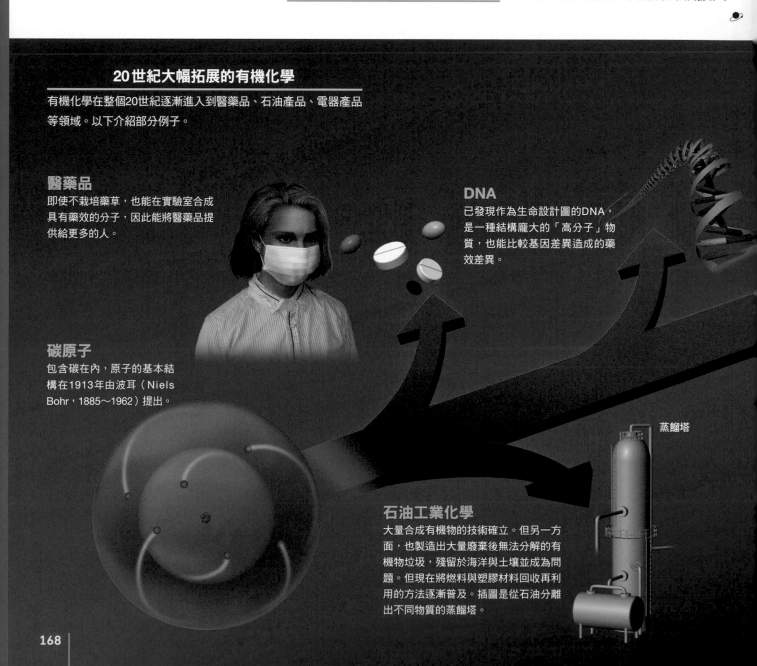

20世紀大幅拓展的有機化學

有機化學在整個20世紀逐漸進入到醫藥品、石油產品、電器產品等領域。以下介紹部分例子。

醫藥品
即使不栽培藥草，也能在實驗室合成具有藥效的分子，因此能將醫藥品提供給更多的人。

DNA
已發現作為生命設計圖的DNA，是一種結構龐大的「高分子」物質，也能比較基因差異造成的藥效差異。

碳原子
包含碳在內，原子的基本結構在1913年由波耳（Niels Bohr，1885～1962）提出。

蒸餾塔

石油工業化學
大量合成有機物的技術確立。但另一方面，也製造出大量廢棄後無法分解的有機物垃圾，殘留於海洋與土壤並成為問題。但現在將燃料與塑膠材料回收再利用的方法逐漸普及。插圖是從石油分離出不同物質的蒸餾塔。

同分異構物

同分異構物指的是儘管元素的種類、數量都相同，但因為原子的鍵結方式不同而產生不同性質的分子組合。藥物中若含有同分異構物，可能會對人體帶來完全不同的影響。因此必須研究如何只製造出目標分子，而不製造出其同分異構物的方法。

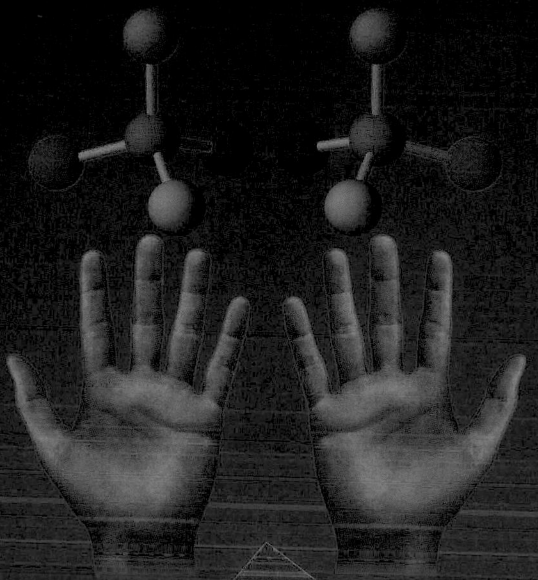

超分子

為了實現單一分子無法實現的複雜機能，開發出將分子與分子組合在一起的「超分子」技術。例如，據說可以開發出只捕捉目標原子的感測器。下圖是車輪狀超分子「輪烷」（rotaxane）的示意圖。

生物可分解塑膠

現在已經開發出能自由加工，拋棄後可被大自然分解的塑膠。已經考慮將其使用於拋棄式產品。

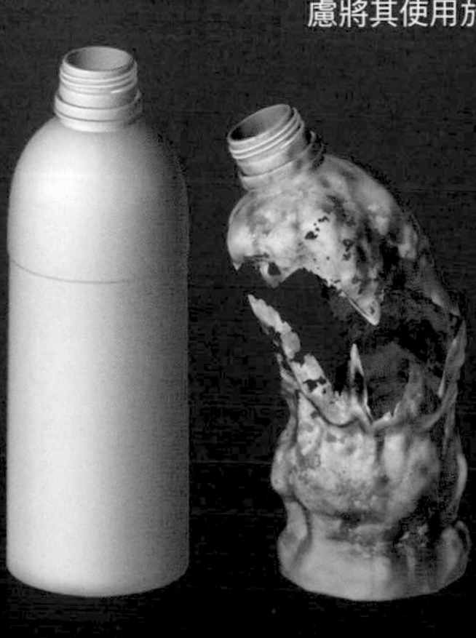

有機電致發光

「有機電致發光（electroluminescence，EL）技術」作為新世代顯示器技術，已經使用於智慧型手機與電視的顯示器等。有機電致發光是由通電就能自己發光的有機物分子製成。顯示器能做得非常薄，顏色也比液晶更鮮豔。

反應時而溫和，時而劇烈的無機化合物

「**有**機化學」與「無機化學」在國高中的化學課程中非常重要，前者是以碳與氫為主的化合物及其反應，後者則是除此之外的化合物及其反應。

本頁整理出無機物的基本化學反應，包括氣體產生的方法，以及從礦物中提煉出特定金屬的方法等。

產生氣體的反應例子

$2H_2O \rightarrow 2H_2 + O_2$
電解水產生氫氣和氧氣。

$2H_2O_2 \rightarrow 2H_2O + O_2$
在過氧化氫（H_2O_2）中加入二氧化錳（MnO_2）作為催化劑，就會產生氧氣。

$CaCO_3 \rightarrow CaO + CO_2$
加熱碳酸鈣（$CaCO_3$），就會產生二氧化碳。

$FeS + H_2SO_4 \rightarrow FeSO_4 + H_2S$
在硫化亞鐵（FeS）中加入硫酸（H_2SO_4），就會產生發出強烈蛋臭味的硫化氫（H_2S）。

$N_2 + 3H_2 \rightarrow 2NH_3$
將高溫高壓狀態的氮和氫，加入主要由氧化鐵組成的催化劑（Fe_2O_4-Al_2O_3-K_2O）中，就會產生氨氣（NH_3）。這個方法稱為「哈柏法」（Haber process）。氨對於製造工業中各種重要的無機化合物而言不可或缺，此即以工業方式生產氨的知名方法。

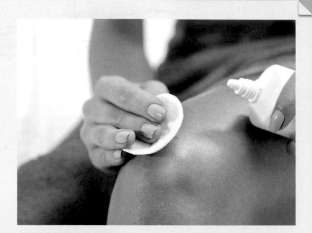

以消毒液製造氧氣
用於產生氧氣的過氧化氫（H_2O_2），因為其高度的反應性而用來當消毒液使用。

鈣的化學反應例子

$CaCO_3 + 2HCl \rightarrow CaCl_2 + CO_2 + H_2O$
將鹽酸（HCl）之類的酸性液體加入碳酸鈣（$CaCO_3$）中，會生成鈣的化合物、水與二氧化碳。

$Ca + 2H_2O \rightarrow Ca(OH)_2 + H_2$
將鈣溶於水中，會生成氫氧化鈣（$Ca(OH)_2$）和氫氣。氫氧化鈣又被稱為「熟石灰」。

$Ca(OH)_2 + CO_2 \rightarrow CaCO_3 + H_2O$
將熟石灰（$Ca(OH)_2$）溶於水就稱為石灰水。對石灰水吹氣（二氧化碳）會生成碳酸鈣（$CaCO_3$），使石灰水變得白色混濁。

$CaCO_3 + CO_2 + H_2O \rightarrow Ca(HCO_3)_2$
繼續對白色混濁的石灰水吹氣，則會生成碳酸氫鈣（$Ca(HCO_3)_2$）。由於碳酸氫鈣易溶於水，混濁的石灰水又會變得透明。

碳酸鈣溶解形成的鐘乳洞
鐘乳洞是由於含有碳酸鈣（$CaCO_3$）的岩石因雨水溶解而形成。在地底形成的空洞中，水從天花板滴下，溶解的碳酸鈣逐漸析出，形成形狀各異的各種鐘乳石。

王水與金的化學反應

3HCl + HNO₃
$$3HCl + HNO_3 \rightarrow Cl_2 + NOCl + 2H_2O$$

將濃鹽酸（HCl）與濃硝酸（HNO₃）以3：1的比例混合，會製造出稱為「王水」的強酸液體。

$$Au + Cl_2 + NOCl + HCl \rightarrow H[AuCl_4] + NO$$

只要使用王水，就能溶解金（Au）或鉑（Pt）這類難以溶解的金屬。

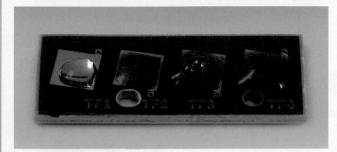

金慢慢溶解的情景
照片呈現金漸漸溶解於王水的情景。王水可用於從電子零件中回收金等金屬時。

鐵的化學反應例子

$$3Fe + 2O_2 \rightarrow Fe_3O_4$$

燃燒鐵會產生四氧化三鐵（Fe₃O₄），即黑色的鐵鏽。

$$4Fe + 2H_2O + 3O_2 \rightarrow 4FeO(OH) \rightarrow 2Fe_2O_3 + 2H_2O$$

鐵在潮濕的環境中會變成紅色的鐵鏽（Fe₂O₃）。

$$Fe_2O_3 + 3CO \rightarrow 2Fe + 3CO_3$$

氧化鐵與一氧化碳（CO）會在高溫下反應，並生成鐵。

溶液狀態的鐵
照片中呈現在煉鋼廠純化鐵的情景。煉鋼廠將燃燒煤焦（C）產生的一氧化碳（CO）與鐵礦石中所含的氧化鐵反應，將鐵純化。

銅的化學反應例子

$$2Cu + O_2 \rightarrow 2CuO$$

燃燒銅會產生黑色的氧化銅（CuO）。

$$4CuO \rightarrow 2Cu_2O + O_2$$

將氧化銅（CuO）再進一步加熱到高溫，就會生成紅色的氧化亞銅（Cu₂O）。

$$Cu + CO_2 + H_2O + O_2 \rightarrow CuCO_3 \cdot Cu(OH)_2$$

將銅放在潮溼的環境，就會與二氧化碳和水反應，生成青綠色的銅鏽「銅綠」（CuCO₃·Cu(OH)₂）。

「自由女神」的顏色其實是銅生鏽後的顏色
據說美國紐約港自由島上的銅像「自由女神」，在建造之初其實呈現銅特有的紅褐色。但現在表面的銅氧化生鏽，覆蓋上一層銅綠，因此看起來變成綠色。

鋁的化學反應例子

$$4Al + 3O_2 \rightarrow 2Al_2O_3$$

鋁在點火後，會與氧反應並且釋放出大量的光和熱，形成氧化鋁（Al₂O₃）。

$$2Al + Fe_2O_3 \rightarrow 2Fe + Al_2O_3$$

將鋁與氧化鐵（Fe₂O₃）或其他金屬的氧化物混合後再點火，鋁會搶走氧化物的氧，得到純金屬。這個反應稱為「鋁熱法」（thermite process），反應時會釋放龐大的熱。

使用鋁熱法修復斷裂的鐵軌
利用鋁熱法修補（焊接）斷裂鐵軌。將氧化鐵薄片與鋁的粉末混合，使其發生化學反應，就會達到好幾千度的高溫並產生熔化的鐵。將這熔化的鐵倒入鐵軌的斷裂部分，就可將鐵軌焊接起來。

有機化學完全取決於原子的「手」如何連結

本 頁整理出基本的有機化合物及有機化學的反應。

化學顧名思義，就是關於原子及分子轉化的學問。各位是否可

透過本書實際感受到化學如何支撐著我們的生活呢？ 🪐

有機化合物的燃燒

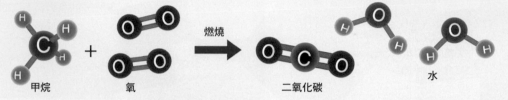

甲烷 ＋ 氧 —燃燒→ 二氧化碳 水

甲烷與氧反應，會生成二氧化碳與水，同時也會產生光與熱。像這種物質與氧反應並釋放出光與熱的現象，稱為燃燒。瓦斯爐及蠟燭點燃的狀態，就是瓦斯與蠟的成分不斷與氧發生反應。

基本的有機化合物

圖中呈現只由碳與氫形成的有機化合物（碳氫化合物）基本結構。

碳以直線方式連結的碳氫化合物，大致上可分為3種，分別是全部以單鍵結合的「烷烴」（alkane）、擁有一個雙鍵的「烯烴」（alkene），以及擁有一個三鍵的「炔烴」（alkyne）。

當碳的數量是 n 時，氫的數量分別是烷烴 $2n+2$ 個、烯烴 $2n$ 個，炔烴則是 $2n-2$ 個。

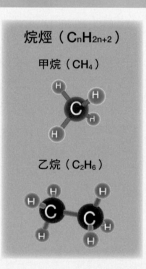

烷烴（C_nH_{2n+2}）

甲烷（CH_4）

乙烷（C_2H_6）

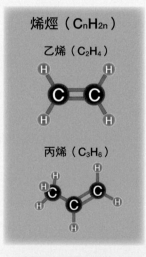

烯烴（C_nH_{2n}）

乙烯（C_2H_4）

丙烯（C_3H_6）

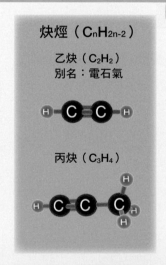

炔烴（C_nH_{2n-2}）

乙炔（C_2H_2）
別名：電石氣

丙炔（C_3H_4）

有機化合物的化學反應

與有機化合物相關的化學反應數量龐大。這裡將介紹三個碳氫化合物非常基本的反應。

碳氫化合物的雙鍵或三鍵部分斷裂，並連結到其他原子或分子的反應稱為「加成反應」（addition reaction）。相反地，碳氫化合物的分子形成新的雙鍵或三鍵的反應稱為「脫去反應」（elimination reaction），至於部分氫原子被其他原子等取代的反應稱為「取代反應」（substitution reaction）。

脫去反應

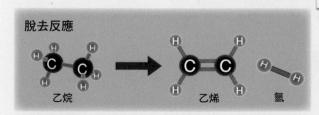

乙烷 乙烯 氫

加成反應

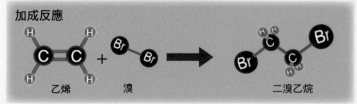

乙烯 ＋ 溴 二溴乙烷

取代反應

甲烷 ＋ 氯 氯甲烷
氯化氫

引起宿醉的乙醇分解反應

碳氫化合物的氫原子，被氫和氧形成的羥基（-OH）取代的分子稱為「醇」。啤酒或葡萄酒等酒精飲料中也含有醇類，稱為「乙醇」。乙醇被身體吸收後，會轉化成引起宿醉的「乙醛」，接著再變成「醋酸」，最後被分解。

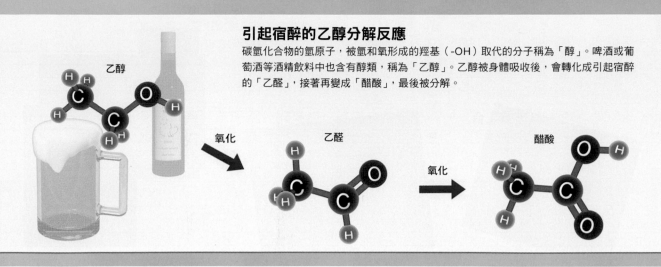

將許多分子結合在一起的聚合反應

氯乙烯分子中的雙鍵斷裂，使分子彼此連結，形成「聚氯乙烯」。這種由無數分子連結而成的物質，稱為「高分子化合物」。至於製造如聚氯乙烯這種高分子化合物的反應，則被稱為「加成聚合」。

聚氯乙烯因為能透過塑化劑使其變軟，因此可應用在日常生活中的許多場合。

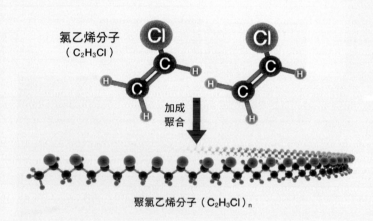

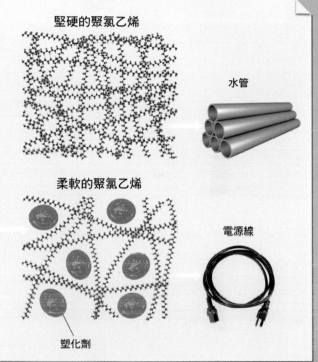

堅硬的聚氯乙烯

水管

柔軟的聚氯乙烯

電源線

塑化劑

去除水分子後，將分子結合在一起的縮聚作用

己二酸分子與己二胺分子分別在各自的兩端，連續發生去除水分子並結合的反應。像這樣形成高分子化合物的反應，就稱為「縮聚作用」（condensation polymerization）。

己二酸和己二胺的縮聚作用可以生成尼龍66，這是製作絲襪等織品時，使用的尼龍纖維的原料。

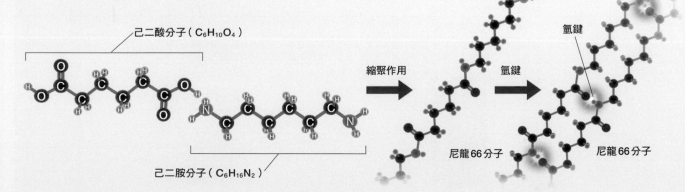

《人人伽利略國中・高中化學》「十二年國教課綱自然科學領域學習內容架構表」

主題	次主題
物質的組成與特性（A）	物質組成與元素的週期性（a）、物質的形態、性質及分類（b）
能量的形式、轉換及流動（B）	能量的形式與轉換（a）、溫度與熱量（b）、生物體內的能量與代謝（c）、生態系中能量的流動與轉換（d）
物質的結構與功能（C）	物質的分離與鑑定（a）、物質的結構與功能（b）
生物體的構造與功能（D）	細胞的構造與功能（a）、動植物體的構造與功能（b）、生物體內的恆定性與調節（c）
物質系統（E）	自然界的尺度與單位（a）、力與運動（b）、氣體（c）、宇宙與天體（d）
地球環境（F）	組成地球的物質（a）、地球與太空（b）、生物圈的組成（c）
演化與延續（G）	生殖與遺傳（a）、演化（b）、生物多樣性（c）
地球的歷史（H）	地球的起源與演變（a）、地層與化石（b）
變動的地球（I）	地表與地殼的變動（a）、天氣與氣候變化（b）、海水的運動（c）、晝夜與季節（d）
物質的反應、平衡及製造（J）	物質反應規律（a）、水溶液中的變化（b）、氧化與還原反應（c）、酸鹼反應（d）、化學反應速率與平衡（e）、有機化合物的性質、製備及反應（f）
自然界的現象與交互作用（K）	波動、光及聲音（a）、萬有引力（b）、電磁現象（c）、量子現象（d）、基本交互作用（e）
生物與環境（L）	生物間的交互作用（a）、生物與環境的交互作用（b）
科學、科技、社會及人文（M）	科學、技術及社會的互動關係（a）、科學發展的歷史（b）、科學在生活中的應用（c）、天然災害與防治（d）、環境汙染與防治（e）
資源與永續發展（N）	永續發展與資源的利用（a）、氣候變遷之影響與調適（b）、能源的開發與利用（c）

頁碼	單元名稱	階段/科目	十二年國教課綱數學領域學習內容架構表
026	亞佛加厥常數	高中/化學	CJa-Vc-3　莫耳與簡單的化學計量。
028	滲透壓	高中/化學	CJb-Va-5　依數性質：非揮發性物質溶於水，使得蒸氣壓下降、沸點上升、凝固點下降及滲透壓增加。
030	酸與鹼	國中/理化	Jd-IV-2　酸鹼強度與pH值的關係。 Jd-IV-4　水溶液中氫離子與氫氧根離子的關係。
032	中和與鹽	國中/理化	Jd-IV-6　實驗認識酸與鹼中和生成鹽和水，並可放出熱量而使溫度變化。
034	同分異構物	國中/理化	Cb-IV-3　分子式相同會因原子排列方式不同而形成不同的物質。
		高中/化學	CCd-Va-1　同分異構物的結構與功能。
036	苯環	高中/化學	CJf-Va-3　常見有機化合物的重要反應。
038	油脂	高中/化學	CJf-Vc-1　醣類、蛋白質、油脂及核酸的性質與功能。
042	稀有金屬	高中/化學	CMc-Va-6　先進材料。
044	鋰與電池	國中/理化	Jc-IV-6　化學電池的放電與充電。
		高中/化學	CBa-Va-1　化學能與其他形式能量之間的轉換。 CJd-Va-7　常見電池的原理與設計。
046	玻璃和液晶	高中/化學	CAb-Va-3　液晶的形態與性質。 CMc-Va-6　先進材料。
048	鹵素	高中/化學	CAb-Vc-2　元素可依特性分為金屬、類金屬及非金屬。 CAb-Va-4　週期表中的分類。
050	汽化熱	國中/理化	Bb-IV-5　熱會改變物質形態，例如：狀態產生變化、體積發生脹縮。
060	超臨界流體	高中/化學	CAb-Va-3　液晶的形態與性質。
062	燃料電池	高中/化學	CJd-Va-7　常見電池的原理與設計。
064	催化劑	國中/理化	Je-IV-1　實驗認識化學反應速率及影響反應速率的因素，例如：本性、溫度、濃度、接觸面積及催化劑。
		高中/化學	CMc-Vc-3　化學在先進科技發展的應用。 CJe-Va-4　催化劑與酵素的性質及其應用。
066	同素異形體	國中/理化	Cb-IV-2　元素會因原子排列方式不同而有不同的特性。
068	塑膠	國中/理化	Jf-IV-4　常見的塑膠。
		高中/化學	CMc-Va-5　生活中常見之合成纖維、合成塑膠及合成橡膠之性質與應用。 CJf-Va-4　常見聚合物的一般性質與分類。 CJf-Va-5　常見聚合物的結構與製備。
080	元素的發現	國中/理化	Aa-IV-4　元素的性質有規律性和週期性。
		高中/化學	CAa-Vc-2　道耳頓根據比定律、倍比定律、質量守恆定律及元素概念提出原子說。
082	週期表	國中/理化	Aa-IV-4　元素的性質有規律性和週期性。 Aa-IV-5　元素與化合物有特定的化學符號表示法。
		高中/化學	CAa-Vc-3　元素依原子序大小順序，有規律地排列在週期表上。 CAb-Va-4　週期表中的分類。
084	電子的配置	高中/化學	CAa-Va-1　原子的結構是原子核在中間，電子會存在於不同能階。 CAa-Va-3　多種電子原子的電子與其軌域，可以四種量子數加以說明。 CAa-Va-4　原子的電子組態的填入規則，包括包立不相容原理、洪德定則及遞建原理。 CAa-Va-5　元素的電子組態與性質息息相關，且可在週期表呈現出其週期性變化。
086	過渡元素	高中/化學	CAb-Vc-2　元素可依特性分為金屬、類金屬及非金屬。 CAb-Va-4　週期表中的分類。 CMc-Va-2　常見金屬及重要化合物之製備、性質及用途。 CMc-Va-3　常見合金之性質與用途。
088	原子量與同位素	高中/化學	CAa-Va-4　同位素。
090	原子的半徑	高中/化學	CAa-Va-5　元素的電子組態與性質息息相關，且可在週期表呈現出其週期性變化。
092	離子的法則	高中/化學	CAa-Va-5　元素的電子組態與性質息息相關，且可在週期表呈現出其週期性變化。

094	離子化傾向	高中/化學	CAa-Va-5	元素的電子組態與性質息息相關，且可在週期表呈現出其週期性變化。
098	鹼金屬	高中/化學	CCAb-Vc-2 CAb-Va-4	元素可依特性分為金屬、類金屬及非金屬。 週期表中的分類。
100	碳和矽	高中/化學	CMc-Va-4 CMc-Va-6	常見非金屬與重要的化合物之製備、性質及用途。 先進材料。
102	惰性氣體和氫	高中/化學	CAb-Vc-2 CMc-Va-1	元素可依特性分為金屬、類金屬及非金屬。 氫氣的性質、製取及用途。
104	金屬的性質和焰色反應	國中/理化	Jc-IV-3	不同金屬元素燃燒實驗認識元素對氧氣的活性。
106	稀土元素	高中/化學	CAb-Vc-2 CAb-Va-4	元素可依特性分為金屬、類金屬及非金屬。 週期表中的分類。
108	人體和宇宙的元素	國中/理化	Aa-IV-5	元素與化合物有特定的化學符號表示法。
120	原子間的鍵結	高中/化學	CCb-Vc-1 CCb-Vc-2 CAb-Va-1	原子之間會以不同方式形成不同的化學鍵結。 共價鍵的特性會影響物質的結構，並決定其功能。 化學鍵的特性會影響物質的性質。
122	分子間的鍵結①～②	高中/化學	CCb-Va-4	分子形狀、結構、極性及分子間作用力。
126	物質的狀態變化①～②	國中/理化	Ab-IV-1 Ab-IV-2	物質的粒子模型與物質三態。 溫度會影響物質的狀態。
130	理想氣體方程式	國中/理化 高中/化學	Ec-IV-2 CEc-Va-3 CEc-Va-3	定溫下，定量氣體在密閉容器內，其壓力與體積的定性關係。 理想氣體三大定律與理想氣體方程式。 理想氣體與真實氣體。
132	固體的結構	高中/化學	CCb-Vc-2 CAb-Va-1	化學鍵的特性會影響物質的結構，並決定其功能。 化學鍵的特性會影響物質的性質。
134	什麼是化學反應	國中/理化	Ja-IV-2	化學反應是原子重新排列。
136	什麼是溶於水	國中/理化	Jb-IV-1 Jb-IV-2	由水溶液導電的實驗認識電解質與非電解質。 電解質在水溶液中會解離出陰離子和陽離子而導電。
138	酸、鹼與中和	國中/理化	Jd-IV-2 Jd-IV-4	酸鹼強度與pH值的關係。 水溶液中氫離子與氫氧根離子的關係。
		高中/化學	CJd-Vc-2 CJd-Vc-3 CJd-Vc-4 CJd-Va-1	根據阿瑞尼斯的酸鹼學說，物質溶於水中，可解離出H^+為酸；可解離出OH^-為鹼。 $pH=-\log[H^+]$，此數值可代表水溶液的酸鹼程度。 在水溶液中可幾乎100%解離的酸或鹼，稱為強酸或強鹼；反之則稱為弱酸或弱鹼。 酸與鹼的命名。
140	中和與鹽的性質	國中/理化	Jd-IV-5 CJd-Va-7	酸、鹼、鹽類在日常生活中的應用與危險性。 鹽的種類與性質。
142	氧化還原	國中/理化	Jc-IV-1 Jc-IV-4	氧化與還原的狹義定義為：物質得到氧稱為氧化反應；失去氧稱為還原反應。 生活中常見的氧化還原反應與應用。
144	火焰與燃燒	國中/理化	Ab-IV-2 Bb-IV-4	溫度會影響物質的狀態。 熱的傳播方式包含傳導、對流與輻射。
146	離子與電池	國中/理化	Jc-IV-5	鋅銅電池實驗認識電池原理。
		高中/化學	CJc-Va-5 CJd-Va-7	電化電池的原理。 常見電池的原理與設計。
160	有機化學與無機化學	國中/理化	Jf-IV-1	有機化合物與無機化合物的重要特徵。
152	從週期表看碳的「強項」	高中/化學	CJf-Va-1	有機化合物的組成。
154	有機物的骨架	高中/化學	CJf-Va-2	有機化合物的命名、結構及官能基的檢驗與其用途 —— 烴、鹵化烴、醇、酚、醚、醛、有機酸、酯、胺及醯胺。
156	官能基的機制	國中/理化	Jf-IV-2	生活中常見的烷類、醇類、有機酸及酯類。
		高中/化學	CAd-Va-4 CJf-Va-2	不同的官能基會影響有機化學物的性質。 有機化合物的命名、結構及官能基的檢驗與其用途 —— 烴、鹵化烴、醇、酚、醚、醛、有機酸、酯、胺及醯胺。
158	自然界的有機物	高中/化學	CJf-Va-5	常見聚合物的結構與製備。
160	細胞的構造	高中/化學	CJf-Vc-1	醣類、蛋白質、油脂及核酸的性質與功能。
162	人造有機物	國中/理化	Mc-IV-4	常見人造材料的特性、簡單的製造過程及在生活上的應用。
		高中/化學	CJf-Va-4	常見聚合物的一般性質與分類。
164	石油化學	國中/理化	Ma-IV-3	不同材料對生活及社會的影響。
166	藥學與有機物	高中/化學	CMc-Vc-2	生活中常見的藥品。
168	有機化學的未來	高中/化學	CMc-Vc-3	化學在先進科技發展的應用。

Staff

Editorial Management	木村直之
Design Format	宮川愛理
Editorial Staff	上月隆志，若田純子
Writer	小野寺佑紀（12〜17，26〜39，138〜139，144〜145ページ），北原逸美（68〜75ページ）

Photograph

12〜13	TACT 木本俊晴/Newton Press
15	Bridgeman Images/PPS通信社
16	AKG Images/PPS通信社
17	TACT 木本俊晴/Newton Press
18	【蒸気】nikkytok/stock.adobe.com
	【化学発光】raimund14/stock.adobe.com
18-19	【分子構造】artegorov3@gmail/stock.adobe.com
19	【金属】Bildwerk/stock.adobe.com
	【有機化合物】Africa Studio/stock.adobe.com
	【プラスチック】photka/stock.adobe.com
44	Science Source/PPS通信社
52	つのだよしお/アフロ
53	AP/アフロ，ロイター/アフロ
54	安友康博/Newton Press
56	安友康博/Newton Press
63	Newton Press
68	Shutterstock.com
69	高田秀重
71	Marcus Eriksen et al. (2014) Plastic Pollution in the World's Oceans: More than 5 Trillion Plastic Pieces Weighing over 250,000 Tons Afloat at sea. PLOS ONE
72	高田秀重
75	高田秀重
80	【星雲】NASA,ESA, M. Robberto (Space Telescope Science Institute/ESA) and the Hubble Space Telescope Orion Treasury Project Team
80-81	【地球】the Earth Science and Remote Sensing Unit, NASA Johnson Space Center
81	【メンデレーエフ】/Shutterstock.com ,【メンデレーエフの周期表】Universal Images Group/Cynet Photo
112	Hanasaki/stock.adobe.com
113	Björn Wylezich/stock.adobe.com, Tsuboya/stock.adobe.com
128〜129	樋本和大
129	産総研 化学プロセス研究部門
151	Protein Data Bank 1BNA, Viewer Lit (Accelrys Inc.)
170	【消毒液】Robert Przybysz/Shutterstock.com
	【鍾乳洞】Terry W Ryder/shutterstock.com
171	【金をとかす王水】Alamy/PPS通信社
	【製鉄所】Omegafoto/Shutterstock.com
	【自由の女神】Delpixel/Shutterstock.com

Illustration

Cover Design	宮川愛理（イラスト：Newton Press）
1	Newton Press
2〜3	Newton Press（②），矢田 明
5	artegorov3@gmail/stock.adobe.com
7	大島 篤
8	Newton Press
9〜10	NewtonPress（グルコースの3Dモデル：①），（デンプンの模式図）佐藤蘭名
11	NewtonPress（塩化ビニルの3Dモデル：①）
14	NewtonPress
21	Newton Press
22	Newton Press（分子モデル：①，②）
23	Newton Press（分子モデル：PDB ID CFF，②）
24〜33	Newton Press（②）
34-35	Newton Press（分子モデル：PDB ID GGL，FGA，BGC，FRU，IPB，②）
36-37	Newton Press（分子モデル：PDB ID CGG，JZ0，JZ3，②）
38-39	Newton Press（分子モデル：①，②）
40-41	Newton Press（②）
42-43	Newton Press
45	Newton Press
46	Newton Press（②）
47	吉原成行，【液晶の分子】Newton Press（②）
48-49	Newton Press
50-51	Newton Press
53	Newton Press
55	Newton Press
58〜61	Newton Press（分子モデル：PDB ID CFF，②）
62-63	Newton Press（②）
64-65	Newton Press
66-67	Newton Press（②）
70	Newton Press
73〜74	Newton Press
77〜79	Newton Press
84〜105	Newton Press
106〜108	富﨑NORI，Newton Press
109	Newton Press
111〜113	Newton Press（DNA：ePMV(Johnson, G.T. and Autin, L., Goodsell, D.S., Sanner, M.F., Olson, A.J.(2011). ePMV Embeds Molecular Modeling into Professional Animation Software Environments. Structure 19, 293-303) を使用して作成）
114-115	Newton Press（分子モデル：PDB ID CIT，②）
116-117	Newton Press 分子モデル PDB ID EOH，日本化学物質辞書 J-GLOBAL，日本蛋白質構造データバンク（PDBj），②
118〜129	Newton Press
130-131	カサネ 治，Newton Press
132	小谷晃司
132〜133	矢田 明
134-135	浅野 仁
136〜145	Newton Press
146〜147	吉原成行，【硫酸イオンの3Dモデル】日本蛋白質構造データバンク（PDBj），【アンモニウムイオンの3Dモデル】日本蛋白質構造データバンク（PDBj）
148〜169	Newton Press
172〜173	Newton Press（分子モデル：PDB ID EOH，①，②）
175	Newton Press
①	国立研究 発法人科学技術振 機構が提供するJ-GLOBAL（日本化学物質辞書）
②	ePMV (Johnson, G.T. and Autin, L., Goodsell, D.S., Sanner, M.F., Olson, A.J. (2011). ePMV Embeds Molecular Modeling into Professional Animation Software Environments. Structure 19, 293-303)

【 人人伽利略系列4 】

國中・高中化學
認識生活中的化學奧妙

作者／日本Newton Press
翻譯／林詠純
特約編輯／謝宜珊
校對／林庭安
發行人／周元白
出版者／人人出版股份有限公司
地址／231028 新北市新店區寶橋路235巷6弄6號7樓
電話／（02）2918-3366（代表號）
傳真／（02）2914-0000
網址／www.jjp.com.tw
郵政劃撥帳號／16402311 人人出版股份有限公司
製版印刷／長城製版印刷股份有限公司
電話／（02）2918-3366（代表號）
香港經銷商／一代匯集
電話／（852）2783-8102
第一版第一刷／2019年11月
第二版第一刷／2024年4月
定價／新台幣500元
　　　港幣167元

國家圖書館出版品預行編目（CIP）資料

國中・高中化學：認識生活中的化學奧妙
日本Newton Press作；
林詠純翻譯. -- 第一版. --
新北市：人人出版股份有限公司, 2024.04
面；公分. —（人人伽利略系列；4）
ISBN 978-986-461-387-8（平裝）
1.CST：化學 2.CST：中等教育
524.36　　　　　　　　　　　113002931

NEWTON BESSATSU MANABINAOSHI
CHUGAKU KOKO NO KAGAKU KAITEI
DAI 3 HAN
Copyright © Newton Press 2022
Chinese translation rights in complex
characters arranged with
Newton Press through Japan UNI Agency,
Inc., Tokyo
www.newtonpress.co.jp